suhrkamp taschenbuch
wissenschaft 1374

In den hier zusammengefaßten Studien ist die Aufmerksamkeit auf Fachwissenschaften gerichtet, denen sich Weber in unterschiedlichen Lebensphasen zugerechnet hat – insbesondere Jurisprudenz und Nationalökonomie –, und auf solche Disziplinen, die sich Weber aus größerer Distanz zu eigen machte. Letzteres gilt für die Geschichtswissenschaft sowie die Kunst- und Musiktheorie und in einem ganz spezifischen Sinne auch für die Philosophie.

In dem mehr oder minder heroisch eingefärbten Weber-Bild mag sich der Hinweis auf multi- oder transdisziplinäre Ausrichtungen Webers fatal ausnehmen: Die produktive Aneignung des Werkes scheint ja nur weiter kompliziert, wenn auch noch disziplingeschichtliche Aspekte die ohnehin schon schwierige Lektüre mitbestimmen; andererseits aber läßt sich die Dekomposition auch konstruktiv wenden. Denn es unterliegt keinem Zweifel, daß es Weber zumindest gelungen ist, die Einheit der Kulturwissenschaften in seinem Werk kraftvoll zu demonstrieren. Dies richtet sich sowohl gegen stupiden Ressortpatriotismus als auch gegen eine nivellierende Vereinnahmung der Fachwissenschaften in eine Art Superwissenschaft. Darin könnte die Lehre einer auf Fachbezüge ausgerichteten Lektüre Max Webers liegen, die angesichts einer erheblichen Verunsicherung in den Kulturwissenschaften ihre Bedeutung auch für die gegenwärtige Forschungspraxis hat.

Werner Gephart ist Professor für Soziologie an der Universität Bonn. Im Suhrkamp Verlag hat er veröffentlicht: *Gesellschaftstheorie und Recht. Das Recht im soziologischen Diskurs der Moderne*, 1993.

Werner Gephart
Handeln und Kultur

Vielfalt und Einheit der
Kulturwissenschaften im Werk
Max Webers

Suhrkamp

Die Deutsche Bibliothek – CIP-Einheitsaufnahme
Gephart, Werner:
Handeln und Kultur :
Vielfalt und Einheit der Kulturwissenschaften
im Werk Max Webers /
Werner Gephart. –
1. Aufl. – Frankfurt am Main : Suhrkamp, 1998
(Suhrkamp-Taschenbuch Wissenschaft ; 1374)
ISBN 3-518-28974-8

suhrkamp taschenbuch wissenschaft 1374
Erste Auflage 1998
© Suhrkamp Verlag Frankfurt am Main 1998
Suhrkamp Taschenbuch Verlag
Alle Rechte vorbehalten, insbesondere das
des öffentlichen Vortrags, der Übertragung
durch Rundfunk und Fernsehen
sowie der Übersetzung, auch einzelner Teile.
Druck: Wagner GmbH, Nördlingen
Printed in Germany
Umschlag nach Entwürfen von
Willy Fleckhaus und Rolf Staudt

1 2 3 4 5 6 – 03 02 01 00 99 98

Inhalt

DRITTES KAPITEL
VERNUNFT UND MYTHOS.
MAX WEBER ALS PHILOSOPH?

VIERTES KAPITEL
RELIGION UND ÄSTHETIK.
ZUR SOZIOLOGIE DER KUNST
IM WERK MAX WEBERS

Einleitung
Zur Vielfalt der Kulturwissenschaften

In diesem Bändchen werden Arbeiten zusammengeführt, die sich aus unterschiedlichen Blickwinkeln mit dem Werk Max Webers befassen.

Ihnen liegt als gemeinsamer Bezugspunkt die Einsicht zugrunde, daß Webers Bekenntnis zur Soziologie als *seiner* Wissenschaft nur ein spätes Produkt der weit verzweigten kulturwissenschaftlichen Studien ist, die ihn schließlich aus den Anforderungen seines Grundrißbeitrags zu »Wirtschaft und Gesellschaft. Die Wirtschaft und die gesellschaftlichen Ordnungen und Mächte« in größere Nähe zur Soziologie als Fachwissenschaft zieht. Ich habe darauf verzichtet, diesen Prozeß im einzelnen nachzuzeichnen, da er in engem Zusammenhang mit der Genese des Grundrißbeitrags steht, dessen überaus komplizierte historische Rekonstruktion demnächst im Rahmen der Gesamtausgabe zu leisten ist und hier insofern deplaziert wäre.

In den hier zusammengefaßten Studien wird die Aufmerksamkeit auf Fachwissenschaften gerichtet, denen sich Weber in unterschiedlichen Lebensphasen zugerechnet hat, insbesondere zu Jurisprudenz und Nationalökonomie, und auf solche Disziplinen, die sich Weber aus größerer Distanz zu eigen machte. Letzteres gilt für die Geschichtswissenschaft sowie die Kunst- und Musikhistorie, aber auch in einem ganz spezifischen Sinne für die Philosophie. Diesen disziplingeschichtlichen Bezügen und Selbstzurechnungen nachzugehen, läßt sich aus einem doppelten Blickwinkel angehen. Man kann – sozusagen von außen – an das Werk die Frage herantragen, welches »Angebot« denn die verschiedenen Fächer für die Erkenntnisbedürfnisse Webers überhaupt bereitstellten. Hierzu können wir auf zunehmend bessere Kenntnisse über die disziplingeschichtliche Lage im Kaiserreich zurückgreifen. Man kann aber auch – sozusagen aus der Innenperspektive – das Werk darauf befragen, wie sich Selbstreferenz und objektive Verwurzelung in bestimmten Fächern auf die Generierung der Forschungsthematik und die paradigmatische Anwendung oder Umdeutung ihrer Lösungsansätze auswirken. Dieser zweite Weg ist in den folgenden Studien beschritten. Bevor wir nun den roten Faden dieses Deutungsweges aufrollen, ist eine weitere Vorbemerkung erforderlich.

In dem mehr oder minder heroisch eingefärbten Weberbild mag sich der Hinweis auf multi- oder transdisziplinäre Ausrichtungen Webers ambivalent ausnehmen: Die produktive Aneignung des Werkes scheint ja nur weiter kompliziert, wenn auch noch disziplingeschichtliche Aspekte die ohnehin schon schwierige Lektüre mitbestimmen; andererseits aber läßt sich die Dekomposition auch konstruktiv wenden. Denn es unterliegt ja gar keinem Zweifel, daß es Weber zumindest gelungen ist, die Einheit der Kulturwissenschaften in seinem Werk kraftvoll zu demonstrieren. Dies richtet sich gegen den stupiden Ressortpatriotismus und gegen eine nivellierende Vereinnahmung der Fachwissenschaften in eine Superwissenschaft, wie man es heute nennen würde, gleichermaßen. Darin könnte, wenn man so will, die eher aufmunternde Lehre einer auf Fachbezüge ausgerichteten Lektüre Max Webers liegen, die angesichts einer erheblichen Verunsicherung in den Kulturwissenschaften ihre Bedeutung auch für die gegenwärtige Forschungspraxis haben mag.

1. Warum ist die juristische Herkunft Webers bisher so stiefmütterlich behandelt worden? Warum sind in dem großartigen Band über Weber und die Zeitgenossen die Juristen ausgespart? Hätte die juridische Herkunft und gar – wie ich meine – Abkunft seiner Begrifflichkeit das Werk, insbesondere den Gründungsmythos für die Soziologie, in Frage gestellt? Ich glaube, daß es keineswegs belanglos ist, die Frage zu stellen und in einem weiteren Kontext der Bezüge von »Gesellschaftstheorie und Recht« nach einer Antwort zu suchen. Zunächst einmal muß man sich freilich die biographische Situation und auch die ambivalente Haltung Webers zur Jurisprudenz als Studienfach und als Wissenschaft vor Augen halten. Die Lektüre der z. T. amüsanten Jugendbriefe Webers erweist sich hierbei als außerordentlich nützlich. Denn sie zeigen, welche rechtsdogmatischen Vorlieben und Abneigungen, insbesondere gegen das Strafrecht, den jungen Rechtsstudenten bewegen, der seine ersten Publikationserfahrungen mit Rezensionen lässig, vom Kanapee aus, bewältigt. Es folgt daraus die interessante Frage, ob dieser juridische Ausgangspunkt im Denken Max Webers rein kontingenter Natur ist, oder ob bestimmte Fragestellungen und Lösungsansätze hierdurch vorgezeichnet sind. Auf seine

»Rechtssoziologie« zu verweisen, wäre trivial, da der Einfluß, wie ich darzulegen suche, weiter reicht. Denn eine zentrale Fragestellung Max Webers, wie sie später im Kategorienaufsatz entfaltet ist, kreist um das Problem sozialer Ordnung, dessen »Lösung« bei Weber ganz eng mit normativen Strukturen verquickt ist. Von dorther gewinnen die juridische Begrifflichkeit und Rezepturen in verschiedenen Winkeln des Werks ihre besondere Bedeutung. Wie sich hierzu dann das, sehr viel intensiver diskutierte, religionssoziologische Fundament einer juridisch inspirierten Sicht der sozialen Welt verhält, drängt sich als Anschlußfrage ganz folgerichtig auf.

Ich versuche, eine Antwort im vergleichenden Blick auf eine verwandte Problemlage im Werk Emile Durkheims zu finden, dessen dreiteiliger Religionsbegriff eine außerordentliche Nähe zu Formulierungen Webers aufweist. Die Fragestellung führt unmittelbar in zentrale Probleme der gegenwärtigen Soziologie hinein, die »Recht« oder »Religion« als konkurrierende Paradigmen ihrer Deutung der sozialen Welt behandelt. Hat man über den religionsbezogenen Anteil im Werk Max Webers unter Berücksichtigung seiner juridischen Verankerung ein klareres Verständnis erlangt, so lassen sich juristische Spuren ihrerseits deutlicher ausmachen – etwa im Charismabegriff – und die Tragweite einer religions- bzw. rechtssoziologischen Erklärung der Welt besser einschätzen. Diese beiden Bezugspunkte von Recht und Religion liefern schließlich auch die »Erklärung« für die im nachfolgenden Kapitel behandelte Fragestellung, warum Weber dem Handlungsbegriff eine so hervorragende kategoriale und explikative Rolle zuweist.

2. Mir scheint es außerordentlich fruchtbar zu sein, eine Antwort auf die tradierte Frage nach dem Handlungsbegriff Webers aus seinem Bezug auf unterschiedliche Disziplinen zu suchen. Meine These lautet, daß bei Weber die Fachwissenschaften methodologisch und sachlich in einer Handlungslehre zusammenlaufen, die sich folglich umgekehrt aus verschiedenen Quellen speist.

Wie in einem Brennglas verdichten sich die von Weber rezipierte Nationalökonomie über einen Handlungsbegriff machtvoller »Tat« aus Zeiten der Freiburger Antrittsrede bis zum Handlungsbegriff von Friedrich Gottl, der im Handeln als ökonomischem »Grundverhältnis« die Verwandtschaft zum juristischen Denken mitführt, das schließlich – über methodologische Probleme der Geschichtsphilosophie vermittelt – auf die Strafrechtslehre und ihre Deutung hypothetischer Kausalverläufe für das Zurechnungsurteil zurückläuft. Wir werden dabei sehen, wie die unbestreitbaren philosophischen Bezüge eher zurückstehen und schließlich eine doppelte Fundierung des Handlungsbegriffs zu beobachten ist: juristisch inspirierte Zurechnungsurteile historischer und soziologischer Erklärung zu begründen. Darüber hinaus aber wird ein ungeheurer Wertakzent auf »*Handeln*« in einer protestantisch entzauberten »*Kultur*« aus rein religiösen Gründen gelegt.

3. Max Weber als Philosophen lesen zu wollen, ist riskant. Einerseits sind – wie sich zeigt – die disziplinären Einflüsse auf seine Handlungslehre von offenbar geringem Gewicht; zum anderen versteht sich Weber bei seinen methodologischen Überlegungen als getreuer Rezipient eines anderen, dem also die Ehre der originären Erkenntnis zufallen müßte, gemeint ist: Heinrich Rickert. Und überdies weist Weber jegliche Zurechnung zur Philosophie als Fachwissenschaft weit von sich. Hinzu kommt, daß die eher systematischen Äußerungen Webers – etwa in der ›Zwischenbetrachtung‹ – philosophisch unbefriedigend bleiben, so daß man mit dieser Fragestellung nach dem Erkenntnisgewinn einer philosophischen Meßlatte zu gleich mehrfachem Scheitern verurteilt wäre.

Ich möchte gleichwohl zeigen, daß man nicht einmal einen halbierten Weber zur Kenntnis nimmt, wenn man die philosophische Dimension in seinem Werk ausblendet. Ihn zum reinen Philosophen zu stilisieren, wäre nicht minder verfehlt. Nur ist die Suche nach einem gemeinsamen »Sinn« der Kulturwissenschaften nicht von philosophischen Prämissen abzulösen. Denn wie sollte man diese Frage, ohne eine philosophische Besinnung auf das Schicksal des Einzelnen in der modernen Welt, überhaupt nur formulieren können. Daß Weber dies auch in Bildern tut, die sich dem Schraubstock des Begriffs entwinden, läßt sich freilich nicht auf nietzscheanische Einflüsse reduzieren, sondern hängt mit den Grenzen eines rationalen Weltbildes zusammen, die Weber im Mythos immer wieder zu überschreiten sucht.

4. Diesen non-rationalen Strömungen der Moderne verdankt sich auch Webers Zugang zur Ästhetik. Sie wird in jüngster Zeit als noch relativ unbekanntes Terrain der Weberdeutung entdeckt. Unsere Fragestellung richtet sich darauf, die Bruchstücke und fragmentarischen Einsichten Webers aus dem Werkzusammenhang so zusammenzusehen, daß Webers unerfüllte Ankündigung einer Soziologie der Kunst- und Kulturinhalte aus dem im Werk

bereits Vorhandenen ein deutlicheres Profil gewinnt. Dabei spielt die zeitgenössische Kunstgeschichte, über Heinrich Wölfflin und Aby Warburg vermittelt, ihre disziplingeschichtliche Rolle. Darüberhinaus aber weitet sich der Horizont für eine Art von Kunstsoziologie, für die wir noch keine Vertreter kennen. Die in unserer Deutung herausgearbeitete Spannung von religiöser Ethik und ästhetischem Rationalismus läßt nämlich die Konturen einer Soziologie der Kunst sichtbar werden, die jenseits von den soziologischen Reduktionismen einer Herkunfts- und Rezeptionssoziologie einerseits, wie einer rein immanenten Formästhetik andererseits, das Kunstwerk in den Vordergrund stellt, wie dies übrigens auch Luhmann – aus ganz anderen Gründen der autopoietischen Selbsterzeugung der Kunst – in seiner »Kunst der Gesellschaft« unternimmt.

Hier steht also ein systematisches Deutungsanliegen im Vordergrund, wie nämlich jene »irrationale« Kunst nur im Okzident als »autonome«, und das heißt eben: als eigengesetzliche, Sphäre entstehen konnte und sich dies in Philosophie und Soziologie des okzidentalen Rationalismus einfügt. Zu diesen Ergebnissen gelangt man nur, wenn sich der Betrachter auf die inneren Gesetzmäßigkeiten der Kunst einläßt. Und das bedeutet, daß er insoweit die Erkenntnisse der Kunstwissenschaften zur Kenntnis nimmt, um diese möglicherweise ihrerseits durch seine Fragestellungen und Deutungsvorschläge zu bereichern.

5. Die Sammlung der Beiträge lebt also von der Überzeugung, daß mit der Lektüre Webers Fragestellungen, Denkansätze und sachliche Deutungen verfügbar werden, die zur sachadäquaten Behandlung von Gegenwartsfragen in exemplarischer Weise beitragen. Sie im Felde der zerklüfteten Kulturwissenschaften nicht zur Kenntnis zu nehmen, wäre fatal, ohne selbstverständlich hieraus dogmatisierende Konsequenzen ziehen zu wollen.

Wie weitsichtig Webers Blick auch in eine Zukunft gerichtet war, die unsere Gegenwart ausmacht, läßt sich an Webers Sicht des »Sozialismus« demonstrieren. Auch wenn Diskussion und empirische Analyse inzwischen vorangeschritten sind, möchte ich einen Deutungsversuch des Transformationsprozesses in Osteuropa und der ehemaligen Sowjetunion so vorstellen, wie ich ihn mit jungen Wissenschaftlern am Institute for Advanced Sociological Studies in Moskau – kurz vor dem Putschversuch im Jahre 1991 – diskutieren konnte.

Mir geht es einmal darum, den originären Beitrag Webers zu Strukturproblemen des rationalen Sozialismus als eine mehrdimensionale und verschiedene Disziplinen fordernde Einsicht herauszustellen, um dann auch die Transformationsrisiken deutlicher zu benennen. Sie lassen sich mit Hilfe einer idealtypischen Rekonstruktion kapitalistischer Gesellschaften auf den Ebenen der Kultur, der Wirtschaft, des Herrschaftssystems und der normativgemeinschaftlichen Einbindung gerade mit dem Blick auf unterschiedliche Disziplinen systematisch beobachten.

Damit schließt sich der Kreis von Handeln und Kultur, der von der juridischen Herkunft Webers ausgehend seine religionswissenschaftlichen Interessen beleuchtet, im Handlungsbegriff heterogene Disziplinstränge aufnimmt, aus denen die Philosophie und eine soziologisch inspirierte Ästhetik des Rationalismus ausgegliedert werden, um an einem komplexen und zentralen Problem der Gegenwart den mehrdimensionalen kulturwissenschaftlichen Blick auf die gesellschaftlichen Ordnungen und Mächte zu richten.

In einem Anhang findet sich ein Rückblick auf den Gang der Argumentation in einer dramatischen Skizze. Sie spielt mit dem Wissen um das nicht Gesagte zum Leben Max Webers, das in eine fiktionale Wirklichkeit versetzt ist, in der die Darstellung einer Verbindung von Leben und Werk, die verzweifelte Suche nach der Einheit der Wissenschaften und des Lebens in einem anderen Medium gesucht wird, das der »reinen« Wisssenschaft gegenüber eine größere Freiheit besitzt. Wenn eine theatralische Realisierung des szenischen Projekts konkretere Gestalt annimmt, so ist dies der dramaturgischen Kritik und den Anregungen von Elisabeth Einecke-Klövekorn mit zu verdanken.

Chih-Cheng Jeng hat die Zusammenstellung dieser Beiträge technisch und gedanklich sorgsam mitgetragen. Schließlich ist Siegfried Hermes das Manuskript mit akribisch-kritischem Blick durchgegangen. Allen sei auch an dieser Stelle herzlichst gedankt.

Erstes Kapitel
RECHT ODER RELIGION?
Konkurrierende Perspektiven im Werk Max Webers

»Es ist aber allerdings das unvermeidliche Schicksal aller Soziologie: daß sie für die Betrachtung des überall stetige Übergänge zwischen den ›typischen‹ Fällen zeugenden realen Handelns sehr oft die scharfen, weil auf syllogistischer Interpretation von Normen ruhenden, juristischen Ausdrücke verwenden muß, um ihnen dann ihren eigenen, von dem juristischen der Wurzel nach verschiedenen Sinn unterzuschieben.«[1]

Zu den auffälligsten Tatbeständen in der Aneignung Max Webers gehört die Tatsache, daß ganz unterschiedliche Disziplinen sich seiner Erbschaft versichern wollen: Die Wissenschaftstheorie als Zweig der Philosophie sieht Weber als einen der ihren an,[2] die Geschichtswissenschaft beginnt, Max Weber für sich zu reklamieren,[3] während für die Soziologie nie in Frage stand, daß ihr Gründervater Soziologe und sonst gar nichts ist, was in merkwürdigem Kontrast zu der Tatsache steht, daß Weber das Wort »Soziologie« bis in seine letzten Lebensjahre in distanzierende Anführungszeichen setzt.

In diesem Bild der disziplingeschichtlichen und systematischen Zurechnungen Max Webers wird freilich seine unbestreitbare fachgeschichtliche Herkunft aus der Jurisprudenz vernachlässigt. Angesichts der gewaltigen interpretatorischen Kraftakte, die auf das Werk Max Webers zielen,[4] bleibt dieser Tatbestand in sich

1 Max Weber, Über einige Kategorien der verstehenden Soziologie, in: Logos. Internationale Zeitschrift für Philosophie der Kultur 4, 1913, S. 253–294; abgedr. in: Gesammelte Aufsätze zur Wissenschaftslehre, Tübingen 1973, S. 440.
2 Dies läßt sich seit Alexander von Scheltings Arbeit verfolgen, vgl. Max Webers Wissenschaftslehre. Das logische Problem der historischen Kulturerkenntnis. Die Grenzen der Soziologie des Wissens, Tübingen 1934.
3 Vgl. insbesondere die Beiträge in Jürgen Kocka (Hrsg.), Max Weber. Der Historiker, Göttingen 1986. [Kritische Studien zur Geschichtswissenschaft; Bd. 73]
4 So einerseits die religionssoziologische Pointierung bei Friedrich H. Tenbruck, andererseits die »anthropologische« Deutung einer einzigen Problemstellung im Werk Max Webers bei Wilhelm Hennis (Max Webers Fragestellung, Tübingen 1987).

untersuchungswürdig. Ich möchte im folgenden etwas Bescheideneres unternehmen: Zunächst ist – auch noch vor der vollständigen Veröffentlichung des Briefwechsels – aus allgemein zugänglichen Quellen zu zeigen, in welcher Weise sich Max Weber als Jurist verstanden hat (I); sodann läßt sich an ausgewählten Beispielen demonstrieren, inwieweit Webers juristische Herkunft in das soziologische Denken übergreift (II), um schließlich das Verhältnis zur Religionssoziologie anzusprechen (III).

I.

»Öde Juristerei« und Lob des formal-rationalen Rechts. Ambivalenzen in Webers Verhältnis zur Jurisprudenz

Max Weber hat vom Studium der Rechte über die juristische Promotion, das Assessorexamen bis zur Habilitation an der juristischen Fakultät eine glatte, wenn nicht glänzende Juristenkarriere durchlaufen.[5] Dennoch ist sein Verhältnis zur Jurisprudenz nicht ungetrübt; es ist vielmehr außerordentlich zwiespältig. Über die *Studienmotivation* wissen wir nur wenig, wenn man von dem außerordentlichen Bildungsdrang absieht, der die Jugendbriefe durchzieht. Max Weber *sen.* war Jurist, und so lag die Jurisprudenz wohl näher als die noch unreife Nationalökonomie oder gar die brotlosen Künste der Philosophie; von Soziologie ganz zu schweigen, die es ja allenfalls dem Namen nach und als Schreckbild positivistisch-französischer Wissenschaften gab.

Aus den Jugendbriefen[6] geht nun hervor, zu welchen Seiten der Jurisprudenz sich Weber hingezogen fühlte. Das *Strafrecht* ist ihm zuwider und überdies von minderem intellektuellem Wert. Um die

---

5 Wichtige Hinweise finden sich in der Einleitung von Jürgen Deininger zu: Max Weber, Die römische Agrargeschichte in ihrer Bedeutung für das Staats- und Privatrecht, hrsg. von Jürgen Deininger, Tübingen 1986 (1891). [MWG I/2]; vgl. auch den nach meinen Recherchen erschienenen Artikel von Realino Marra, Gli studi giuridici nella formazione di Max Weber (Heidelberg 1882 – Berlino 1892), in: Materiali per una storia della cultura giuridica 29, 1989, S. 355-404. Nunmehr auch: ders., Dalla comunità al diritto moderno, La formazione giuridica di Max Weber 1882-1889, Turin 1992.

6 Vgl. Max Weber Jugendbriefe. Mit einer Einführung von Marianne Weber, Tübingen o.J. (1936), S. 214.

auf Tanzlustbarkeiten verschwendete Zeit zu charakterisieren –
Weber zog den Paukboden dem Tanzboden vor – führt er aus:
»Innerhalb dieses Zeitraumes kann man den allgemeinen Teil des
Reichsstrafgesetzbuches ganz durcharbeiten und den besonderen
wenigstens bis zu den gemeingefährlichen Verbrechen.«[7] Es kann
daher auch nicht verwundern, in Webers »kulturwissenschaftlichen« oder »soziologischen« Schriften kaum etwas von Strafe und
Verbrechen zu lesen. Dies war übrigens bei Durkheim, der eben
kein gelernter Jurist war, anders.

Gleichwohl hat die eher oberflächliche Befassung mit dem Strafrecht gereicht, um – u. a. unter Bezug auf Gustav Radbruch[8] – nicht
nur den eigenen Handlungsbegriff zu formen, sondern auch die
Bedeutung hypothetischer Kausalverläufe für das historische Zurechnungsurteil zu importieren.[9]

Weber entspricht vielmehr dem Bild des *Zivilrechtlers*, dessen
Schulung in der gemeinrechtlichen Doktrin die Konturen des
formal-rationalen Rechts liefert: »Systemglaube«, »Lückenlosig-
keit«, »vollständige Subsumierbarkeit« der Wirklichkeit unter
rechtlich geformte Tatbestände usf.[10]; dieser »Idealtypus« des
Rechts ist so weit vom »wirklichen« Recht entfernt, daß die Tatsachen des Rechts gar nicht erst in den Blick zu geraten scheinen.

Dennoch ist Weber als Jurist kein eingefleischter Dogmatiker,
sondern von Beginn an *rechtshistorisch* interessiert. Und dies gilt
auch für seinen Zugang zum römischen Recht.

So moniert Weber in einem Studienbrief an die Mutter, daß die
Darstellung der ›Institutionen‹ durch den berühmten Lehrer des
römischen Rechts Immanuel Bekker zwar gefällig sei, dafür aber

7 Brief an die Mutter vom 24. Januar 1888, abgedr. in: Max Weber,
Jugendbriefe, a.a.O., S. 289.

8 Die Briefe Radbruchs an Weber werden demnächst im Zuge der Briefedition das Verhältnis Radbruch – Weber ein Stück weiter erhellen.

9 Vgl. Max Weber, Kritische Studien auf dem Gebiet der kulturwissenschaftlichen Logik, abgedr. in: Gesammelte Aufsätze zur Wissenschaftslehre a.a.O., S. 215-290, S. 268 ff. Diese juristische Pointe entgeht
Tenbruck in seiner Diskussion des Meyer-Aufsatzes; vgl. Friedrich
H. Tenbruck, Max Weber und Eduard Meyer, in: Wolfgang J. Mommsen und Wolfgang Schwentker (Hrsg.), Max Weber und seine Zeitgenossen, Göttingen 1988, S. 337-379.

10 Vgl. die Aufzählung der Merkmale des formal-rationalen Rechts am
Schluß des § 1 der sogenannten »Rechtssoziologie« Max Webers.

wird das Kolleg über römische Rechtsgeschichte kritisiert: »Die römische Rechtsgeschichte dagegen, die er ganz mit dem anderen Kolleg zusammenhängend liest, gefällt mir, dem Puchta noch im Kopf sitzt, (...) deshalb weniger, weil es keine Geschichte ist, sondern in erster Linie eine Darstellung des ausgebildeten römischen Zivil- und Kriminalprozesses mit wenigen rechtsvergleichenden Intermezzos.«[11]

Damit ist vom ersten Semester an eine Vorliebe für die *geschichtliche* Betrachtung des Rechts zu sehen. Zum besseren Verständnis dieser Orientierung ist daran zu erinnern, daß – wie Weber durch den Bezug auf Puchta andeutet – die gemeinrechtliche Praxis als *Rechtsgeschichte* angelegt war, während das historisch weiter zurückliegende römische Recht als dogmatisches System entwickelt wurde.

Wenn man Webers weitere Studien hinzunimmt – neben der rechtshistorischen Prägung durch die Kollegien Theodor Mommsens hat Weber die Logik-Vorlesung von Kuno Fischer verfolgt – so nimmt es nicht wunder, daß Spannungen gegenüber einem Studium auftreten, dessen Abschluß auf die *Rechtspraxis* zielt. Weber greift eben von Beginn an über die pure Rechtsdogmatik hinaus, was ihn in die typischen Examensnöte versetzt.

So gesteht Weber in einem weiteren Schreiben an die Mutter vom 17. Februar 1886 zu, daß er sich zur Examensvorbereitung mit einem Repetitorium hätte befassen sollen. Noch ein Jahr zuvor hatte er über einen Kameraden der Alemannen berichtet: »... er schwitzt hier im Repetitorium bei einem Assessor – ich glaube, daß ich dergleichen gerade so gut nicht mitmache.«[12] Am Ende schwindet freilich dem cand. jur. Max Weber jun. der Mut: »... ich glaube mich mit außerordentlich vielen Sachen abgegeben zu haben, die dabei durchaus nicht in Betracht kommen und mit denen mich zu befassen ich gerade so gut bis nach dem Examen hätte aufschieben können.«[13]

Es ist vielleicht interessant, mit dieser Selbstkritik die Vorschläge Emile Durkheims zur Reform des juristischen Studiums zu ver-

11 Brief an die Mutter vom 2. Mai 1882, abgedr. in: Max Weber, Jugendbriefe, a.a.O., S. 41.
12 Brief aus Göttingen vom 2. November 1885, abgedr. in: Max Weber, Jugendbriefe, a.a.O., S. 185.
13 Brief vom 17. Februar 1886 an die Mutter, abgedr. in: Max Weber, Jugendbriefe, a.a.O., S. 202.

gleichen.[14] Gegen eine allzu formale juristische Ausbildung wäre nach Durkheims Auffassung eigentlich die Soziologie zu empfehlen. Nur angesichts der mangelnden Reife dieser Disziplin – so Durkheim! – müsse diese Aufgabe von der *Rechtsgeschichte* erfüllt werden. So heißt es in einer Debatte mit Charles Gide: »… la seule manière de donner à la jeunesse l'éducation juridique qui convient, c'est de lui donner le sens de ce qu'est l'évolution juridique: ce que peut bien faire un enseignement historique bien conçu.«[15]

Max Weber hat sich also, im Spiegel der Auffassung Durkheims, durchaus auf dem richtigen Wege befunden, zumal dieser behauptet hatte: »… histoire et sociologie sont deux disciplines étroitement parentes et destinées à se confondre de plus en plus.«[16]

Nur in der Examenssituation bedauert Weber, auf den wir zurückkommen wollen, die »außerordentlich vielen Sachen«, die er hätte aufschieben können: »Jetzt indessen werde ich die Sache eben so versuchen müssen, obwohl jeder Professor zugesteht, daß die Leute, welche sich haben ›einpauken‹ lassen, selbst ohne vorher etwas getan zu haben, weit bessere Examenskandidaten sind als die strebsamsten Lichter der Studentenschaft.«[17]

In Professor Frensdorff hat Weber nun wenigstens einen Privatrepetitor, auch wenn ihn dieser nur in deutscher Rechtsgeschichte examiniert.

Für Webers weiteren Weg ist nun entscheidend, daß er – nach gleichwohl bestandenem Examen – das Angebot, eine deutschrechtliche Dissertation zu schreiben, höflichst ablehnt. Die Begründung macht Webers Verhältnis zur Rechtsgeschichte nochmals deutlich: Es sei einfach mit der noch zu gewinnenden »juristischen Bildung« unvereinbar, neben dem bildungsträchtigen Römischen Recht bzw. dem Pandektenrecht auch noch die »Masse

---

14 Emile Durkheim, Contribution à un débat de l'Union pour la vérité. Sur la réforme des institutions judiciaires: l'enseignement du droit, in: Libres entretiens, 3e série, Bureau de l'Union pour la vérité 1907; abgedr. in: Emile Durkheim, Textes 1, hrsg. von Victor Karady, Paris 1975, S. 243-245.

15 Emile Durkheim, in: Textes 1, a.a.O., S. 244.

16 Ebd.

17 Brief vom 17. Februar 1886 an die Mutter, abgedr. in: Max Weber, Jugendbriefe, a.a.O., S. 202.

politischen Materials« im preußischen Landrecht ernsthaft zu betreiben.[18] So wird Weber seine juristische Promotion mit einer Arbeit über die Geschichte der Handelsgesellschaften im Mittelalter bei Levin Goldschmidt bestreiten.[19]

Trotz dieses eindeutigen wissenschaftlichen Interesses zieht es Weber auch zur Praxis hin. In einem weiteren Brief an Frensdorff schildert er sein unübersehbares Vergnügen an der zivilistischen Arbeit: »Wenigstens merkt man bei der gegenwärtigen Tätigkeit bei den Zivilkammern doch wieder, was längst nicht mehr der Fall gewesen ist, daß man nicht einer degenerierten Spezies eines Kanzlisten, sondern ein vielfach der Verwendung zugänglicher Jurist ist und bei einer juristischen Behörde und nicht in einer schlichten Schreiberstube gedrillt wird.«[20] Diese Einschätzung trifft für die Arbeit in Strafsachen nicht zu, die er schlichtweg »öde« findet, und denen er »nie erhebliches wissenschaftliches Interesse abzugewinnen«[21] vermocht hat.

Aus einem Brief an Hermann Baumgarten wissen wir, daß er sich um eine Stelle als Syndikus beworben hat. Vom Scheitern berichtet er mit großem Bedauern: »Ich habe eine ganz außerordentliche Sehnsucht nach einer praktischen Tätigkeit, und diese würde hier vielleicht befriedigt und damit erledigt worden sein.«[22]

Weber schlägt dennoch die wissenschaftliche Laufbahn ein, wobei seine Habilitation nicht ohne Schwierigkeiten verläuft, weil sein in der Promotion rechtshistorisch anvisiertes Fachgebiet, das Handelsrecht, an der Berliner Fakultät nach Einschätzung Goldschmidts übermäßig vertreten sei.[23]

---

18 Brief an Prof. Frensdorff vom 22. Januar 1887, abgedr. in: Max Weber, Jugendbriefe, a.a.O., S. 216.

19 Vgl. Max Weber, Entwickelung des Solidarhaftprinzips und des Sondervermögens der offenen Handelsgesellschaft aus den Haushalts- und Gewerbegemeinschaften in den italienischen Städten, 1889.

20 Brief an Prof. Frensdorff vom 16. Juni 1887, abgedr. in: Max Weber, Jugendbriefe, a.a.O., S. 247.

21 Brief an Prof. Frensdorff vom 22. Januar 1887, abgedr. in: Max Weber, Jugendbriefe, a.a.O., S. 215.

22 Brief vom 3. Januar 1891, abgedr. in: Max Weber, Jugendbriefe, a.a.O., S. 326.

23 Brief an Hermann Baumgarten vom 3. Januar 1891, abgedr. in: Max Weber, Jugendbriefe, a.a.O., S. 326.

Die Habilitationsschrift schließlich handelt über Römische Agrargeschichte in ihrer Bedeutung für das Staats- und Privatrecht.[24] Als Privatdozent ist Weber dann verpflichtet, die für sich selbst als ›unwissenschaftlich‹ abgelehnten Repetitorien selbst abzuhalten, wonach seine anfangs empfundene pädagogische Berufung immer mehr zu schwinden scheint. Die Bewerbung auf einen Lehrstuhl für Nationalökonomie in Freiburg wird danach plausibel, zumal Weber in einem Brief an Hermann Baumgarten bekennt: »Ich meinerseits bin im Laufe der Zeit ungefähr zu einem Drittel Nationalökonom geworden.«[25] Und an die Mutter schreibt er, seinen Hoffnungen auf eine Berufung nach Freiburg Ausdruck verleihend: »Leid täte es mir, wenn ich an die doch *relativ öde Juristerei* geschmiedet bliebe.«[26]

Webers Verhältnis zur Jurisprudenz ist also mehrfach gebrochen: Der juristische Formalismus stößt ihn ab, so sehr in seiner sogenannten »Rechtssoziologie« ein Lob der juristischen Dogmatik angestimmt wird. Zu den einzelnen Rechtsgebieten fühlt sich Weber in unterschiedlichem Maße hingezogen. Das öffentliche Recht, insbesondere Staatsrecht und Verfassungsrecht, steht hinter den zivilistischen Interessen zurück. Gleichwohl reicht die Befassung mit diesem Rechtsgebiet bis in die »Rechtssoziologie« hinein, deren erster Paragraph ursprünglich ›Privates und öffentliches Recht‹[27] überschrieben war; die soziologische Staatslehre ist ohne den über Georg Jellinek[28] vermittelten Hintergrund der neueren öffentlich-rechtlichen Dogmatik undenkbar; aber auch die Staatslehre Labands ist an verschiedenen Stellen nachzuweisen. Im übrigen aber verkörpert Weber das Bild eines klassischen Zivil-

---

24 Vgl. Max Weber, Die römische Agrargeschichte in ihrer Bedeutung für das Staats- und Privatrecht, hrsg. von Jürgen Deininger, Tübingen 1986 (1891), [MWG I/2].

25 Vgl. den Brief vom 3. Januar 1891, abgedr. in: Max Weber, Jugendbriefe, a.a.O., S. 327.

26 Brief an die Mutter vom 26. Juli 1893, abgedr. in: Max Weber, Jugendbriefe, a.a.O., S. 372.

27 Vgl. das in der Bayerischen Staatsbibliothek im Max-Weber-Depot befindliche Manuskript zur sogenannten »Rechtssoziologie«.

28 In dem von Wolfgang J. Mommsen und Wolfgang Schwentker herausgegebenen Sammelband (Max Weber und seine Zeitgenossen, Göttingen 1988) sind die Beziehungen Webers zur juristischen Zunft ausgeklammert.

rechtlers, der das Strafrecht »öde« findet und diesem »nie ein erhebliches wissenschaftliches Interesse abzugewinnen«[29] vermochte. Diese Zweifel an der Jurisprudenz als Wissenschaft haben sich jedoch nicht in einer methodologischen Kritik der zeitgenössischen Rechtswissenschaft entladen[30], sondern sie scheinen eher den Wechsel in die Nationalökonomie mit zu motivieren.

II.
Zur Metamorphose juristischer Begriffe in soziologische Idealtypen

Was bleibt aber von dieser disziplingeschichtlichen Herkunft Max Webers aus den Traditionen der deutschen Rechtswissenschaft übrig? Ist die juristische »Sozialisation«, wie man es im soziologischen Jargon ausdrücken würde, eine bloße Jugendsünde oder vielleicht eine dauerhafte Erbschaft, wenn nicht Hypothek und als solche gar das konstitutive Merkmal seiner Art von Soziologie? Die bisherige Weber-Forschung hat sich diese Frage eigenartigerweise nicht gestellt. Wir wollen freilich die These weiter verfolgen, *daß erst vor dem disziplingeschichtlichen Hintergrund der Jurisprudenz die Eigenart der Soziologie Max Webers überhaupt verständlich wird.*[31]
Wir sind für diese Deutung nicht einmal auf hermeneutische Kunststücke angewiesen, sondern wir müssen nur Weber selbst beim Wort nehmen: So heißt es im ›Kategorienaufsatz‹ in einer Schlüsselpassage für das Werk: »Es ist aber allerdings das unvermeidliche Schicksal aller Soziologie: daß sie für die Betrachtung des überall stetige Übergänge zwischen den ›typischen‹ Fällen zeugenden realen Handelns sehr oft die scharfen, weil auf syllogistischer Interpretation von Normen ruhenden, juristischen Ausdrücke ver-

29 Brief an Prof. Frensdorff vom 22. Januar 1887, abgedr. in: Max Weber, Jugendbriefe, a.a.O., S. 215.
30 Insoweit sind Manfred Rehbinders Anmerkungen über methodologische Defizite im Rechtsdenken Max Webers nicht ganz abwegig. Vgl. Manfred Rehbinder, Max Weber und die Rechtswissenschaft, in: ders. und Klaus Peter Tieck (Hrsg.), Max Weber als Rechtssoziologe, Berlin 1987, S. 127-149.
31 Vgl. auch die ausführliche Argumentation in: Werner Gephart, Gesellschaftstheorie und Recht. Das Recht im soziologischen Diskurs der Moderne, Frankfurt am Main 1993, S. 419 ff.

wenden muß, um ihnen dann ihren eigenen, von dem juristischen der Wurzel nach verschiedenen Sinn unterzuschieben.«[32]

Dieses »unvermeidliche Schicksal«, wie Weber etwas pathetisch sagt, läßt sich in einer Reihe von Schlüsselbegriffen der Weberschen Soziologie nachweisen. Der idealtypische Aufbau der sozialen Welt ist in dem älteren Teil des Kategorienaufsatzes[33] nämlich um rein juristisch geprägte Ordnungstypen zentriert: »Zweckverein« und »Anstalt« als Prototypen des »Gesellschaftshandelns« sowie »Tausch« und »Verband« als Grundfiguren des sogenannten »Einverständnishandelns«.[34]

Die definitorische Bestimmung des »Zweckvereins« verwendet die rein juristischen Kategorien der »Satzung«, der »Vereinsorgane«, der »Vereinszwecke« und des »Zweckvermögens«.[35] In den »Soziologischen Grundbegriffen[35a]« wird diese Linie fortgesetzt, auch wenn die juristischen Quellen der Begriffsbildung verdeckter sind als die unmittelbare Entlehnung von Merkmalskombinationen aus der Zivilrechtsdogmatik wie im Beispiel des Zweckvereins. »Brauch«, »Sitte«, »Konvention« und »Recht« und insbesondere die idealtypische Konstitution von Zurechnungsmustern für fremdes Handeln über die Rechtsfigur von »Stellvertretung« und »Repräsentation«, dies sind dem juristischen Sprachgebrauch entlehnte

---

32 Max Weber, Über einige Kategorien der verstehenden Soziologie, in: Logos. Internationale Zeitschrift für Philosophie der Kultur 4, 1913, S. 253-294 (S. 265); abgedr. in: Gesammelte Aufsätze zur Wissenschaftslehre, a.a.O., S. 440.

33 So heißt es in der Eingangsfußnote des Kategorienaufsatzes: »Der zweite Teil des Aufsatzes ist ein Fragment aus einer schon vor längerer Zeit geschriebenen Darlegung, welche der methodischen Begründung sachlicher Untersuchungen, darunter eines Beitrags (»Wirtschaft und Gesellschaft«) für ein demnächst erscheinendes Sammelwerk dienen sollte und von welcher andre Teile wohl anderweit gelegentlich publiziert werden.« (Max Weber, Über einige Kategorien der verstehenden Soziologie, a.a.O., S. 427, Fn. 1)

34 Diese Logik ist näher entwickelt in: Werner Gephart, Gesellschaftstheorie und Recht. Das Recht im soziologischen Diskurs der Moderne, a.a.O.

35 Max Weber, Über einige Kategorien der verstehenden Soziologie, a.a.O., S. 447.

35a Max Weber, Soziologische Grundbegriffe, in: ders., Wirtschaft und Gesellschaft (Grundriß der Sozialökonomik Abt. III), hrsg. von Marianne Weber u. Melchior Palyi, Tübingen 1922, S. 1-30.

Begriffe, um ihnen »dann ihren eigenen, von dem juristischen der Wurzel nach verschiedenen, Sinn unterzuschieben«.[36]

Bevor wir weiter der Frage nachgehen, wie sich denn diese *Metamorphose von juristischer Dogmatik in soziologische Idealtypen* vollziehen soll, ist darzulegen, worauf die Wahlverwandtschaft von juristischer und soziologischer Begriffsbildung eigentlich gründet. Steht die *Philosophie* der Soziologie nicht viel näher als die Jurisprudenz? Und ist nicht ebenso die *Nationalökonomie* näher an den Tatbeständen von »Wirtschaft und Gesellschaft« als die »öde Juristerei«, wie Weber in seinen Jugendjahren formulierte? Schließlich sollte doch auch die *Geschichtswissenschaft* eine eigene Begrifflichkeit anbieten, der sich eine historisch orientierte, verstehende Soziologie bedienen könnte.

Es gibt hierfür einen sachlichen Grund, der über die professionelle Sozialisation Max Webers als Jurist – wie wir sie angedeutet haben – hinausreicht. Der Grund liegt in der Ausdeutung der *Handlungsproblematik*. Im älteren Teil des Kategorienaufsatzes ist dieses Thema in überraschend »moderner« Weise formuliert. So führt Weber zunächst aus, was er unter »Gemeinschaftshandeln« verstanden wissen möchte: »Von ›Gemeinschaftshandeln‹ wollen wir da sprechen, wo menschliches Handeln subjektiv *sinnhaft* auf das Verhalten anderer Menschen bezogen wird.«[37] Ein wichtiger Unterfall dieses, am Verhalten anderer orientierten Handelns (das Weber später soziales Handeln nennt) »bildet insbesondere dessen sinnhafte Orientierung an den *Erwartungen* eines bestimmten Verhaltens anderer und den danach für den Erfolg des eigenen Handelns (*subjektiv*) geschätzten Chancen«.[38] Hieraus folgt dann die Analyse des Grunddilemmas sozialer Beziehungen, das Talcott Parsons die *double contingency* nennt. So heißt es bei Weber: »Aber: die Erwartungen eines bestimmten Verhaltens anderer Menschen können sich bei dem subjektiv rational Handelnden auch darauf gründen, daß er ein subjektiv *sinnhaftes* Verhalten von ihnen erwarten, also auch dessen Charakter aus bestimmten *sinnhaften* Beziehungen, mit einem verschieden großen Grade von Wahrscheinlichkeit, vorausberechnen zu können subjektiv glaubt.«[39]

---

36 Ebd., S. 440.
37 Ebd., S. 441.
38 Ebd.
39 Ebd.

Das an bloßen »Erwartungen« orientierte Handeln ist Weber aber nur ein äußerst labiler Grenzfall. Soweit diese Erwartungen aber gehegt werden aufgrund von *normativen Ordnungen,* sind stabile soziale Beziehungen möglich.

Damit ist die Annahme einer rudimentären *normativen Ordnung* in die Analyse der Grundsituation *menschlichen Handelns* eingebaut. Und das heißt: »Recht« ist ein zentraler soziologischer Grundtatbestand. Nur wenn die Akteure ihre Erwartungen und die Erwartungserwartungen kontrafaktisch stabil halten[40], sind fortdauernde soziale Beziehungen und perennierende soziale Gebilde möglich. Diese Leistungen werden vom »Recht« nicht nur durch die Bereitstellung eines Erzwingungsstabes erbracht, sondern durch die *kognitive Vorstrukturierung* von typischen Erwartungen und Erwartungserwartungen ermöglicht. Das Recht enthält also geronnene, kondensierte Erwartungsbilder oder »Typisierungen«, wie Alfred Schütz[41] sie genannt hat.

Wenn also die conditio humana durch das bei Weber formulierte Problem der Erwartungsbildung bestimmt ist und die Aufgabe der Soziologie darin besteht, die so bedingte Eigenart von Handeln zu verstehen und in ihrem Ablauf zu erklären, dann besitzen die im Recht kondensierten Erwartungsbilder einen hervorragenden methodologischen Stellenwert für die *kognitive Strukturierung* sozialer Handlungszusammenhänge.

Aus dieser Analyse erklärt sich auch, daß Weber bei dieser juridischen Grundlegung der Soziologie mit der neukantianischen Scheidung von Tatsachen und Werturteilen gar nicht in Konflikt gerät.[42] Denn die Verwendung rechtsdogmatischer Figuren für die Bildung soziologischer Idealtypen ist – wie wir sahen – auf deren kognitiven Aspekt beschränkt. Wo die juristische Konstruktion der sozialen Welt von deren Überkomplexität ›entlastet‹ – und sei

---

40 Vgl. die Formulierungen von Niklas Luhmann, vor allem in: Rechtssoziologie, 2 Bde., Reinbek bei Hamburg 1972.

41 Vgl. hierzu auch meine Deutung von Alfred Schütz, der paradoxerweise als gelernter Bankjurist das Recht aus seinen Analysen der Lebenswelt verbannt hat: Gesellschaftstheorie und Recht. Das Recht im soziologischen Diskurs der Moderne, a.a.O., S. 71-76.

42 Diese Differenz ist im Stammler-Aufsatz minutiös dargelegt; vgl. Max Weber, R. Stammlers »Überwindung« der materialistischen Geschichtsauffassung, abgedr. in: Max Weber, Gesammelte Aufsätze zur Wissenschaftslehre, a.a.O., S. 291-383.

es durch eine analoge »Parallelwertung in der Laiensphäre« –, kann sie Anknüpfungspunkte für die soziologische Begriffsbildung liefern. Und je mehr bestimmte Rechtsvorstellungen in einer Rechtskultur auch faktisch *gelten*, um so mehr ist diese juridische Technik der soziologischen Begriffsbildung den tatsächlichen Abläufen sozialen Handelns auch »adäquat«.

Nicht mehr und nicht weniger ist also mit Webers Diktum vom »unvermeidlichen Schicksal aller Soziologie« gemeint.[43]

Läßt sich also das Werk Max Webers auf seine juristischen Fundamente reduzieren? Gibt es endlich das Passepartout, mit dem sich alle verborgenen Winkel des vielschichtigen Werkes aufschließen lassen?

Diese Art des *Reduktionismus* erscheint mir ebenso einseitig wie die umstandslose Vereinnahmung Webers als Soziologe, Historiker, Nationalökonom oder: Politiker.[44] Auch wird die Auswertung der noch unveröffentlichten nationalökonomischen Vorlesungen und des gedruckten »Grundrisses« über die ökonomischen Hintergründe im Denken Webers wichtige Aufschlüsse geben.

Und schließlich scheint das zentrale Thema der religionssoziologischen Schriften, das Verhältnis von »Ethik und Welt«, mit der juristischen Perspektive nur wenig gemein zu haben. Anstelle einer hier in toto gar nicht zu leistenden disziplingeschichtlichen Verortung Max Webers[45] wollen wir deshalb einen Blick auf seine *religionssoziologische* Optik werfen, die den juristischen Blickwinkel in charakteristischer Weise ergänzt.

43 Max Weber, Über einige Kategorien der verstehenden Soziologie, a.a.O., S. 440.
44 Andererseits wäre es nicht weniger verfehlt, Webers Leidenschaft für Politik auszublenden. Hierzu nach wie vor unübertroffen: Wolfgang J. Mommsen, Max Weber und die deutsche Politik 1890-1920, 2. überarb. und erw. Aufl., Tübingen 1974.
45 Dies ist, trotz des außerordentlich informativen Sammelbandes über Max Weber und seine Zeitgenossen (hrsg. von Wolfgang J. Mommsen und Wolfgang Schwentker. Göttingen 1988), ein Desiderat der Weber-Forschung.

Das religionssoziologische Fundament
einer juristisch inspirierten Sicht der sozialen Welt

Insbesondere Webers Entdeckung der Eigenart des *okzidentalen Rationalismus* ist nicht – zumindest nicht unmittelbar – aus dem juristischen Denkansatz hervorgegangen, sondern einer, mit der Protestantismusstudie eingeleiteten, »Kehre« zu verdanken.[46] Und diese fragt nach dem Zusammenhang von protestantischer Ethik und dem Geist des Kapitalismus, ohne daß auf der einen oder der anderen Seite der Wechselwirkung das Recht als Indikator oder Kausalfaktor ins Spiel käme. Es wird zwar ein Zusammenhang von protestantischer Ethik und dem »Geist des kapitalistischen Rechts« nicht gerade ausgeschlossen. So heißt es in einer Fußnote am Ende der Protestantismusstudie: »Es wäre ein leichtes gewesen, darüberhinaus zu einer förmlichen ›Konstruktion‹, die *alles* an der modernen Kultur ›Charakteristische‹ aus dem protestantischen Rationalismus logisch *deduzierte*, fortzuschreiten.«[47] Eine solche Deduktion hat Weber für das Recht auch gar nicht erst versucht. Denn bei aller Wahlverwandtschaft des englischen Puritanismus mit einem systematisch kodifizierten Recht[48] hat sich in den Kernländern der protestantischen Ethik ja ein ganz anderer Typus des Rechts durchgesetzt, der Weber – trotz aller verbalen Beschwörungen des Gegenteils – als schlichtweg defizitär gegenüber dem systematischen, formal rationalisierten Kontinentalrecht erscheint.

46 Helwig Schmidt-Glintzer vertritt die Auffassung, daß für Weber der Gegensatz von Okzident und Orient lange vor der Ausarbeitung eines religionssoziologischen Programms selbstverständlich war. Vgl. den Hinweis auf die ›Agrarverhältnisse im Altertum‹ in der Einleitung zu: Max Weber, Die Wirtschaftsethik der Weltreligionen. Konfuzianismus und Taoismus: Schriften 1915-1920, hrsg. von Helwig Schmidt-Glintzer in Zusammenarbeit mit Petra Kolonko, Tübingen 1989, [MWG I/19] S. 12 ff.

47 Max Weber, Die protestantische Ethik und der Geist des Kapitalismus. Nach der überarbeiteten Fassung in den »Gesammelten Aufsätzen zur Religionssoziologie«, Bd. 1, Tübingen 1920, Fn. 3 von S. 205, S. 206.

48 In der sogenannten »Rechtssoziologie« heißt es: »Die englischen Puritaner haben ein solch systematisch kodifiziertes Recht ebenso wie die römischen Plebejer und das deutsche Bürgertum des 19. Jahrhunderts verlangt.« (Max Weber, Wirtschaft und Gesellschaft, a.a.O., S. 471)

Gleichwohl ist das Recht für die Charakterisierung des okzidentalen Rationalismus keineswegs belanglos. In der ›Vorbemerkung‹ zu den Gesammelten Aufsätzen zur Religionssoziologie gehört die Rechtslehre zu den Errungenschaften, die in den außerokzidentalen Wissenschaften nicht entwickelt wurden: »Für eine rationale Rechtslehre fehlen anderwärts trotz aller Ansätze in Indien (Mimamsa-Schule), trotz umfassender Kodifikationen besonders in Vorderasien und trotz aller indischen und sonstigen Rechtsbücher, die streng juristischen Schemata und Denkformen des römischen und des daran geschulten okzidentalen Rechts.«[49] Aber nicht allein die Entwicklung der Rechtslehre als Wissenschaft, sondern ihre Implementation in die »Sozialordnung« ist das für Weber Entscheidende. Denn der rationale privatwirtschaftliche Betrieb mit stehendem Kapital und zuverlässiger Kalkulation ist nur auf dem Boden eines berechenbaren Rechts und einer berechenbaren Verwaltung möglich. Daß aber dieser *funktionale Zusammenhang*[50] auf bedeutende wirtschaftliche Interessen verweist, erklärt noch nicht, warum die auch in anderen Kulturen vorhandenen kapitalistischen Interessen ein solches Recht *nicht* geschaffen haben.[51]

Nach der ›Vorbemerkung‹ zu urteilen, sind die vergleichenden *religionssoziologischen* Studien also auch als Antwort auf die *rechtshistorische* Frage zu lesen, warum nur im Okzident ein formal-rationales Recht entstanden ist. »*Recht*« würde danach also mit anderen Worten durch »*Religion*« erklärt.

Damit zeichnet sich übrigens eine Konvergenz mit Durkheims These vom religiösen Charakter der sozialen Institutionen ab,

---

49 Max Weber, ›Vorbemerkung‹ zu: »Gesammelte Aufsätze zur Religionssoziologie«, Bd. 1, Tübingen 1920, S. 2.
50 Vgl. die Formulierungen der ›Vorbemerkung‹ zu: Gesammelte Aufsätze zur Religionssoziologie, Bd. 1, a.a.O., S. 11.
51 Daneben ist der strukturelle Zusammenhang bedeutsam: die Trennung von »Haushalt und Betrieb« sowie die differenzierungstheoretisch deutbare Trennung verschiedener Sphären wird aufgrund bestimmter rechtsdogmatischer Figuren (Sonderung von Betriebsvermögen und privatem Vermögen, Inkompatibilitätsregeln etc.) erleichtert, wenn nicht erst ermöglicht. Richard Münch hat demgegenüber darauf hingewiesen, wie gerade im Rechtsbegriff Webers weniger Differenzierung als »Interpenetration« herrscht (vgl. Richard Münch, Die Struktur der Moderne, Frankfurt am Main 1984, S. 380 ff.).

insbesondere vom religiösen Ursprung des Rechts.[52] Aber lassen sich »Recht und Religion« wirklich in ein solches Determinationsverhältnis pressen? So wie sich ein trivialisierter Marx ökonomisieren ließ, müßten wir dann Weber und Durkheim einen *idealistischen* Reduktionismus der diversen Kulturformen auf eine einzige *Basisstruktur*, nämlich die *Religion*, vorwerfen.

Mit Webers abstraktester Formel zur Erklärung des okzidentalen Rationalismus sind solche *reduktionistischen* Strategien jedenfalls nicht vereinbar. Es heißt ja in der Schlüsselpassage, daß es für den kulturgeschichtlichen Unterschied zur außerokzidentalen Welt allein darauf ankomme, »welche Sphären und in welcher Richtung sie rationalisiert wurden«.[53]

Lassen sich nun »*Recht*« und »*Religion*« als solche »Sphären« konstruieren, die sich durch unterschiedliche »Eigengesetzlichkeiten« auszeichnen? Wir kehren damit über einen vermeintlichen Umweg zur Frage zurück, warum sich Weber neben »Recht« als einem Grundmuster sozialer Handlungszusammenhänge – aus dem sich gar, wie wir sahen, die Kategorien des soziologischen Denkens herleiten – auf die Problematik der Religion überhaupt einlassen muß. Oder anders formuliert: Wodurch ist die »*Eigengesetzlichkeit*« der religiösen Sphäre geprägt und wodurch unterscheidet sie sich von der ihr gegenüber fremden »Eigengesetzlichkeit« des Rechts?

In der ›Einleitung‹ in die Wirtschaftsethik der Weltreligionen ist das Problem der Religionen so umschrieben: »Stets steckte dahinter eine Stellungnahme zu etwas, was an der realen Welt als spezifisch ›sinnlos‹ empfunden wurde und also die Forderung: daß das Weltgefüge in seiner Gesamtheit ein irgendwie sinnvoller ›Kosmos‹ sei oder: werden könne und solle.«[54] Dieses metaphysische Deutungsbedürfnis ist aber, wie Weber in der systematischen »Religionssoziologie«[55] ausführt, erst das Ergebnis eines Entwick-

---

52 Dieser religiöse Ursprung des Rechts ist näher entwickelt in: Emile Durkheim, Leçons de sociologie. Physique des mœurs et du droit, Paris 1969 (1950). Siehe hierzu auch die Hinweise bei Werner Gephart, Strafe und Verbrechen. Die Theorie Emile Durkheims, Opladen 1990, S. 144 ff.

53 Max Weber, ›Vorbemerkung‹, a.a.O., S. 12.

54 Max Weber, Einleitung, in den »Gesammelten Aufsätzen zur Religionssoziologie«, Bd. 1, Tübingen 1920, S. 253.

55 Über die Zusammenhänge von Webers Grundrißbeitrag mit den ver-

lungsprozesses, in dem sich die »rein« religiöse Problematik von anderen Zweckbestimmungen ablöst: »Denn der ›Sinn‹ des spezifischen religiösen Sichverhaltens wird, parallel mit jener Rationalisierung des Denkens, zunehmend weniger in rein äußeren Vorteilen des ökonomischen Alltags gesucht und insofern also das Ziel des religiösen Sichverhaltens ›irrationalisiert‹, bis schließlich diese ›außerweltlichen‹, d. h. zunächst: außerökonomischen Ziele als das dem religiösen Sichverhalten spezifische gelten«.[56] Nach Weber setzt also erst die *Ausdifferenzierung* der Religion deren Eigengesetzlichkeit frei, während in Durkheims *religionssoziologischem Universalismus* der religiöse Ursprung aller Institutionen apriori feststeht.

Exkurs
Die Verschlingung von Recht und Religion
in der Soziologie Emile Durkheims

Seit den »Cours de science sociale«[57] in Bordeaux war Emile Durkheim bemüht, die sozialen Tatsachen, die »faits sociaux«, in ihren *objektiven Manifestationen* zu erfassen. In der »science positive de la morale en Allemagne« geschult, war der äußerlich erkennbare und objektivierbare Indikator der »vie sociale« zunächst das *Recht*. Dies mag damit zu tun haben, daß in Bordeaux noch unklar war, wo dieser »Cours de science sociale« im Spektrum der Fakultäten zu plazieren sei. So könnte die verblüffende Dominanz des *Rechts* als Indikator der sozialen Strukturen von den *Erwartungen der Rechtsstudenten* mitgeprägt sein; Durkheims Studie zur Arbeitsteilung setzt diese Linie freilich fort.[58] So gilt ja in der »Division du travail social« das Recht als methodologischer *Indikator* für den Wandel der Integrationsformen von der »*solidarité mécanique*« zur »*solidarité organique*«. Die Argu-

gleichenden religionssoziologischen Untersuchungen vgl. auch Wolfgang Schluchter, Max Webers Religionssoziologie. Eine werkgeschichtliche Rekonstruktion, in: Max Webers Sicht des antiken Christentums, Frankfurt am Main 1985, S. 525-560.
56 Max Weber, Wirtschaft und Gesellschaft, a.a.O., S. 259.
57 Vgl. Emile Durkheim, Cours de science sociale. Leçon d'ouverture, in: Revue internationale de l'enseignement 15, 1888, S. 23-48.
58 Emile Durkheim, De la division du travail social, Paris 1973 (1893).

mentation ist geläufig. Interessant ist jedenfalls, daß das Recht über die methodologische Funktion hinaus eine materiale Bedeutung erhält. Recht ist nämlich nicht nur *Indikator*, sondern auch heimlicher *Integrator* der durch den Prozeß funktionaler Differenzierung erodierenden Gesellschaft, wie die Überlegungen zu den pathologischen Formen der Arbeitsteilung belegen.[59] In den *Regeln* der soziologischen Methode (1895) schließlich hat sich Recht als *soziologisches Paradigma* verfestigt: das ›fait social‹ katexochen ist das von außen, mit Zwangsgewalt dem Individuum oktroyierte *Recht*, wie auch die Einzelbeispiele belegen.[60] Überdies ist das soziologische Denken selbst normativ strukturiert, denn es geht Durkheim nicht um irgendwelche erkenntnislogischen Überlegungen, sondern um die, materiale Richtigkeit verbürgenden, *Regeln* der soziologischen Methode, die von den streitbaren Mitarbeitern an der Année sociologique auch als Anweisungen, wenn nicht doktrinäre Zumutungen, gedeutet wurden.

Das Recht als soziologisches Paradigma setzt sich schließlich in der Année sociologique fort. So geraten zahllose Arbeiten aus der Rechtsgeschichte und Rechtsanthropologie in die Fänge der kritischen Rezensenten, die ja nichts weiter wollten, als einen Überblick über die *soziologische Forschung* zu liefern. Und dies geschah eben in den juristischen Schriften, auch wenn ihre Autoren nicht wußten, daß sie nach Durkheims Soziologieverständnis *materiale Soziologie* betrieben und sonst gar nichts.

Auch wenn in dem Aufbau der Année sociologique im Sinn einer »division du travail sociologique« die sociologie du droit ein Stück weit ausdifferenziert ist, so belegt die über das ganze Rezensionswerk verstreute Besprechung juristischer Arbeiten, wie weit *Recht als soziologisches Paradigma*, wie ich es nenne, reicht.[61]

---

59 Vgl. insbesondere das erste Kapitel des dritten Buches der »Division«; siehe auch Werner Gephart, Strafe und Verbrechen. Die Theorie Emile Durkheims, a.a.O.

60 So heißt es an zentraler Stelle: »Quand je m'acquitte de ma tâche de frère, d'époux ou de citoyen, quand j'exécute les engagements que j'ai contractés, je remplis des devoirs qui sont définis, en dehors de moi, dans le droit et dans les mœurs.« (Emile Durkheim, Les règles de la méthode sociologique, Paris 1895, S. 6)

61 Zum juristischen Ursprung der Soziologie Emile Durkheims vgl. mit zahlreichen Belegen: Werner Gephart, Strafe und Verbrechen. Die Theorie Emile Durkheims, a.a.O.

Diese juridische Schicht im Werke Emile Durkheims wird durch eine zweite überlagert. Emile Durkheims Ruhm ist ja, bei aller Kritik im einzelnen, in seiner *Religionssoziologie* begründet. Ohne den Exkurs mit werkgeschichtlichen Details zu überfrachten, läßt sich die *Entwicklung* im Denken Emile Durkheims im wesentlichen so beschreiben: Die rechtssoziologische Optik wird kontinuierlich von der Religion überformt und von einer zeitweiligen Gleichrangigkeit bis zum soziologischen Primat des Religiösen fortentwickelt. Freilich wäre es allzu einfach, *Religion* erst in der ethnologischen Phase zu verorten. Vielmehr ist *Religion* von Beginn an im Durkheimschen Denken präsent. So ist es der Verlust der Religion, der zum Zerfall der conscience collective[62] führt, und es sind die dogmatischen und strukturellen Differenzen der Religionen, die unterschiedliche Selbstmordraten von Protestanten, Katholiken und Juden im »Suicide«[63] zu erklären vermögen. Schließlich fällt in einem bezeichnenden Brief an den abtrünnigen Gaston Richard die klassische Formel: »Rien de plus flou et de diffus comme la réligiosité. Il est vrai que je la définis, mais les choses flous et diffuses se définissent.«[64]

Wie aber ist Religion definiert? Wenn die »faits religieux‹ spezifische faits sociaux sind, dann müßten sie ja durch die vom juridischen Denken geprägten Merkmale der Äußerlichkeit und des Zwangs definiert sein. Durkheim, der einen enormen Eifer in der »découpage de l'objet« entfaltet, befaßt sich um die Jahrhundertwende erstmals systematisch[65] mit der »définition des phénomènes religieux«. Religiöse Phänomene unterscheiden sich demnach von den hier relevanten wissenssoziologischen Tatbeständen dadurch, daß der Inhalt der religiösen Vorstellungen obligatorisch ist, während die kollektiven Repräsentationen der Wissenschaft gerade den Zweifel zulassen. Dieser Definitionsversuch führt allerdings in enorme Schwierigkeiten, da nunmehr Recht, Moral und Religion ununterscheidbar miteinander verschlungen sind.

Der komplexere Religionsbegriff der »Formes élémentaires de la

---

62 Emile Durkheim, De la division du travail social, a.a.O., S. 142 ff.
63 Vgl. Emile Durkheim, Le suicide. Etude de sociologie, Paris 1969 (1897).
64 Brief an Gaston Richard vom 11. Mai 1899, abgedr. in: Emile Durkheim, Textes 2, hrsg. von Victor Karady, Paris 1975, S. 9.
65 Emile Durkheim, De la définition des phénomènes religieux, in: L'Année sociologique 2, 1899, S. 1-28.

vie religieuse«[66] führt ein Stück weit aus diesem definitorischen Zirkel heraus. »Religion« meint danach sowohl kollektive Vorstellungen wie Interaktionen und deren institutionelle Verkörperungen, nämlich religiöse *Ideen, Rituale* und die *Religionsgemeinschaft*. Auch wenn der Religionsbegriff damit von idealistischen Reduktionen auf die Ebene bloßer Repräsentationen befreit ist, bleibt das Problem, nach welchen Kriterien Ideen, Interaktionen und Gemeinschaften gerade als *religiöse* zu kennzeichnen sind.

Durkheims Antwort ist bekannt, wenn auch vielfach ungenau verstanden: Überall wo das *Profane* und das *Heilige* aufeinanderstoßen, wo diese elementare Aufteilung der Welt in eine heilige, unberührbare Zone und in eine ungefährliche Sphäre des profanen Alltags thematisiert wird, herrscht »Religion«.

Durkheims Religionsbegriff ist damit von naturalistischen Vorstellungen über den »Ort« des Religiösen weitgehend frei, ganz ebenso wie Recht *nicht* als quasi räumlich ausdifferenziertes Phänomen zu fassen ist. Auch wenn die zirkuläre Bestimmung von Religion durch den normativen Zwang zum Glauben und die Definition des Rechts durch den heiligen Respekt vor unantastbaren Werten nicht überwunden ist, macht die *Verschlingung von Recht und Religion* den Reiz von Durkheims Analysen des sozialen Lebens aus.

Zwischen der rechtlich-sozialen und der religiösen »Sphäre« besteht in Webers »System« ein fundamentaler Unterschied: »*Recht*« ist auf die kognitive Abstimmung von Erwartungen und ihre verbindliche Durchsetzung *in der Welt* spezialisiert, während »*Religion*«, je weiter sie von urwüchsigen Formen entfernt ist, auf *außerweltliche* Ziele gerichtet ist, ohne hierdurch ihre *sozialen Funktionen*, d. h. innerweltlichen Konsequenzen, zu verlieren.

In seinen vergleichenden religionssoziologischen Studien und der eher systematischen Abhandlung in »Wirtschaft und Gesellschaft« ist Weber aber genau an diesen *innerweltlichen* Folgen der Religion interessiert. Und das heißt einerseits für die sozialen *Voraussetzungen* der Ausdifferenzierung einer religiösen Problemstellung und eines hierauf bezogenen Handelns sowie für die daran anschließende Konfiguration religiöser Spezialisten und Laien.

66 Emile Durkheim, Les formes élémentaires de la vie religieuse. Le système totémique en Australie, Paris 1912.

Religiöse *Praktiken* und Typen der religiösen *Gemeinschaft* werden hierbei in ihrer Wechselwirkung mit den religiösen *Ideen* behandelt, womit Webers und Durkheims soziologischer Begriff von Religion als nahezu deckungsgleich erscheint.[67] Zum anderen aber interessiert Weber bekanntlich die Frage, welche Konsequenzen sich aus der religiösen Orientierung an außerweltlichen Zielen für das *Handeln* in der Welt ergeben. Und das heißt nicht zuletzt, ob eine religiöse Prämie darauf gesetzt ist, die Welt zu fliehen oder aber sich die paradoxe Synthese einstellt, religiöser und insofern außerweltlicher Bedürfnisse wegen die Welt nach Maßgabe ihrer »Eigengesetzlichkeiten« und nicht nach dem Bild eines außerweltlichen Reiches aktiv zu gestalten.

Hier geht es Weber offenkundig um die Beziehung von religiöser *Ethik* und »Welt«, das heißt: um die Regulierung des praktischen Handelns im profanen Alltag durch religiös bedingte, heilige *Normen*.

Die innere Verwandtschaft von Recht und Religion ist damit sinnfällig. Insofern gibt es systematische Gründe für die mehrfach beobachteten strukturellen Parallelen von Webers Rechts- und Religionssoziologie.[68] In der rechtlichen und religiösen Entwicklung haben sich spezifische »Trägerfiguren« herausgebildet, die außerordentliche Ähnlichkeiten aufweisen. Die Differenz von »heiligem« Wissen bzw. juristischem Wissen zur »Gemeinde« bzw. den Laien ist für beide Sphären in ihrer soziologischen Struktur bedeutsam. Systematisierung mit Konkretisierungsleistungen

---

67 Bei Max Weber ist zu lesen: »Wirklich sicher aber wird diese abstrakte *Vorstellung* erst durch ein kontinuierlich einem und demselben Gott gewidmetes Tun, den ›*Kultus*‹, und durch seine Verbindung mit einem kontinuierlichen Verband von Menschen, eine Dauer*gemeinschaft*, für die er als Dauerndes solche Bedeutung hat.« (Max Weber, Wirtschaft und Gesellschaft, a.a.O., S. 250, Hervorhebung von W. G.); Bei Emile Durkheim heißt es: »Une religion est un système solidaire de *croyances* et de *pratiques* relatives à des choses sacrées, c'est à dire séparées, interdites, croyances et pratiques, qui unissent en une même *communauté morale*, appelée Eglise, tous ceux qui y adhèrent.« (Emile Durkheim, Les formes élémentaires de la vie religieuse, a.a.O., S. 65, Hervorhebung von W. G.)

68 Vgl. etwa Hubert Treiber, Wahlverwandtschaften zwischen Webers Religions- und Rechtssoziologie, in: Stefan Breuer und Hubert Treiber (Hrsg.), Zur Rechtssoziologie Max Webers, Opladen 1984.

zu verbinden, sind gleichlaufende Probleme rechtlicher und religiöser Systeme. Die Auswirkung der Professionalisierung auf den Charakter der jeweiligen Ideensysteme u.s.f.; all dies sind außerordentlich verwandte Strukturmuster.

Überdies aber findet eine vielfältige Wechselwirkung zwischen religiösen und rechtlichen Ideen statt, ein Austausch der Organisationsformen und sicher auch ein Machtkampf um den Primat der Lebensgestaltung. Diese faktische Konkurrenz der religiösen Mächte mit den rechtlichen bzw. politischen Ordnungen durchzieht das Werk Max Webers. Ihre Rekonstruktion überschreitet den begrenzten Anspruch dieser Arbeit.[69]

Wir wollten vielmehr auf das Problem aufmerksam machen, daß *Recht* und *Religion* zwei unterschiedlich eingestellte »soziologische Blicke« voraussetzen, die im Werk Max Webers einander ergänzen. Die juristische Prägung Webers wirkt von der juristischen Dissertation und Habilitation noch in den artistischen Begriffskonstruktionen[70] des Kategorienaufsatzes und der Kategorienlehre nach. Dieser juridische Anteil im Werk Max Webers stellt aber mehr als die bloße »Form« dar, deren »Inhalt« dann aus der Religionssoziologie geschöpft würde. *Recht* ist vielmehr auf die wechselseitige Abstimmung von unsicheren Erwartungen und deren verbindliche Durchsetzung eingestellt. Weil es hierfür der Zurechnung zu einem Subjekt bedarf, das für die Enttäuschung von Erwartungen verantwortlich gemacht wird, stiftet die juristische Kategorie der *Handlung* die Verbindung von kausal bewirkten äußeren Vorgängen mit einem handelnden Subjekt. Weber hat diese *juristische* Kategorie des Handelns, die im typisch juristischen Duktus das »Unterlassen« einschließt, zum Grundbegriff seiner Soziologie erhoben.[71] Der Handlungsbegriff bildet aber auch das Scharnier zur Religi-

---

69 Sie ist Gegenstand von »Gesellschaftstheorie und Recht. Das Recht im soziologischen Diskurs der Moderne«, a.a.O., S. 522 ff.

70 Dies geschieht, ohne in den von Marx perhorreszierten »Kultus« der Begriffe zu verfallen (vgl. die beißende Kritik an der mysteriösen Begriffsbildung insbesondere der Juristen und Politiker, in: Die deutsche Ideologie, Berlin 1981, [MEW Bd. 3] S. 347).

71 Ich beschäftige mich im zweiten Kapitel mit der Frage, was die von Weber rezipierten Nationalökonomen, insbesondere Friedrich Gottl, Historiker und Philosophen zu Webers Handlungslehre beitragen. Wie noch in der Diskussion der methodologischen Fragen der Geschichtswissenschaft – so im Eduard Meyer-Aufsatz – die juristische Perspek-

onssoziologie, denn dort beschäftigt sich Weber vornehmlich mit der Frage, welche Auswirkungen die Lösung der religiösen Problemstellung auf das Handeln[72] besitzt: die Paradoxie von religiös bedingter innerweltlicher Askese und profanem Aktivismus ist die Zauberformel zur Deutung der Moderne, ein Handlungstypus oder auch Habitus – wie nicht erst Bourdieu sagt –, dem eine nicht nur juristische, sondern auch innerreligiös bedeutsame Lehre der »Rechtfertigung« zugrundeliegt. Insofern fließen nicht nur bei Durkheim Recht und Religion ineinander, sondern auch Webers Analysen der okzidentalen Kultur sind von der Durchdringung »idealer« Sphären geprägt, die nach Marxens Vorstellung nichts weiter sein sollten als pure »Illusionen«.

Webers Diktum vom »unvermeidlichen Schicksal aller Soziologie« ist insoweit zu relativieren bzw. zu ergänzen. Nicht nur Recht und Jurisprudenz liefern die Begriffe, Stichworte und Fragestellungen für die Soziologie, sondern neben Nationalökonomie und Philosophie ist Religion und das religionswissenschaftliche Paradigma für Max Webers eigenes Verständnis von Soziologie grundlegend. Überdies muß der behauptete Universalitätsanspruch bezweifelt werden, daß es sich hierbei um das»unvermeidliche Schicksal *aller* Soziologie« handeln würde. Es gibt ja eine Reihe von soziologischen Perspektiven, die das Recht nahezu systematisch ausblenden. Freilich läßt sich zeigen, daß die Schwächen dieser Ansätze gerade darin beruhen, daß sie die eigentümliche Leistung von Recht für die Regulierung des sozialen Lebens verkennen.

Zumindest für Weber war dieses »Schicksal« nicht zuletzt unvermeidlich, wenn einem doch recht unsoliden Fach ein schärferes Profil gegeben werden sollte. Daß Webers Eifer bei der Formulierung soziologischer Kategorien hierbei nicht in einer schalen »Begriffssoziologie« endete, hat man wohl auch dem Umstand zu verdanken, daß seine juristische Formation von Anfang an über die reine Dogmatik hinausgriff.

tive durchschlägt (nämlich in der Berücksichtigung »hypothetischer Kausalverläufe«), ist besonders eindrucksvoll.

72 Wolfgang Schluchter hebt in diesem Sinne die Kategorie der *Lebensführung* im Werk Max Webers hervor; vgl. Wolfgang Schluchter, Religion und Lebensführung, 2. Bd., Frankfurt am Main 1989.

Zweites Kapitel
HANDELN UND INTERESSE
Disziplingeschichtliche Hintergründe
der Handlungslehre Max Webers

Der Begriff des »sozialen Handelns« ist trotz aller Deutungsversuche der letzten Jahrzehnte[1] rätselhaft geblieben. Von der zentralen Stellung her, die der Begriff in »Wirtschaft und Gesellschaft« schon bei der Bestimmung des Gegenstandsbereiches von Soziologie einnehmen soll, steht und fällt der Zugang zum Werk Max Webers mit einem adäquaten »Verständnis« dieser soziologischen Kategorie.

Über die Herkunft dieses »Grundbegriffs« – auf seine methodologische Problematik kommen wir zurück – schweigt sich Weber aus. Offenbar scheint es ihm derart selbstverständlich, diesen und keinen anderen Begriff zum Ausgangspunkt der Soziologie zu wählen, daß Begründung und Herleitung hinter der Erläuterung seines Sinngehaltes zurückstehen. Gleichwohl gilt es festzuhalten, daß Webers Bestimmung der Soziologie unter zeitgenössischen Sozialwissenschaftlern völlig singulär dasteht[2], so daß sich schon die Frage stellt, warum gerade »Handeln« zum Schlüsselbegriff der Soziologie avanciert.

Falls die methodologische Ableitung der Handlungslehre entscheidend wäre, wonach nur »Handeln« dem Postulat des »Verstehens« genügen kann, dann müßte doch auch bei Georg Simmel, auf dessen Methodologie des »Verstehens«[3] sich Weber immer wieder – wenn auch kritisch – beruft[4], alles auf den Handlungsbegriff zustreben. Wie wir wissen, ist dies gerade nicht der Fall. Vielmehr soll die zeitliche und soziale Kreise überschreitende Abstraktion

1 Vgl. etwa H. Girndt, Das soziale Handeln als Grundkategorie der erfahrungswissenschaftlichen Soziologie, Tübingen 1967; Johannes Weiß, Max Webers Grundlegung der Soziologie, München 1975; Richard Münch, Theorie des Handelns. Zur Rekonstruktion der Beiträge von Talcott Parsons, Emile Durkheim und Max Weber, Frankfurt am Main 1982.

2 Weder Tarde noch Gumplowicz, Simmel, Small, Tönnies oder gar Durkheim rücken den Handlungsbegriff ins Zentrum der entstehenden Disziplin.

3 Weber setzt die entsprechende Disziplin der Hermeneutik in distanzierende Anführungszeichen: »Die Arbeiten von Schleiermacher und Boeckh über die ›Hermeneutik‹ kommen hier nicht in Betracht ...« (Max Weber, Knies und das Irrationalitätsproblem, abgedr. in: Gesammelte Aufsätze zur Wissenschaftslehre, 4. Aufl., Tübingen 1973, S. 43-145, S. 91/Fn. 2).

4 Vgl. einerseits Max Weber, Knies und das Irrationalitätsproblem, a.a.O., S. 93, und andererseits Wirtschaft und Gesellschaft, 5. Aufl., Tübingen 1972, S. 1 ›Vorbemerkung‹.

der aus dem Fluß des »Lebens« gewonnenen Formen den Gegenstandsbereich von Soziologie nach Georg Simmel auszeichnen.[5] Der Handlungskomplex muß daher *anders* motiviert sein.

Wir hatten bereits gesehen, wie in dem intellektuellen Kräftefeld, in dem sich Webers Denken formierte, verschiedene Disziplinen hervortraten: einmal das *gelernte Handwerk*, die Jurisprudenz, sodann die Nationalökonomie, als deren Vertreter sich Weber über längere Zeit verstanden hat, die Geschichtswissenschaft, mit der Weber als Rechtshistoriker und Interessent einer kulturvergleichenden Universalgeschichte verbunden war, und erst am Ende auch die *Soziologie* als eigenständige Disziplin. Die besonderen Lebensumstände Webers haben eine eindeutige Zurechnung zu dieser oder jener Fachrichtung wohl immer schwer gemacht. Aber die Zeit nach der schweren Erkrankung, die Aufgabe des Lehramtes, hatten Weber auch fachlich »entwurzelt«. In dieser Lage schienen die Wissenschaftslehre und ihre »Logik« einen disziplinären Halt zu bieten.

Es bietet sich daher an, die verschiedenen disziplinmäßigen Bezüge der methodologischen Arbeiten Max Webers noch gründlicher auseinanderzudividieren, um am Ende zu sehen, inwieweit die verwickelten Fäden der nationalökonomischen, historischen, philosophischen und juristischen Arbeit in einer allgemeinen Handlungslehre zusammenlaufen.

---

5 Vgl. Georg Simmel, Das Problem der Soziologie, übers. als: Le problème de la sociologie, in: Revue de metaphysique et de morale 2, 1894, S. 497-504. Dieser Aufsatz, in dem der Handlungsbegriff *nicht* entscheidend ist, ist nach eigenem Bekunden für das Verständnis seiner Soziologie grundlegend, vgl. den Brief vom 22.6.1895 an Célestin Bouglé, Privatarchiv Bouglé, Bibliothèque nationale; vgl. auch Werner Gephart, L'image de la modernité chez Georg Simmel, in: Sociétés 37, 1992, S. 267-278; ders., Georg Simmels Bild der Moderne, in: Berliner Journal für Soziologie 1993, S. 183-192.

I.
Zur handlungstheoretischen Tradition
der Nationalökonomie

In der Freiburger Antrittsrede von 1895 ist der Identitätswandel vom Juristen zum Nationalökonomen vollzogen. »Wir« – so sagt Weber unter Berufung auf einen »juristischen Kollegen«, als der er offensichtlich nicht mehr gelten will – sind »in die Mode gekommen«, und: »... selbst in ihrem Intimum, in den Handbüchern der Pandektisten beginnt es, hie und da leise ökonomisch zu spuken.«[6] Dabei besteht für Weber eine selbstverständliche Zurechnung zu einer bestimmten Schule der »Nationalökonomie«, wenn er sich zu den »Jüngern der deutschen historischen Schule«[7] zählt. Tatsächlich macht es den sozusagen disziplingeschichtlichen Kern seiner berüchtigten Rede aus[8], die Unmöglichkeit eines »rein« ökonomischen Wertmaßstabes, z. B. bei der Lösung des Problems der Gütererzeugung einerseits oder der Güterverteilung andererseits, zu behaupten.

1. Handeln als »machtvolle Tat« der bürgerlichen Klassen

Es sei allerdings eine Illusion – meint Weber –, zu glauben daß man sich des eigenen Werturteils überhaupt enthalten könne.[9] Um so mehr gelte es eben den »subjektiven Kern« der Urteile herauszustellen, dem nach Webers Antrittsrede eine dreifache Funktion zufällt: »bewußte Selbstkontrolle« des Wertens, Vermeidung der »inneren Widersprüche« und Bestimmtheit der Wertungsrichtung.[10] Damit nimmt Weber ja die wesentlichen Momente rationaler Wertediskussion vorweg, wie sie in den späteren methodologischen Schriften präzisiert sind.

6 Max Weber, Der Nationalstaat und die Volkswirtschaftspolitik. Akademische Antrittsrede, Freiburg und Leipzig 1895, abgedr. in: Gesammelte politische Schriften, 3. Aufl., Tübingen 1971, S. 1-25, (S. 15).

7 Ebd., S. 16.

8 Wolfgang J. Mommsen hat diese Rede ins Zentrum seiner Weber-Deutung gestellt, vgl. Max Weber und die deutsche Politik 1890-1920, 2. Aufl., Tübingen 1974.

9 Max Weber, Der Nationalstaat, a.a.O., S. 16.

10 Ebd.

Aber was ist der Wertmaßstab der »Nationalökonomie«? Als »Wissenschaft vom Menschen, und das ist die Volkswirtschaftslehre«[11], müsse sie nach der Qualität des Menschen fragen.

Doch nun schleicht sich der naturalistische Fehlschluß ein: »Die Volkswirtschaftslehre als erklärende und analysierende Wissenschaft ist *international*, allein sobald sie Werturteile fällt, ist sie gebunden an diejenige Ausprägung des Menschentums, die wir in unserem eigenen Wesen finden.«[12] Aus dieser methodologischen Metamorphose der Humanwissenschaft geht daher die erschreckende Form der Nationalwissenschaft hervor: »Die Volkswirtschaftspolitik eines deutschen Staatswesens, ebenso wie der Wertmaßstab des deutschen volkswirtschaftlichen Theoretikers können deshalb nur deutsche sein.«[13] Und mit dem Begriff *national* verbindet Weber nicht ein »mystisches Dunkel«, sondern »die weltliche Machtorganisation der Nation«. Die Volkswirtschaftspolitik hat sich daher völlig der Staatsräson unterzuordnen. Nicht der »*Mensch*« – wie gelegentlich behauptet wird[14] –, sondern der *Staat* ist der letzte Wertgesichtspunkt der Volkswirtschaftslehre eines »deutschen« Wissenschaftlers. So Max Weber in seiner Freiburger Antrittsrede.

Nun ist Webers Denken von Beginn an vom Irrglauben an kollektive Entitäten frei, so daß die weitere Frage für ihn darin besteht, *welche* Akteure diesen Machtanspruch des Staates zu entwickeln berufen sind. Obwohl Weber sich gerade hier zu seiner bürgerlichen Herkunft bekennt – »Ich bin ein Mitglied der bürgerlichen Klassen, fühle mich als solches und bin erzogen in ihren Anschauungen und Idealen«[15] – bestreitet er diesem Bürgertum die Kraft der *Tat*. Insofern ist das »Handeln« – im alltagssprachlichen Gegensatz zum passiven Erdulden – ein wertdurchtränkter Begriff, der sich in das übergreifende Prinzip des »Rationalismus der Weltbeherrschung«[16] durchaus einfügt. In dieser Hinsicht liefert

11 Ebd., S. 19.
12 Ebd.
13 Ebd.
14 So Wilhelm Hennis, Eine ›Wissenschaft vom Menschen‹: Max Weber und die deutsche Nationalökonomie der Historischen Schule, in: Ders., Max Webers Fragestellung, Tübingen 1987, S. 117-166.
15 Max Weber, Der Nationalstaat, a.a.O., S. 26.
16 So die prägnante Formel Wolfgang Schluchters, Rationalismus der Weltbeherrschung. Studien zu Max Weber, Frankfurt am Main 1980.

die Antrittsrede ein – wie wir sehen werden – nachhaltig wirkendes, sachliches Motiv, den Begriff des *Handelns* auch methodisch zu prämieren.

Wenn man vom »Grundriß zu den Vorlesungen über Allgemeine Nationalökonomie« (1898) absieht, so boten die Arbeiten über das Börsenwesen, die Landarbeiterfrage oder diejenigen über die Agrarverhältnisse im Altertum nur wenig Anlaß, grundlegende methodische Fragen des Faches aufzurollen, dem Weber sich nunmehr zurechnet.

2. Die Balance zwischen gesetzmäßiger, kausaler Bestimmtheit und der Selbststeuerung des Handelns

Es ist ein äußerer Anlaß, eine Festschrift der Heidelberger Universität, die Weber – nach seiner Krankheit – in methodologische Fragen verstrickt. Mit dem Aufsatz über ›Roscher und Knies und die logischen Probleme der Nationalökonomie‹ wird die Folge methodologischer Schriften eröffnet, die zunächst noch ganz im Zeichen der schweren Erkrankung Webers steht. Aus Nervi schreibt Weber noch am 3. 1. 1903: »Ich hoffe, wenigstens die Stoffeinteilung für den Rest dieser verfl... Arbeit mit nach Hause zu bringen.«[17] Am Ende macht Weber die Arbeit zu Roscher und Knies gar für den unvermeidlichen Rücktritt vom Amt verantwortlich. Dabei merkt Marianne Weber über diese »lastende methodologische Zufallsarbeit«[18] kritisch an: »Sie führt Weber zum erstenmal von konkreter Stoffgestaltung fort in weitschichtige logische Problematik hinein und zwingt zur kritischen Durchdringung schon gesponnener und teilweise veralteter Gedankengewebe. Dies ist an sich nicht anregend, denn es springen dabei keine neuen Einsichten in die Realität heraus.«[19]

Freilich sind grundlegende Einsichten in die logische Struktur der Kulturwissenschaften wenn nicht vollgültig entwickelt, so doch

17 Zit. bei Marianne Weber, Max Weber. Ein Lebensbild, Tübingen 1926, S. 274.
18 Marianne Weber, Max Weber. Ein Lebensbild, a.a.O., S. 278.
19 Ebd.; Max Weber sieht dies freilich anders: »Ausdrücklich sei dabei bemerkt, daß die Frage, ob dabei für die *praktische* Methodik der Nationalökonomie etwas ›herauskommt‹, a limine *abgelehnt* wird.« (in: Roscher und Knies, a.a.O., S. 46/Fn. 2)

angelegt. Aus dem versponnenen »Gedankengewebe« wollen wir den *Handlungs*faden herausgreifen, so wie er in dieser Anfangsphase methodologischer Arbeit sich darstellt.

In dem methodologischen Porträt[20] des »Altmeisters« der Nationalökonomie, Wilhelm Roscher, geht es Weber um den Nachweis der methodologischen Spannungen zwischen einer enthistorisierten Gesetzeswissenschaft einerseits und einer historistischen Individualwissenschaft andererseits. Der Versuch der historischen Schule der Nationalökonomie, diese Spannung zu überwinden, sei freilich zum Scheitern verurteilt, solange nach »Naturgesetzen« gesucht werde, welche für die Gattung »Volk« gelten[21], andererseits aber das Wachsen, Werden und Enden der »Volkswirtschaft« im Anschluß an die »historische Juristenschule« als Ausdruck eines »irrationalen« Volksgeistes individuellen Charakters gedacht werde.[22]

Da aber Roscher die Hegelsche Lösung dieser Spannung durch die Angleichung von Begriff und Wirklichkeit versperrt sei – sosehr die organizistische Wirtschaftslehre Roschers zumindest aus dem Umfeld des Hegelianismus entstanden sei[23] –, bleibe der Dualismus von gattungsmäßigen Allgemeinbegriffen über Eigenschaften der Volkswirtschaft und der Auslese des historisch individuell Bedeutsamen bestehen, über dessen grundsätzliche Schwierigkeit sich Roscher durchaus im klaren sei.

Allein, der von Weber favorisierte, vermittelnde Weg sei bei Roscher nicht konsequent zu Ende gedacht. Denn zur Lösung des ökonomischen Hauptproblems, »wie wir die Entstehung und den Fortbestand *nicht* auf kollektivem Wege zweckvoll geschaffener und doch – für unsere Auffassung – zweckvoll funktionierender Institutionen des Wirtschaftslebens«[24] zu erklären haben, greife auch Roscher auf »Annahmen über die psychologischen Wurzeln

---

20 Wir wählen diesen Begriff im Gegensatz zu Webers Einleitungsformel, er wolle kein »literarisches« Porträt des Altmeisters liefern.

21 Max Weber, Roscher und Knies und die logischen Probleme der historischen Nationalökonomie, a.a.O., S. 12.

22 Ebd., S. 9; das Mißverständnis in bezug auf Savigny ist übrigens bei Carl Menger deutlich hervorgehoben; vgl. Untersuchungen über die Methode der Sozialwissenschaften und der politischen Ökonomie insbesondere, Leipzig 1883, S. 220 f.

23 Max Weber, Roscher und Knies, a.a.O., S. 10.

24 Ebd., S. 29.

des *Handelns der Einzelnen*«[25] zurück; aber er stelle nicht die »kausale Heteronomie des Wirtschaftens«[26] in den Vordergrund, als deren Musterbeispiel wir die eigene Studie Webers über die protestantische Ethik lesen werden, sondern greife auf universale Trieblehren zurück, in denen sich utilitaristische und altruistische Motive kreuzten. Damit aber gerate Roscher keineswegs in das Fahrwasser individualistischer Erklärungen des »Wirtschaftslebens«, weil er die auf »Gemeinsinn« beruhenden wirtschaftlichen Vorgänge und diejenigen der Gesamtwirtschaft wieder von der handlungstheoretischen Erklärung ausnehme. Denn das »organische Leben« des wirtschaftlichen Organismus sei nicht kausal erklärbar. Damit zieht Roscher also gewissermaßen der nationalökonomischen Begriffsbildung und Erklärung eine organologische Grenze. Es tritt damit der genau entgegengesetzte Fall zur historistischen Auflösung ökonomischer Gesetzmäßigkeiten auf: »Nicht die Irrationalität der Wirklichkeit, welche sich gegen die Einordnung unter ›Gesetze‹ sträubt, sondern die ›organische‹ *Einheitlichkeit* der geschichtlich-sozialen *Zusammenhänge* erscheint ihm als das Objekt, dessen kausale Erklärung und Analyse er nicht nur für schwieriger hält, als diejenige natürlicher Organismen, sondern welches prinzipiell unerklärt bleiben *muß*.«[27] Die organologische Vorstellung ist damit nicht eine explikative Residualkategorie, sondern bei Roscher Grund der Nicht-Explizierbarkeit bestimmter Phänomene.[28]

Trotz der erkenntnislogischen »Selbstbegrenzung« dieser Art der historischen Nationalökonomie wird freilich der organizistische Anspruch von Wirtschaftspolitik aufrechterhalten, als »Therapeutik des Wirtschaftslebens« dienen zu können.[29]

Das methodologische Porträt Wilhelm Roschers bleibt also widersprüchlich. Der *Historisierung* des – vermeintlichen – Subjekts der Volkswirtschaft entspricht kein reales Substrat, es sei denn um den Preis der methodologischen Irrationalität, und die *Nomologisierung* der Einzelhandlungen über eine Trieblehre verkennt die

25 Ebd., S. 29 f.
26 Ebd., S. 30.
27 Ebd., S. 35 f.
28 Dies wiederum wird von Emile Durkheim, der die organische Auffassung des Volkswirtschaftslebens der »science positive de la morale en Allemagne« abgelauscht hatte, gerade anders gesehen.
29 Max Weber, Roscher und Knies, a.a.O., S. 38 f.

»kausale Heteronomie des Wirtschaftens«, die eben nicht aus sich selbst verstanden werden kann, sondern z. B. auch aus der religiös bedingten Alltagsethik hervorgehen mag.

In der methodologischen Abrechnung mit Karl Knies, seinem Vorgänger auf dem Heidelberger Lehrstuhl, den Weber schließlich aufgibt, ist es nicht die *Irrationalität* der Ganzheiten, die Weber attackiert, sondern die vermeintliche *Irrationalität des individuellen Handelns,* aus der nach Knies die spezifischen Erklärungsprobleme der Nationalökonomie hervorgehen. Dabei wird die entscheidende Prämisse der *politischen Ökonomie* von Knies[30] eher beiläufig eingeführt, daß nämlich diese Wissenschaft überhaupt »menschliches Handeln« zum Gegenstand hat.[31]

Max Weber nähert sich den methodologischen Problemen der politischen Ökonomie, die »vom Standpunkte der geschichtlichen Methode« verfaßt ist, von verschiedenen Seiten. Einmal hat Knies mit der Aufteilung der Welt in ein Reich der »Freiheit« und eins der »Notwendigkeit« die exemplarisch bedeutsame Frage aufgeworfen, wo das ökonomische »Handeln« in diesem Spannungsfeld zu verorten sei. Man kann die äußerst verschlungene Gedankenführung Webers als Antwort auf diese Frage interpretieren. Sie setzt aber auch voraus, mit welchen *gedanklichen Mitteln* das Handeln des Menschen erfaßt werden kann, womit die Studie über den engeren Horizont von logischen Problemen der Nationalökonomie hinausgreift. Am Ende schlägt sich die Lösung des »voluntaristischen« Charakters der Handlung in einer Spezifizierung derjenigen »Gesetze« nieder, die der Erklärung des Handelns dienen.

Hierbei ist der besonderen Eigenart der Weberschen Frage Rechnung zu tragen: wie nämlich die methodologischen Leistungen eines Begründers der historischen Schule der Nationalökonomie einzuschätzen sind, dem gegenüber die Nachfolger – im Urteil Mengers – als bloße »Epigonen« zu gelten haben. Die Argumentation Max Webers zeigt freilich, daß auch bei den »hervorragendsten Methodiker(n) der historischen Schule«[32] – so wiederum

30 Vgl. Karl Knies, Die politische Ökonomie vom Standpunkte der geschichtlichen Methode. Braunschweig 1853. Die Schrift ist im übrigen Wilhelm Roscher gewidmet!
31 Max Weber, Roscher und Knies, a.a.O., S. 44.
32 Carl Menger, Die Irrtümer des Historismus in der deutschen Nationalökonomie, Wien 1884, S. 80.

Menger – die Antworten auf das Verhältnis von Geschichte und Theorie der Nationalökonomie nicht zu finden sind. Im ersten Hinsehen scheint Weber dabei auch die zeitgenössische Diskussion der Nationalökonomie auszublenden, denn Roscher und Knies sind ja Vertreter einer früheren Gelehrtengeneration.

Die Annahme unberechenbarer, da »schöpferischer« Kräfte des sozialen Lebens kritisiert Weber anhand der hochentwickelten Lehre Wilhelm Wundts über die »schöpferische Synthese«[33], dessen Emergenzargumente Emile Durkheim als Vorbild dienten.[34] Die Lehre Hugo Münsterbergs von der Einheit der Persönlichkeit hat ebensowenig Bestand, wenn sie zur Begründung einer »subjektivierenden« Wissenschaft, im Gegensatz zur »objektiven«, dienen soll.[35] Vielmehr insistiert Weber insofern auf der Erklärbarkeit von *Handlungen* im Unterschied zur *Persönlichkeit* als eines Handlungssystems, wie wir heute sagen würden.

3. »Handeln« als Grundverhältnis der Nationalökonomie

Aber welcher Art sind die Erkenntnisse über »Handlungen«? Für die Entfaltung der eigenständigen Sicht Webers ist die Auseinandersetzung mit einem Nationalökonomen von Bedeutung, der in der bisherigen Weber-Deutung nicht hinlänglich berücksichtigt wurde[36], die Rede ist von Friedrich Gottl. Weber hat ihn ganz außerordentlich geschätzt, wie auch aus den an Gottl gerichteten, bislang

33 Max Weber, Roscher und Knies, a.a.O., S. 51 ff.
34 Vgl. Emile Durkheim, La science positive de la morale en Allemagne, in: Revue philosophique 24, 1887; abgedruckt in: Ders., Textes 1, a.a.O., S. 297 ff.; vgl. andererseits die Leugnung eines Einflusses von Wilhelm Wundt in der Déploige-Affaire (Brief vom 8. November 1907, abgedr. in: Textes 1, a.a.O., S. 404).
35 Max Weber, Roscher und Knies, a.a.O., S. 70 ff.
36 Vgl. etwa Wilhelm Hennis, Eine ›Wissenschaft vom Menschen‹: Max Weber und die deutsche Nationalökonomie der Historischen Schule, in: Wolfgang J. Mommsen und Wolfgang Schwentker (Hrsg.), Max Weber und seine Zeitgenossen, a.a.O., S. 41-83, wo vor allem der Einfluß von Knies m. E. völlig überinterpretiert wird; auch das P. S. auf S. 65 in Fn. 87 vermag die These von der – vermeintlich – überragenden Bedeutung von Knies *nicht* zu stützen.

edierten Briefen hervorgeht.[37] Im Roscher und Knies-Aufsatz spricht Weber von der »in hohem Maße geistvollen bisherigen Hauptleistung«, die »infolge der gewählten Form platt zu Boden gefallen«[38] sei. In der Tat liegt schon die Formulierung des Titels der Hauptschrift Gottls »Die Herrschaft des Wortes«[39] eigenartig fern von Webers unterkühltem Pathos methodologischer Nüchternheit, was ihn nicht hindert, die Differenz zum üblichen wissenschaftlichen Gebrauch der Sprache bei Gottl so zu formulieren, daß »wir in Handhabung der Sprache *weit* weniger als Sie *Künstler* sind, unsere Ohren weniger fein besaitet und unsere Gedanken mehr auf das rein Stoffliche gerichtet sind …«[40] So werden die »vortrefflichen Bemerkungen« in besonderem Maße estimiert. Um so erstaunlicher ist die geübte Kritik, die als Eigenart der Sicht Gottls hervorhebt, was Weber zutiefst ablehnt: Naturerkenntnis und Erkenntnis des Handelns aus *ontologischen* Gründen zu trennen, liegt Weber fern. Die Selektion des Gegenstandes der Forschung aus der objektiven Verdichtung von Wirklichkeitszusammenhängen herzuleiten, widerspricht Webers Auffassung von der kulturellen, wertbezogenen Stoffauswahl ganz ebenso wie Gottls Versuch, als Gegenstand der »schildernden« Handlungswissenschaft die ungeschiedene Einheit des »Alltags« zu bestimmen.[41] Was also begründet Webers Affinität zu Gottl – oder ist es vielleicht gar keine »gefährliche Wahlverwandtschaft«[42], sondern eher ein Adoptionsverhältnis? Paradoxerweise ist das Leitthema von Gottls Schrift der Kampf gegen die Herrschaft vermeintlicher »Grundbegriffe« in der Na-

37 So schreibt Weber in bezug auf ein im Archiv veröffentlichtes und von ihm als Herausgeber betreutes Manuskript: »Ich wiederhole: es sind *ganz meisterhafte* Partien darin, die *unbedingt* publiziert werden müssen …« (Brief an Friedrich Gottl vom 28. März 1906, in: Max Weber, Briefe 1906-1908, hg. v. M. Rainer Lepsius und Wolfgang Mommsen, Tübingen 1990, [MWG II/5] S. 63)

38 Vgl. Max Weber, Roscher und Knies, a.a.O., Fn. 3, S. 95 f.

39 Friedrich Gottl, Die Herrschaft des Wortes. Untersuchungen zur Kritik des nationalökonomischen Denkens, Jena 1901.

40 Brief an Friedrich Gottl vom 8. April 1906, in: Max Weber, Briefe 1906-1908, a.a.O., S. 70.

41 So die explizite Wahrnehmung der Differenz durch Weber, Roscher und Knies, a.a.O., S. 96, Fn. 3.

42 So – in Anspielung auf die »liaisons dangereux« von Duclos – eine auf andere Beziehungen gemünzte Formulierung von Wolf Lepenies, Gefährliche Wahlverwandtschaften, a.a.O.

tionalökonomie wie »Arbeit«, »Wert«, »Gut«, »Kapital«, »Zins« etc.,[43] um statt dessen ein »Grundverhältnis« als Basis der Nationalökonomie auszumachen: die *menschliche Handlung*. Dies sei zwar auch schon von Dietzel als »Grundbegriff der Sozialwirtschaftslehre« verfochten worden[44], ohne aber den sachlichen Allzusammenhang des Handelns angemessen zu würdigen. Gottls erkenntniskritische Absicht besteht darin, aus dem »Dunkel der Sprache« herauszutreten, um die Herrschaft der »eingeborenen Fachausdrücke« zu durchbrechen, die sich allzuleicht zu einem System von Grundbegriffen zusammenschließen, ohne die realen Sachzusammenhänge zu erfassen.

Gottls eigene Sprachschöpfungen des »oberpersönlichen« Handelns, des »Handelns in Wiederkehr« usf. setzen freilich einen neuen Wortzauber an die Stelle der tradierten Terminologie, der uns heute einfach deshalb befremdlich erscheint, weil der germanisierende Stil der Fachbegriffsbildung – man denke auch an Tönnies' »Wesen-« und »Kürwillen« – wissenschaftsgeschichtlich keinen Erfolg hatte.[45]

Trotz dieser z. T. exzentrischen Eigenheiten Gottls ist die Nähe zu Weber verblüffend. Sie beginnt damit, daß die von den »Aktionswissenschaften«[46] zu untersuchende *Handlung* den Ausgangspunkt der nationalökonomischen Betrachtung bietet. »Denn«, so Gottl, »zum Alleralltäglichsten unseres Daseins gehört doch sicherlich *unser Handeln*! In der Tat aber braucht man an dieser Stelle nur davon auszugehen, daß die Nationalökonomie eine Wissenschaft von den menschlichen Handlungen sei, in irgend einer besonderen Weise.«[47] Und gerade darin, »Handeln« nicht als ein »Schlüsselwort« zu verstehen, sondern ihm einen »sachlichen Schlüssel« zu entnehmen, bestehe die angestrebte »Freiheit vom Worte«.[48]

o Friedrich Gottl, Über die »Grundbegriffe« in der Nationalökonomie, in: Die Herrschaft des Wortes, a.a.O., S. 1-64.

44 Vgl. den Hinweis bei Gottl, ebd., S. 9.

45 Nicht einmal die Weber-Exegese hat die Bedeutung Gottls bislang nur halbwegs zutreffend eingeschätzt. Demgegenüber hat vor allem Manfred Schön auf der Bedeutung Gottls für das Verständnis Webers insistiert, die nach meiner Einschätzung über das Legat des Handlungsbegriffes weit hinausgeht.

46 Vgl. Friedrich Gottl, Die Herrschaft des Wortes, a.a.O., S. 71.

47 Ebd., S. 37.

48 Ebd.

Während allerdings Weber den Versuch unternimmt, Typen des Handelns nach ihrem jeweils gemeinten Sinn zu unterscheiden, lehnt es Gottl ab, aus einer Differenzierung des Handelns das »Fächerwerk der Wissenschaften«[49] herzuleiten. Denn das Handeln ist in den »Allzusammenhang« des gelebten Geschehens verwoben, das heißt, *Handeln* als analytische Kategorie der Wissenschaften, in der z. B. die »actio« nichts weiter als ein Klageschema ist, wird bei Gottl mit der auf »Totalität« abzielenden Vorstellung des *Lebens* verschmolzen.

Hierbei bleibt Gottl seinem Anspruch, nicht »Grundbegriffe« zu erfinden, sondern »Grundverhältnisse« zu betrachten, durchaus treu. Denn wiederum ist die Nähe zu Weber verblüffend, wenn man von den sprachlichen Eigenheiten Gottls zu abstrahieren bereit ist. So heißt es: »Wer lebendige Zukunft denkt, wer unbestimmte Vielheiten seiner Handlungen in Wiederkehr durch die Zeit wandern sieht, der muß vor allem mit dem *fremden Handeln* rechnen, das ihm bald Hilfe bringt, bald Zwang auflastet, bald Widerstand leistet.«[50] Damit hat Gottl die von Weber herauspräparierte *soziale* Dimension des Handelns, die Orientierung am Handeln anderer, sehr deutlich formuliert. Und so schließt sich die Umschreibung der *Handlungskontingenz* bei Gottl an: »Aber das fremde Handeln bleibt die Ungewißheit steter Drohung, steter Hoffnung.«[51] Hieraus entsteht der Zwang zur Abstimmung der Handlungsorientierungen. In der Sprache Gottls: »Es muß also die Wiederkehr des eigenen mit der Wiederkehr des fremden Handelns irgendwie ins Verhältnis kommen.«[52] Nur wie geschieht das? Nach Gottl ist dies – in vollständiger Parallele zu Webers Ansicht, wie wir sehen werden – nur durch eine handlungskoordinierende Regulation möglich: »Also muß zum Beispiel auch das Spiel dieser Zusammenhänge von Haus aus eine *Sicherung* erfahren, oder die Wiederkehr wäre gar nicht möglich. Es drängt sich daher eine *Regelung* des Handelns zwingend auf: ›Brauch‹, ›Sitte‹, ›Recht‹. Diese sind unzertrennlich vom Handeln, wo immer für das Handeln Mehrerer eine Wiederkehr in Frage kommt.«[53]

49 Ebd., S. 138.
50 Ebd., S. 201.
51 Ebd.
52 Ebd.
53 Ebd.

Aus diesem sachlichen Zusammenhang des »Grundverhältnisses« von »Recht« und »Handeln« ergibt sich auch die von Gottl gepflegte »Ehrfurcht vor dem juristischen Denken«[54], das zwar durch den »Zwang zur Interpretation« zum »Wortdienst«[55] verdammt ist, dessen konstruktiver Erfassung »oberpersönlichen Handelns« im Staate, der Genossenschaft und so fort, die »Aktionswissenschaften« aber schlechthin nicht entraten können.[56]

Und noch einen Schritt weiter läßt sich die Verwandtschaft mit Webers Sicht der Wissenschaften verfolgen. Es ist dies nämlich nach Gottls Auffassung der Ursprung der von ihm in Anführungszeichen gesetzten »Soziologie«, daß »der Gesichtspunkt der Macht in den Händen der Jurisprudenz geblieben war«.[57] Auch wenn dies eine »durchaus verständliche Reaktion« der »Soziologie« war, so ist dieser »Hexensabbath für alle Spiel- und Abarten« menschlicher Erkenntnis entweder »positivistischer Firlefanz« oder »synthetische Philosophie« oder gar schlimmer ein »Zwitter von Natur- und schildernder Wissenschaft, von Mystik durchsetzt«, und schließlich eine Disziplin, die – so Gottl – »überholt war, ehe sie recht angefangen«.[58] Dieser anti-soziologische Tenor, den Weber selbst erst in »Wirtschaft und Gesellschaft« überwinden wird, hindert Gottl freilich nicht daran, eben diesen Topos von »Wirtschaft und Gesellschaft«[59] durchgehend zu verwenden. Hierbei wird im »Wirtschaftsbegriff« menschliches Handeln unter dem Gesichtspunkt der »Not« – also Knappheit betrachtet –, während im »Gesellschaftsbegriff« die Machtdimension vorherrscht. Nationalökonomie und Historik füllen das entsprechende »Fächerwerk«, während die Jurisprudenz »Handeln« unter dem Gesichtspunkt der Regulation betrachtet.

Somit reichen die bei Gottl entdeckten Motive von der Idee des Handelns als Grundproblem der »Aktionswissenschaften« über den Aufbau komplexerer Handlungsgebilde bis zur Einschätzung der Jurisprudenz als disziplingeschichtlichen Ausgangspunkts der Wissenschaften vom menschlichen Handeln.

Vor dem komplexen disziplingeschichtlichen Hintergrund der

54 Ebd., S. 178.
55 Ebd., S. 189.
56 Ebd., S. 114.
57 Ebd., S. 175.
58 Ebd.
59 Vgl. z. B. ebd., S. 162 ff.

Genese von Webers Handlungslehre läßt sich der Einfluß von Vertretern der Nationalökonomie nunmehr resümieren[60]: Während die Irrationalitäten der *Ganzheitslehre* – so Roscher – eine begrifflich angeleitete, historische Auflösung der kompakten »Wirklichkeit« überindividueller Gebilde verhindern, schließt die Annahme der Irrationalität *individuellen Handelns* bei Knies die Suche nach gesetzmäßigen Zusammenhängen des Wirtschaftens aus – so der methodologische Irrtum von Knies, während in Gottls Konzeption der Nationalökonomie als »schildernder Wissenschaft« die Rolle von System und Gesetz dunkel bleibt. Weber stellt dem Postulat der Irrationalität des Kollektiven bzw. individuellen Handelns eine dritte Art des Irrationalen entgegen, nämlich die unausweichliche *Irrationalität der Geschichte*. Wenn also Weber, als Vertreter der »historischen Schule« der Nationalökonomie, die »Irrationalität« des Historischen betont, verdichtet sich der methodologische Argumentationsdruck zu der Frage: Wie ist Historie als Wissenschaft (vom Handeln) angesichts der Irrationalität der Geschichte möglich?

II.

Das Problem des Handelns
und die Irrationalität der Geschichte

Die Antwort, die der Althistoriker Eduard Meyer in der Zeit der methodischen Krise der Geschichtswissenschaft gegeben hatte, war: »Die Geschichte ist keine systematische. Ihre Aufgabe ist die Erforschung und darstellende Erzählung von Vorgängen, die einmal der realen Welt angehört haben ...«[61]

60 Es wird wohl der Edition der nationalökonomisch geprägten Partien von »Wirtschaft und Gesellschaft« vorbehalten bleiben, weitere Einflußkreise der nationalökonomischen Lehre nachzuweisen. Webers »Grundriß zu den Vorlesungen über Allgemeine (›theoretische‹) Nationalökonomie« (gedr. Vorlesungspapier einschl. zahlr. Literaturhinweise, Heidelberg, Sommersemester 1898) gibt ein Bild seiner weitgespannten Lektüre der zeitgenössischen und »klassischen« nationalökonomischen Schriften. Wir haben uns auf die *manifesten* Bezüge zu zitierten und kritisierten Autoren beschränkt.

61 Vgl. Eduard Meyer, Zur Theorie und Methodik der Geschichte. Geschichtsphilosophische Untersuchungen, Halle 1902, S. 1.

Dieses Programm der kleinen methodologischen Schrift ›Zur Theorie und Methodik der Geschichte‹ mußte Max Weber einfach herausfordern, zumal er den praktischen Historiker des »Alterthums« sehr geschätzt hat, und gerade weil dessen Erkenntnisfortschritte, wie Weber am Ende der »Agrarverhältnisse im Altertum« bemerkt, dadurch erzielt seien, daß »mit dem Kalbe der verachteten ökonomischen ›Theoretiker‹« gepflügt wurde.[62]

Doch wenden wir uns zunächst der Perspektive Eduard Meyers zu. Sein methodologischer Zorn richtet sich gegen Lamprecht[63] und Breysig[64], denen ja auch Weber nichts Positives abgewinnen kann. Die von diesen Historikern angestrebte Auflösung der Geschichtswissenschaft in Soziologie würde das unvermeidliche Ende einer Disziplin bedeuten, die ihren Gegenstand verloren hat. Ihr Sinn aber liegt nach Meyer in der Ausschöpfung des »unendlichen Reichtums«[65] der Geschichte. Und dieser »Reichtum« wird gleich zu Beginn in einer für unsere Fragestellung entscheidenden Weise *anthropologisch* bestimmt: »... eine menschliche *Thätigkeit* und eine einzelne Schöpfung steht um so höher und wird daher im allgemeinen auch um so höher gewerthet, je weniger sie sich in feste Regeln fassen läßt.«[66]

---

62 Vgl. Max Weber, Agrarverhältnisse im Altertum, in: Handwörterbuch der Staatswissenschaften, hrsg. v. J. Conrad u. a., dritte, gänzlich umgearbeitete Auflage, Jena 1909, S. 52-188 (S. 183).

63 Eduard Meyer, Zur Theorie und Methodik der Geschichte, a.a.O., S. 7 ff. Zur Beziehung Lamprecht – Weber vgl. Sam Whimster, Die begrenzten Entwicklungsmöglichkeiten der historischen Soziologie im ›Methodenstreit‹: Karl Lamprecht und Max Weber, in: Wolfgang J. Mommsen und Wolfgang Schwentker (Hrsg.), Max Weber und seine Zeitgenossen, a.a.O., S. 380-402.

64 Eduard Meyer, Zur Theorie und Methodik der Geschichte, a.a.O., S. 9, Fn. 2.

65 Ebd., S. 9.

66 Ebd., S. 2. (Hervorhebung von W. G.)

1. Die Freiheit der menschlichen Tätigkeit und die Überwindung einer positivistischen Geschichtswissenschaft

Die »menschliche Thätigkeit« erhält also eine eigene normative Dignität dadurch, daß sie der Berechnung entzogen ist. Die Suche nach einer »strikten Gesetzmässigkeit«[67] der Geschichte entwürdigt das Objekt der Geschichte, das ohne weitere Hervorhebung im *menschlichen Handeln* lokalisiert ist. Das Handeln aber ist vom »freien Willen« getragen, und das historische Geschehen ist vom »Zufall« regiert. »Causalität« soll freilich nicht verbannt werden, der »Gegensatz« von »Zufall« und »Nothwendigkeit«[68] sei vielmehr eine Folge des Standpunktes, von dem aus die Dinge betrachtet werden. Da Kausalität immer nur im Hinblick auf ein bestimmtes »System« im Sinne einer »Kausalreihe« bestimmt werden könne, ist die unendliche »Wirklichkeit« durch die unberechenbare Überschneidung und Verkettung *verschiedener* Kausalreihen bedingt. Um auch diesen »zufälligen« Zusammenhang kausal deuten zu können, müsse ein übergreifendes System gefunden werden, was schließlich zur Annahme transzendentaler Ursachen führen müsse.[69] Die Unterstellung eines universalen Kausalzusammenhangs führt nach Meyer also in den Irrationalismus.

Was bleibt schließlich als Aufgabe des Historikers bestehen? An der Möglichkeit des »freien« Willens, den Meyer mit zahlreichen Beispielen zu belegen sucht, ist gar nicht zu zweifeln. Dies schließt aber die Chance, den Menschen – auch historisch – »verantwortlich« zu machen, nicht aus: »Weil wir in jedem Momente an uns selbst erfahren, daß wir trotz aller Abhängigkeit von äusseren Umständen in jeder Willensentscheidung frei sind, deshalb machen wir für jede Bethätigung des Willens uns selbst und jeden anderen Menschen *verantwortlich*, und nicht die unendliche Causalreihe, von der vorhin die Rede war.«[70] Es scheint also, als würde nunmehr die Aufgabe der Geschichtswissenschaft in der *morali-*

---

67 Ebd., S. 13.
68 Ebd., S. 14.
69 Vgl. die Argumentation ebd., S. 19, in der ausdrücklich Ranke von einer religiösen Überhöhung der Geschichte ausgenommen wird.
70 Ebd., S. 16. (Hervorhebung von W. G.)

schen Zurechnung von Erfolg und Handlung gesehen. Gleichwohl wird das voluntaristische Moment im Handeln als »Ursache« betrachtet: »Über das ›ich will‹ als unmittelbare Ursache kommen wir bei keiner *menschlichen Handlung* hinweg, und niemals kann man vom Standpunkte der werdenden Entwicklung aus, behaupten, daß die Entscheidung nicht auch anders hätte fallen können.«[71]

Ist somit die Kausalkategorie voluntaristisch aufgewertet, dann muß kausales Denken nicht völlig aus der Geschichtswissenschaft verschwinden. Und so begegnet uns auch der Ursachenbegriff bei der »fundamentalen Frage« wieder: »welche unter den Vorgängen, von denen wir Kunde haben, sind historisch?«[72] Meyers Antwort impliziert, was zuvor ausgeschlossen war: »historisch ist, was wirksam ist oder gewesen ist.«[73] Die kausale Bedeutung der Ereignisse soll also als selektive Vorstufe zur eigentlichen historischen Auswahl dienen, die sich nach dem *historischen Interesse* richtet. Was nun ein »historisches Interesse« sein soll, bleibt völlig offen.

In einer für die Interpretation aufschlußreichen Rezension der 2. Auflage von Meyers »Geschichte des Altertums« aus der Feder Emile Durkheims liest sich die Anwort so: »... c'est au flair du chercheur à faire la selection, sans que les résultats de ces intuitions puissent être vérifiés par aucune preuve régulière.«[74]

Wie fällt gegenüber diesem Subjektivitätsvorwurf die Lektüre Eduard Meyers bei Weber aus, dem das Objektivitätsproblem nicht minder wichtig als Durkheim ist, und welche Bedeutung besitzt die Aufnahme Meyers für die Entwicklung von Webers Handlungslehre?

Webers Lektüreinteresse scheint zunächst über die logischen Probleme der Nationalökonomie vermittelt zu sein: »Da auch unsere Disziplin (gemeint ist hier die Nationalökonomie, W. G.) heute, unter dem nachhaltigen Einfluß der »historischen Schule«, »geschichtlich« fundamentiert zu werden pflegt, und da die Bezie-

71 Ebd., S. 15.
72 Ebd., S. 36.
73 Vgl. ebd., S. 36; den offensichtlichen Widerspruch verbannt Meyer dann in eine Fußnotendiskussion, die wenig schlüssig ist; vgl. S. 40/ Fn. 1.
74 Emile Durkheim, Rezension zu: Eduard Meyer, Geschichte des Altertums, 2. Auflage, in: L'Année sociologique 11, 1910, S. 5-13 (S. 11).

hung zur »Theorie« noch immer, wie vor 25 Jahren, problematisch geblieben ist, so scheint es richtig, zunächst einmal zu fragen, *was* denn eigentlich unter ›historischer‹ Arbeit im logischen Sinne verstanden werden kann ...«[75]

Dabei wendet sich Weber zunächst gegen den von Meyer – wie wir sahen – erzeugten Anschein, als sei eine Stellungnahme zur Determinismusfrage sozusagen transzendentale Voraussetzung der Möglichkeit von Geschichtsschreibung.[76] Vielmehr wird gerade dessen ethisierender Sprachgebrauch kritisiert, »daß für E. M. hier in der Tat doch wohl ethische und kausale Betrachtungsweise menschlichen Handelns: ›Wertung‹ und ›Erklärung‹, eine gewisse Neigung zeigen, ineinanderzufließen.«[77] Kausalität und – wie Kelsen später sagen wird – *Vergeltung*[78] sind zwei heterogene, deshalb nicht zu konfundierende Kategorien.[79] Wir werden im folgenden Abschnitt sehen, ob es Weber gelingt, bei dem Versuch, die normative Theorie der adäquaten Verursachung auf die historische Erklärung zu übertragen, eben diesen Kategorienfehler zu vermeiden.

In jedem Fall aber hat die »Willensfreiheit« nichts mit der vermeintlichen historischen »Irrationalität« zu tun, weil die von physischen und psychischen Zwängen sowie leidenschaftlichen Affekten usf. »freie(n)« Entscheidungen ja im höchsten Maße »rationaler« Natur seien. Die Bestimmung der »Willensfreiheit« als Freiheit *von* »natürlichen« Handlungsdeterminationen mag zwar für eine zweckrationale Handlungssteuerung zu einer hohen Berechenbarkeit des Handelns führen – wenn man die Dilemmata der rationalen Entscheidungstheorie als gelöst betrachtet –; es handelt sich aber gleichwohl um eine *materiale* Ausfüllung des wertgeladenen Begriffs von »Willensfreiheit«. Insofern sind Zweifel er-

75 Max Weber, Kritische Studien auf dem Gebiet der kulturwissenschaftlichen Logik, abgedr. in: Gesammelte Aufsätze zur Wissenschaftslehre, a.a.O., S. 215-290 (S. 217).

76 Ebd., zusammenfassend S. 226.

77 Ebd., S. 224.

78 Vgl. Hans Kelsen, Vergeltung und Kausalität. Eine soziologische Studie. The Hague 1946.

79 Vgl. die unmißverständliche Aussage: »Die kausale Analyse liefert absolut keine Werturteile, und ein Werturteil ist absolut keine kausale Erklärung.« (Max Weber, Kritische Studien auf dem Gebiet der kulturwissenschaftlichen Logik, a.a.O., S. 225)

laubt, ob nach Weber mit dem Zugeständnis von »Willensfreiheit«
die Metaphysik des »Zufalls« widerlegt ist. Hierfür ist die weitere
Kausalargumentation entscheidend.

Für das Verständnis der Handlungslehre Webers kann man zunächst festhalten, daß die im Knies-Aufsatz entwickelte Argumentation der hohen Berechenbarkeit des rationalen und von
naturhaften Zwängen freien Akteurs nunmehr im Ansatz ein
Schichtenmodell des Handelns enthält, in dem mit zunehmenden
Freiheitsgraden des Handelns die Berechenbarkeit zunimmt, während in der umgekehrten Richtung traditionale und affektgeladene
Momente das Handeln an die Grenze des »Naturgeschehens«
drängen, das im spezifischen Sinne als »sinnlos« verstanden
wird: »Daß das Handeln des Menschen *nicht* so rein rational
deutbar ist, daß nicht nur irrationale ›Vorurteile‹, Denkfehler
und Irrtümer über Tatsachen, sondern auch ›Temperament‹, ›Stim-
mungen‹ und ›Affekte‹ seine ›Freiheit‹ trüben, daß also auch sein
Handeln – in sehr verschiedenem Maße – an der empirischen
›Sinnlosigkeit‹ des ›Naturgeschehens‹ teil hat, dies gerade bedingt
die Unmöglichkeit rein pragmatischer Historik.«[80]

Ihre vordringliche Aufgabe liegt daher in der rationalen »Auswahl« ihres Gegenstandes. Für Meyer konnte Geschichte immer
nur im infiniten Kontext der Universalgeschichte möglich sein.
Das Auswahlkriterium des »historischen« Interesses freilich, wie
es Eduard Meyer vorgeschlagen hatte, ist Weber zu diffus. Es ist ja
hinreichend bekannt, daß er in der Lehre der »Kulturbedeutung«
eine Antwort sucht, auf die wir zurückkommen werden. Danach
genügt allein die Faktizität der Auswahl nach einem »historischen
Interesse«, soweit sich darin eine »Wertbeziehung« ausdrückt,
ohne daß diese nach Weber, im Gegensatz zu Rickert, inhaltlich
legitimiert sein müßte.[81] Soweit es aber um die bloße Ermittlung
der möglichen Wertbeziehungen dieses Objektes in seiner »Zu-
ständlichkeit« geht, wie Meyer sagt, ist das methodische Vorgehen
als »Interpretation«, genauer Wertanalyse, gekennzeichnet, die
gerade von ihrer historisch-*kausalen* Bedeutung abstrahiert[82]

---

80 Ebd., S. 227.
81 Soweit stimmt Weber, ebd., S. 254, der betreffenden Passage bei Eduard
   Meyer, Zur Theorie und Methodik der Geschichte, a.a.O., S. 38, durchaus zu.
82 Vgl. die Formulierungen Webers in: Kritische Studien auf dem Gebiet
   der kulturwissenschaftlichen Logik, a.a.O., S. 249.

und damit aus dem unmittelbaren Arbeitsfeld der Geschichtswissenschaft herausfällt. Insofern teilt Weber mit Eduard Meyer das Bedürfnis nach einer logischen Scheidung nicht nur von der »Theorie« – Webers eigene Lösung hierzu steht ja noch aus –, sondern auch von der Philologie.[83] Soweit sich diese aber nicht mit der synchronischen Deutung des »Gegenstandes« begnügt[84] und z. B. nach den historischen Bedingungen der Entstehung fragt, ist im *logischen Sinne* der Boden historischer Arbeit betreten, wie übrigens in der Rezeptionsästhetik aus einer kausal der Schöpfung des Kunstwerks nachfolgenden Rezeption Gesichtspunkte für die Deutung seines ästhetischen Sinns gewonnen werden.[85] Die »Kulturbedeutung« lenkt damit die Auswahl des Gegenstandes, aber auch die Richtung des kausalen Regressus.[86]

Hiermit erledigt sich nach Weber auch der – keineswegs überwundene – Versuch, das »historische Interesse« von seiner »Bedeutung« für die Gegenwart her zu bestimmen. Ist mit Eduard Meyer hierbei die *kausale* Bedeutung gemeint, so würde das Forschungsgebiet der Geschichtswissenschaft nicht nur in unsinniger Weise *reduziert* werden – so sei die unmittelbare kausale Bedeutung der Antike für unsere Gegenwart doch sehr fraglich –, sondern es müßte bei der Auswahl des Gegenstandes ja die erst zu leistende historische Arbeit der kausalen Verknüpfung bereits *vorausgesetzt* werden.

Nach Weber liegt das Entscheidende vielmehr darin, ob der be-

83 Siehe hierzu Eduard Meyer, Zur Theorie und Methodik der Geschichte, a.a.O., S. 54 f.

84 Inwieweit dies im Sinne der »werkimmanenten« Interpretation überhaupt möglich ist, bedarf hier keiner Diskussion. Über Webers Verhältnis zur Deutung des Kunstwerkes aus seinen sozialen Voraussetzungen oder Rezeptionsfolgen vgl. unten Kap. 4.

85 Vgl. zur Rezeptionsästhetik die Arbeiten von Hans Robert Jauss, insbesondere: Ästhetische Erfahrung und literarische Hermeneutik, Frankfurt am Main 1982. Weber freilich hat auch als Historiker und Soziologe eine Werkästhetik bevorzugt. So schreibt er in einem Brief an Georg Lukács vom 10. März 1913 (GSTA Berlin, Rep. 92, Nl. Max Weber Nr. 22), es sei »eine Wohltat«, daß, »nachdem man Ästhetik vom ›Standpunkt‹ des Rezipierenden, dann jetzt von dem des Schaffenden zu treiben versucht, nun endlich das ›Werk‹ zu Worte kommt«. Vgl. hierzu weiter unten das vierte Kapitel.

86 In der Rezeptionsästhetik hingegen scheint die *kausale Wirkung* die kulturelle, ästhetische Bedeutung zu bestimmen.

treffende Erklärungsgegenstand, also das »historische Individuum« Rickerts, eine Beziehung zu den Kulturinhalten des Gegenwartsmenschen besitzt. Nur diese Art der kulturellen »Wirksamkeit« kann sinnvollerweise – so Weber – gemeint sein: »Dies also: daß wir Gegenwartsmenschen *Wert*beziehungen irgendwelcher Art zu der individuellen ›Ausprägung‹ antiker Kulturinhalte besitzen, ist der allein mögliche Sinn, den man E. M.s Begriff des Wirksamen als des ›Historischen‹ geben kann.«[87] Daß Weber mit dieser ameliorierenden Deutung Meyers die Frage der Kausalität von Ideen aufwirft, scheint übersehen zu sein. Dem unmißverständlichen methodologischen Anspruch Webers nach wäre nämlich auch hier eine kausale Beziehung zwischen Ursache und Wirkung von einer nicht-kausalen Beziehung zwischen Kulturwerten zu trennen.[88] Diese letztere ist die »philologische« Arbeit, in der – wie Weber sehr anschaulich sagt – der Historiker »dem logischen Prinzip nach gerade so verfahren (muß), wie ein *Faust-Interpret*«.[89]

In der Kritik Eduard Meyers ist also die *methodologische Überwindung* einer *positivistischen Geschichtswissenschaft*[90] insofern angelegt, als die Konstitution der vermeintlich vorgegebenen historischen »Tatsachen« zu einem Erklärungsgegenstand problematisiert wird. Das methodologische Postulat der »Willensfreiheit« ist dabei – auch für die historische Erklärung – in die Richtung des rationalen Entscheidungsmodells gelenkt. Schließlich ist in dieser methodologischen Studie Webers der *Handlungsbegriff* auch für die Logik der Geschichtsforschung fruchtbar gemacht. Und es ließ sich anhand unserer Lektüre der von Weber aufge-

---

87 Max Weber, Kritische Studien auf dem Gebiet der kulturwissenschaftlichen Logik, a.a.O., S. 259.
88 Für die »Deutung« oder, um Mißverständnisse der Terminologie Webers zu vermeiden, »Interpretation« der Protestantismusstudie wird die Frage allerdings entscheidend.
89 Max Weber, Kritische Studien auf dem Gebiet der kulturwissenschaftlichen Logik, a.a.O., S. 263. (Hervorhebung von W. G.)
90 Zur Diskussion um den vielschichtigen Begriff und wissenschaftsgeschichtlichen Tatbestand des »Historismus« vgl.: Wolfgang J. Mommsen, Die Geschichtswissenschaft jenseits des Historismus, Düsseldorf 1972²; Otto Gerhard Oexle, Die Geschichtswissenschaft im Zeichen des Historismus. Bemerkungen zum Standort der Geschichtsforschung, in: Historische Zeitschrift 238, 1984, S. 17 ff.

griffenen Studie Eduard Meyers zeigen, daß auch dort ein impliziter *Handlungsbegriff* verwendet ist, der freilich als »menschliche Thätigkeit« oder »That« noch stärker das Signet der »Persönlichkeit« trägt, als es in dem von Weber insofern nivellierenden Sprachgebrauch des indifferenten »Handelns« intendiert ist.

Es bleiben zumindest zwei Fragen in methodologischer Hinsicht ungeklärt: Worin soll die kausale Deutung des Handelns bestehen, und wie ist sie zu praktizieren? Ferner ist die Frage nach den *Gesetzmäßigkeiten* bzw. dem *systematischen* Charakter der historischen Kulturwissenschaft zu beantworten, wenn nicht »Geschichte« am Ende doch im Reich des »Irrationalen« versinken soll.

2. Die Denkform hypothetischer Kausalverläufe in der Geschichtswissenschaft

Webers Antwort führt uns über den Umweg der nationalökonomischen Methodenprobleme, die für einen Vertreter der »historischen Schule« der Nationalökonomie in der Geschichtswissenschaft wurzeln müssen, zur Ausgangsdisziplin zurück: der *Jurisprudenz*.

Wie soll nun gerade in einer normativen Disziplin die Antwort auf die *naturalistische* Frage der Verursachung gefunden werden? Gerade die unkonventionelle Denkform insbesondere der Strafrechtslehre, auch den nur gedachten, hypothetischen Kausalverläufen eine ›reale‹ Bedeutung zuzuschreiben, gehört ja dem methodologischen Urteil des Historikers zufolge ins Reich des Phantastischen. Weber greift die eher beiläufige Bemerkung Eduard Meyers auf, nach der die Entstehung von Krieg und Frieden auf Willensentschlüsse politischer Führer zurückzuführen sei, was man am Ausbleiben einer solchen Entscheidung erkennen würde: »die Folge würde gewesen sein, daß der Verlauf der Geschichte ein anderer geworden wäre.«[91] Gleichzeitig wird aber die Auseinandersetzung mit der Frage, was in diesem Fall geschehen wäre, von Meyer als schlechthin »unbeantwortbar« und »müßig« abgetan. Weber, dem diese Denkfigur des »hypothetischen Kausal-

91 Eduard Meyer, Zur Theorie und Methodik der Geschichte, a.a.O., S. 266.

verlaufs« aus dem Zivilrecht wie dem Strafrecht vertraut war[92], unternimmt nun den Versuch, das logische Wesen »solcher Urteile, welche aussagen, welcher Erfolg bei Fortlassung oder Abänderung einer kausalen Einzelkomponente aus einem Komplex von Bedingungen zu erwarten gewesen ›wäre‹ «[93], zu untersuchen.

Die *Jurisprudenz* könne dort hilfreich sein, wo »die Geschichtslogik noch im argen liegt.«[94] Folgende Annahme wird von Weber zugrunde gelegt: »Daß gerade die Juristen, in erster Linie die Kriminalisten, das Problem behandelten, ist naturgemäß, da die Frage nach der strafrechtlichen Schuld, insoweit sie das Problem enthält: unter welchen Umständen man behaupten könne, daß jemand durch sein *Handeln* einen bestimmten äußeren *Erfolg* ›verursacht‹ habe, reine Kausalitätsfrage ist, – und zwar offenbar von der gleichen logischen Struktur wie die historische Kausalitätsfrage.«[95] Damit ist die Kausalitätsfrage – wie Weber hierbei im Einklang mit unserer obigen Deutung unterstellt – sowohl für die strafrechtliche wie die historische »Zurechnung« auf den *Handlungsbegriff* zentriert. Hierfür gibt es einen inneren Grund, wie Weber anschließend ausführt: »Denn ebenso wie die Geschichte sind die Probleme der praktischen Beziehungen der Menschen zueinander und insbesondere der Rechtspflege ›anthropozentrisch‹ orientiert, d. h. sie fragen nach der kausalen Bedeutung *menschlicher* Handlungen.«[96] Auf dieser »*Gleichstellung*« fußt daher die Übertragung der juristischen Kausalitätslehre auf die Geschichtswissenschaft.

Im Unterschied zur naturwissenschaftlichen Kausalanalyse sind Jurisprudenz und Geschichtswissenschaft insofern durch ein gemeinsames Erkenntnisziel verbunden, als es in beiden Wissenschaften um die Zurechnung »konkreter« Erfolge zu »konkreten« Ursachen geht, »nicht auf die Ergründung abstrakter ›Gesetzlichkeiten‹ «.[97] Damit scheint im übrigen das methodologische Problem der »historischen Gesetze« vorab negativ entschieden zu

---

92 So gehörte auch von Bar zu Webers akademischen Lehrern, vgl. die ›Jugendbriefe‹.

93 Max Weber, Kritische Studien auf dem Gebiet der kulturwissenschaftlichen Logik, a.a.O., S. 268.

94 Ebd.

95 Ebd., S. 270. (Hervorhebung von W. G.)

96 Ebd.

97 Ebd.

sein. Wir werden allerdings sehen, wie auch die juristische Kausalanalyse ohne »Abstraktionen« und »Regeln« nicht auszukommen
vermag, so daß auch die Geschichtswissenschaft, soweit sie nach
Weber kausal deutend verfährt, diesen Charakter annehmen *muß*.
Dies trifft bereits auf die *Auswahl* der möglichen Kausalfaktoren
zu, die im *Strafrecht* durch das spezifische strafrechtliche *Interesse*
der Subsumtion eines Handelns unter einen Straftatbestand geprägt und in der *Geschichtswissenschaft* durch die spezifische
historische *Bedeutung* bestimmt ist. Erst nach dieser Vorselektion
stellt sich im Strafrecht die Frage, ob die als strafrechtlich relevant
identifizierte Handlung für den tatbestandsmäßigen Erfolg »kausal« war. Nach der sogenannten Äquivalenztheorie[98], die Max
Weber implizit heranzieht, werden zunächst alle »Ursachen« als
gleichwertig (»äquivalent«) betrachtet. Ihr Kausalbeitrag wird,
nach der ständigen Rechtsprechung des Reichsgerichts[99], mit Hilfe
der folgenden Formel entwickelt: »Ursache ist jede Bedingung, die
nicht hinweggedacht werden kann, ohne daß der Erfolg (in seiner
konkreten Gestalt) entfiele.«
Insofern ist also die nüchterne, auf »Tatsachen« erpichte Jurisprudenz bereits für die allererste Selektion relevanter Kausalfaktoren
auf Überlegungen zum *hypothetischen Geschehensablauf* angewiesen. Max Weber überspringt diese Stufe, indem sogleich die
Frage aufgeworfen wird, ob eine Änderung des »Erfolges« einge-
treten wäre, wenn »wir von den tatsächlichen kausalen Kompo-
nenten des Verlaufs eine oder einige in bestimmter Richtung ab-
geändert denken.«[100]
In der *Geschichtswissenschaft*, die ja zunächst die Legitimität hypothetischer Geschehensabläufe nach der Äquivalenzformel anerkennen müßte, reicht diese Auswahl aus der unendlichen Fülle
denkbarer Kausalverbindungen ebensowenig hin wie in der *Straf-
rechtswissenschaft*. Dort ist in Anlehnung an Arbeiten des Physio-
logen von Kries, den Weber übrigens in seiner Freiburger Zeit

---

98 Diese wird M. von Buri (Über Causalität und deren Verantwortung,
    1873) zugeschrieben.
99 Vgl. RGStE 1, S. 373 ff.; 5, S. 29 ff.; 75, S. 372 ff. Auf den in der Formel
    enthaltenen Zirkelschluß weist Günther Jakobs, Strafrecht. Allgemei-
    ner Teil, Berlin/New York 1991², S. 156 hin.
100 Max Weber, Kritische Studien auf dem Gebiet der kulturwissenschaft-
     lichen Logik, a.a.O., S. 273.

kennengelernt hatte, die »Lehre von der adäquaten Verursachung«
entwickelt worden – so der Titel der Arbeit des Rechtsreferendars
Dr. Gustav Radbruch[101], die Weber seinen ›Kritischen Studien auf
dem Gebiet der kulturwissenschaftlichen Logik‹ zugrunde leg-
te.[102]

Der dogmatische Anlaß zur Entwicklung der Adäquanztheorie
waren die mit dem Schuldprinzip nur schwer vereinbaren Tatbestände der sogenannten »erfolgsqualifizierten« Delikte, die eine
verschärfte Haftung auch für lediglich verursachte, aber nicht
einmal fahrlässig verschuldete Folgen nach damaligem Recht vor-
sahen.[103] In seiner kritischen Studie kommt Gustav Radbruch, wie
Weber richtig bemerkt, auch nur zu einer begrenzten Anwendung
der Adäquanztheorie, insbesondere für die erfolgsqualifizierten
Delikte. Hiermit seien dann die historischen Zurechnungsurteile
vergleichbar: »In gleicher *logischer* Lage mit jenen Fällen befindet
sich aber eben die Geschichte.«[104]

Wir müssen sehen, ob diese These Webers haltbar ist. In völliger
Parallele zu Radbruchs Ausführungen weist Weber zunächst dar-
auf hin, daß sich die kausale Zurechnung in einer »Serie von
Abstraktionen« vollzieht. So muß für die Frage, ob ein bestimmter
»Erfolg« nur »zufällig« oder »adäquat« verursacht ist, sowohl die
vermeintliche causa als auch der Erfolg »generalisiert« werden.[105]
Nach Radbruch stellt die objektive Vorhersehbarkeit des Erfolges
die Grenze des Adäquanzurteils dar: »Adäquate Bedingung eines
Erfolges ist mithin eine solche Bedingung, bei deren Setzung der

101 Vgl. Gustav Radbruch, Die Lehre von der adäquaten Verursachung,
    in: Abhandlungen des kriminalistischen Seminars, hrsg. von Franz v.
    Liszt, Neue Folge, Erster Band, Heft 3, Berlin 1902, S. 325-407.
102 Es würde zu weit gehen, in der Zitierung Radbruchs das persönliche
    Moment überzubewerten. Freilich sollte man wissen, daß Weber erst
    1914 – also acht Jahre nach dem Eduard-Meyer-Aufsatz – eine Ge-
    legenheit sah, Gustav Radbruch »aufrichtig Glück zu wünschen zu
    der, weiß Gott! späten und ganz unzulänglichen Anerkennung, die Sie
    endlich finden ...« (Max Weber, Brief vom 20. IV. 1914 an Gustav
    Radbruch, Nachlaß Radbruch, Universität Heidelberg)
103 Zum strafrechtsgeschichtlichen Hintergrund vgl. Günther Jakobs,
    Strafrecht. Allgemeiner Teil, a.a.O., S. 163 f.
104 Max Weber, Kritische Studien auf dem Gebiet der kulturwissenschaft-
    lichen Logik, a.a.O., S. 271/Fn. 1.
105 Gustav Radbruch, Die Lehre von der adäquaten Verursachung, a.a.O.,
    S. 344 ff.

Erfolg objektiv voraussehbar war, eine solche Bedingung, welche ›möglicher Träger einer subjektiven Verschuldung‹ zu sein vermag.«[106] Die Frage nach dem hypothetischen Kausalverlauf hat sich damit in ein prognostisches Urteil über die *Möglichkeit* eines Geschehensablaufs gekehrt. Um diesen Modalbegriff kreist Webers methodologisches Interesse, wenn er darauf insistiert, daß diese Art der »objektiven Möglichkeit« nicht auf einem nur unvollständigen, daher eben nur »möglichen« Wissen beruhe, sondern gerade umgekehrt gelte: »Die Kategorie der ›Möglichkeit‹ kommt also nicht in ihrer *negativen* Gestalt zur Verwendung, in dem Sinne also, daß sie ein Ausdruck unseres Nicht- respektive Nichtvollständigwissens im Gegensatz zum assertorischen oder apodiktischen Urteil ist, sondern gerade umgekehrt bedeutet sie hier die Bezugnahme auf ein positives *Wissen* von ›Regeln des Geschehens‹, auf unser ›nomologisches‹ Wissen, wie man zu sagen pflegt.«[107]

Das »Möglichkeitsurteil« hat nämlich die Gestalt, daß wir bei der Analyse von »Bestandteilen« des Geschehens fragen, »welcher Erfolg von jedem einzelnen von ihnen, bei Vorhandensein der anderen als ›Bedingungen‹ nach einer Erfahrungsregel zu ›erwarten‹ gewesen wäre.«[108] Die Grundlage des Kausalurteils wird somit eine »Erfahrungsregel«. Während die strafrechtliche Adäquanzlehre sich danach verzweigt, auf wessen Urteil es bei dieser Prognose für die strafrechtliche Zurechnung ankommt – den »Täter«, den allwissenden Akteur oder den »Normalakteur« –, begnügt sich Weber mit dem Standard »allgemeiner Erfahrungsregeln«, der in die nachfolgende Formel für das *historische* Zurechnungsurteil mündet: »Die Erwägung der kausalen Bedeutung eines historischen Faktums wird zunächst mit der Fragestellung beginnen: ob bei Ausschaltung desselben aus dem Komplex der als mitbedingend in Betracht gezogenen Faktoren oder bei seiner Abänderung in einem bestimmten Sinne der Ablauf der Geschehnisse nach allgemeinen Erfahrungsregeln eine in den für unser Interesse *entscheidenden* Punkten *irgendwie* anders gestaltete Richtung hätte einschlagen *können* ...«[109] In dieser Formel nun sind bei Weber

---

106 Ebd., S. 348.
107 Max Weber, Kritische Studien auf dem Gebiet der kulturwissenschaftlichen Logik, a.a.O., S. 276.
108 Ebd.
109 Ebd., S. 282 f.

zwei Momente der juristischen Kausalitätslehre ineinander verschlungen: die Frage der Kausalrelevanz nach dem Modus hypothetischer Kausalverläufe und die Hervorhebung »wesentlicher« Ursachen für das Adäquanzurteil. Hierin liegt nicht die einzige Abweichung vom juristischen Sinn des Kausalproblems. Es ist Webers Verdienst, mit dem Dogma der positivistischen Geschichtswissenschaft gründlich aufgeräumt zu haben, sie habe sich nur um die »Wirklichkeit«, nicht aber um »Möglichkeiten« zu kümmern. Ganz unmißverständlich heißt es: »Um die wirklichen Kausalzusammenhänge zu durchschauen, *konstruieren* wir *unwirkliche.*«[110] Hinter diese methodologische Einsicht dürfe die Historiographie nicht mehr zurückfallen. »Abstraktion« und sogar »Phantasiegebilde« sind nicht nur zulässig, sondern *notwendige Voraussetzung des historischen Kausalurteils.* Dafür bleibt der logische Status der »allgemeinen Erfahrungsregeln« unklar. Gustav Radbruch hatte angesichts der »Vagheit des Typischen, allgemein Bekannten u.s.w.«[111] die Lehre von der adäquaten Verursachung für das Strafrecht gerade *abgelehnt*, weil es dem richterlichen Ermessen Platz einräume. Radbruch war freilich auf einem anderen Wege für die seinerzeit in der Strafrechtsdogmatik umstrittenen erfolgsqualifizierten Delikte[112] zu einem ähnlichen Ergebnis gekommen. Es läge die rechtspositivistische – wie Radbruch meint: auf »methodologisch völlig unanfechtbarem Wege« ermittelte – ratio legis darin, über das Erfordernis der Kausalität hinaus noch deren Adäquanz in den genannten Fällen zu verlangen: »Die Verantwortlichkeit tritt ein, wenn ein hoher Grad objektiver Voraussehbarkeit des Erfolges vorlag.«[113] Hiermit trägt Gustav Radbruch der Einsicht Rechnung, daß gerade über »das Maß der Rückwirkung des Schuldproblems auf das Kausalproblem«[114] die verschiedenen Kausalitätstheorien streiten. Während aber Radbruch die Adäquanzfrage zum Schuldproblem rechnet, erliegt Weber der Illusion, mit der Formel »allgemeiner Erfah-

---

110 Ebd., S. 287.
111 Gustav Radbruch, Die Lehre von der adäquaten Verursachung, a.a.O., S. 373.
112 Das Erfordernis fahrlässiger »Verursachung« des Erfolges ist erst später über § 56 in das StGB eingefügt worden.
113 Gustav Radbruch, Die Lehre von der adäquaten Verursachung, a.a.O., S. 390.
114 Ebd., S. 328.

rungsregeln«, die im Strafrecht den Schuldvorwurf des Nichtwissens begründen mag oder eher nicht-adäquate Kausalverläufe auszuscheiden hilft, einen Maßstab für das historische Urteil kausaler Zurechnung gefunden zu haben. Die normative Relevanz des Alltagsverstandes mag für die Strafrechtslehre gelten[115], für das historische Zurechnungsurteil aber wird – wie aus der klarstellenden Formulierung Radbruchs oben ja ersichtlich war – nunmehr die Kategorie der *Verantwortlichkeit* in die Geschichtswissenschaft hineingetragen, die Weber im ersten Teil des Meyer-Aufsatzes doch schärfstens zurückgewiesen hatte!

Mit dieser Anmerkung geht es nicht darum, die Kategorie der »Verantwortlichkeit« aus der Geschichtswissenschaft oder Soziologie zu verbannen, sondern um den Nachweis, wie bei Weber selbst Grenzen zwischen normativen Disziplinen und der »Wirklichkeitswissenschaft« verschwimmen.

Der »Regelbegriff« ist nun der Kristallisierungspunkt der Weberschen Scheidung normativer und empirischer Disziplinen. Im Stammler-Aufsatz ist *diese* methodologische Problematik entwickelt, von der wir die Beantwortung der ausstehenden Frage nach dem »Gesetzescharakter« des historischen Geschehens einerseits und andererseits eine methodologische Präzisierung des »logischen« Status der Jurisprudenz erwarten. Es bleibt die Paradoxie zu vermerken, daß gerade die Weber in Studienzeiten dermaßen »anödende« Strafrechtslehre[116] den entscheidenden Impuls geliefert hatte, das *zentrale Dogma der positivistischen Historiographie von der Herrschaft des* »*Wirklichen*« zu zerstören, nachdem der positivistische Glaube an die bloße Gegebenheit der historischen »Tatsache« bereits nachhaltig erschüttert war.

Im Verlauf der Rekonstruktion von Webers Handlungslehre ist damit neben der ökonomischen Tradition die methodologische Diskussion der Geschichtswissenschaft aufgegriffen, die Weber um eine Variante bereichert, die vermutlich noch heute größten Protest auslösen würde, wenn sie überhaupt in der Geschichtswissenschaft rezipiert worden wäre: die methodologische Funktion hypothetischer Kausalverläufe – wie sie in der Juristerei behandelt

---

115 Dabei ist es lange Zeit unklar geblieben, daß es in der strafrechtlichen Kausalitätslehre um Probleme der normativen Zurechnung geht.

116 Vgl. oben unsere Darstellung von Webers ambivalentem Verhältnis zur Rechtswissenschaft.

werden – als Voraussetzung des *historischen Zurechnungsurteils*. Weber bleibt also selbst auf dem vermeintlich eindeutig positivistisch-naturwissenschaftlichen Terrain der Wissenschaftslehre seiner juristischen Herkunft verpflichtet.[117]

In der Entdeckung von »Max Weber als Historiker«[118] ist diese methodologische Revolution Webers weniger bemerkt worden. Sie wird freilich sichtbar, wenn man die Lektüre Webers unter die Leitfrage des *juristischen Anteils* an seiner Art des kulturwissenschaftlichen Denkens stellt.[119] Es wäre allerdings völlig verfehlt, nunmehr diese disziplingeschichtliche Komponente in Webers Denken zu verabsolutieren. Man würde in dieser Art des Reduktionismus ja gerade die Chancen, die in einer die Einzelwissenschaften übergreifenden Perspektive liegen, wie sie von Weber entdeckt wurde, grundlos wieder verspielen.

Ohne also das juristische Moment überzubewerten, bleibt die Frage nach den *philosophischen Ursprüngen* von Webers Handlungslehre, die allerdings ihrerseits in enger Wechselwirkung mit der Jurisprudenz, insbesondere der Rechtswissenschaft, standen.[120]

---

117 Talcott Parsons, der sich in seiner Rekonstruktion einer allgemeinen Handlungstheorie bei Weber der juristischen Quellen ja gar nicht bewußt war, könnte diese juristisch gefärbte Idee der Kausalität weder dem »positivistischen« noch dem »idealistischen« Pol des Handlungsschemas zuordnen.

118 Vgl. Jürgen Kocka (Hrsg.), Max Weber. Der Historiker. Kritische Studien zur Geschichtswissenschaft, Bd. 73, Göttingen 1986. Auch in dieser Sammlung von Vorträgen ist Weber zwar als Historiker gewürdigt, nicht aber sein Verhältnis zur zeitgenössischen Historiographie bestimmt. Dies geschieht bei Wolfgang J. Mommsen und Wolfgang Schwentker (Hrsg.), Max Weber und seine Zeitgenossen, a.a.O., weitgehend, aber v. Below, Meinecke, Breysig als wichtige Repräsentanten des Fachs sind weniger berücksichtigt.

119 So entgeht auch Tenbruck die m. E. einschlägige Pointe des Eduard Meyer-Aufsatzes Max Webers; vgl. Friedrich H. Tenbruck, Max Weber und Eduard Meyer, in: Wolfgang J. Mommsen und Wolfgang Schwentker (Hrsg.), Max Weber und seine Zeitgenossen, a.a.O., S. 337-379.

120 Noch heute werden die Lehrstühle für Rechtsphilosophie vorwiegend von Vertretern der Strafrechtslehre eingenommen.

Zum philosophischen Hintergrund der Handlungslehre

Webers methodologische Studien kreisen zunächst um spezifische Probleme der Einzelwissenschaften, denen er sich – in unterschiedlicher und sich wandelnder Weise – zurechnet. Für das übergreifende Gebiet der Erkenntnistheorie und der Logik der Forschung erachtet sich Weber ausdrücklich *nicht* für zuständig: »Die Kategorien der Logik, welche nun einmal in ihrer heutigen Entwicklung eine *Fachdisziplin* ist wie andere, erfordern, um wirklich sicher gehandhabt zu werden, ganz ebenso den täglichen Umgang mit ihnen wie diejenigen irgendeiner anderen Disziplin ...«[121] Gleichwohl erschien Weber der Beitrag der Fachmethodologen für die »Logik« selbst keineswegs unbeachtlich, weil die fachmäßigen Erkenntnistheoretiker vielfach »über die Köpfe«[122] der Spezialisten hinwegflögen.

Die Quintessenz der methodologischen Einzelarbeiten Webers ist freilich nicht in die Gestalt einer integrierten »Wissenschaftslehre« zurückgeflossen[123] – wie sie etwa in der Deutung Scheltings[124] sich wiederfindet. Dafür blieb Weber eben zu sehr dem Pathos des Fachmenschentums verhaftet. In reziproker Weise hat sich Weber gescheut, die direkte Auseinandersetzung mit den philosophischen Fachleuten zu suchen, ebenso wie der Aufnahme ihrer Gedanken in die eigene Denkbewegung nur in Fußnoten nachzuspüren ist.

Das Beispiel der nicht ausgewiesenen Rezeption des Handlungs-

---

121 Max Weber, Kritische Studien auf dem Gebiet der kulturwissenschaftlichen Logik, a.a.O., S. 215.

122 Ebd., S. 216.

123 Dies wird zu Recht von Friedrich H. Tenbruck betont, vgl. Die Genesis der Methodologie Max Webers, in: Kölner Zeitschrift für Soziologie und Sozialpsychologie 11, 1959, S. 573-630, um dann doch die »Wissenschaftslehre« als Schlüssel zu Max Webers Soziologie als Wirklichkeitswissenschaft herauszustellen (vgl. Friedrich H. Tenbruck, Das Werk Max Webers. Methodologie und Sozialwissenschaften, in: Kölner Zeitschrift für Soziologie und Sozialpsychologie 38, 1986, S. 13-31).

124 Vgl. Alexander von Schelting, Max Webers Wissenschaftslehre. Das logische Problem der historischen Kulturerkenntnis. Die Grenzen der Soziologie des Wissens, Tübingen 1934.

begriffs in der Methodologie des Nationalökonomen Gottl legt auch die Lektüreabsicht nahe, nicht die Weber *bewußten Differenzen* herauszustellen, sondern den *geteilten Selbstverständlichkeiten* nachzugehen, die dem heutigen Leser Webers ja um so mehr entschwinden, als er selbst nicht mehr Teilnehmer an diesem historisch vergangenen Diskurs ist, der gleichwohl in die methodologische Gegenwart hineinwirkt.

Es sind im wesentlichen drei Vertreter der zeitgenössischen Philosophie[125], die sich in Webers Schriften wiederfinden: Wilhelm Dilthey, Heinrich Rickert und Georg Simmel. Hierbei steht Dilthey für den Versuch, die Besonderheit der »Geisteswissenschaften« historisch und der Absicht nach auch theoretisch zu fassen; Rickert ist das Unternehmen einer von der Naturwissenschaft abgegrenzten Begriffsbildung zuzuordnen; und bei Simmel werden die für Weber zentralen Probleme des Verstehens differenziert. Daß die Genannten untereinander in enger Wechselwirkung standen, die aus Rickerts Sicht in der Kritik der Lebensphilosophie[126] negativ ausfällt, berührt den Versuch zunächst nicht, die Grundzüge der jeweiligen Auffassungen im Lichte von Webers Fragestellung darzulegen.

1. Handeln oder Leben? Ambivalenzen bei Dilthey

An der nur beiläufig in einer Fußnote erwähnten »Einleitung in die Geisteswissenschaften« von Wilhelm Dilthey[127] mußte Weber sogleich die Ausgangsfrage alarmieren. In der ›Vorrede‹ zur »Einleitung«, die einmal »Kritik der historischen Vernunft« heißen sollte, lesen wir: »Welcher ist der Zusammenhang von Sätzen, der gleicherweise dem Urtheil des *Geschichtsschreibers*, den Schlüssen des

---

125 Über Webers gelegentliche Verweise auf Benedetto Croce vgl. Pietro Rossi, Max Weber und Benedetto Croce, in: Wolfgang J. Mommsen und Wolfgang Schwentker (Hrsg.), Max Weber und seine Zeitgenossen, a.a.O., S. 613-639.

126 Vgl. Heinrich Rickert, Die Philosophie des Lebens. Darstellung und Kritik der philosophischen Modeströmungen unserer Zeit, Tübingen 1920.

127 Vgl. Wilhelm Dilthey, Einleitung in die Geisteswissenschaften. Versuch einer Grundlegung für das Studium der Gesellschaft und der Geschichte, Leipzig 1883.

Juristen zu Grunde liegt und deren Sicherheit zu bestimmen ermöglicht?«[128] Dilthey ist also auf der Suche nach der logischen Einheit gerade der Disziplinen, die Webers komplexen Hintergrund bilden. Die Antwort Diltheys mußte daher für Weber von außerordentlichem »Interesse« sein. Gewiß lag die berühmte ›Einleitung‹ zum Zeitpunkt von Webers methodologischer Arbeit über zwanzig Jahre zurück, aber dies gilt auch für die Arbeit Roschers, deren zweite Auflage im gleichen Jahr wie Diltheys Studie erschienen war.

So verschwommen die Umrisse der Rezeption Diltheys bei Weber sein mögen – es sind methodologische Weichen gestellt, in deren Bahnen sich das Denken Webers fortbewegt hat. Sicher dürfen wir die Tatsache nicht überbewerten, daß Weber als 16jähriger die Auffassungen Diltheys aus erster Hand kennenlernte.[129] Gleichwohl sollten wir dieses intellektuelle Jugenderlebnis Webers nicht von vornherein für unbeachtlich halten.

Dilthey hatte die methodologische Verunsicherung aufgegriffen, die von der *historischen Romantik* in Deutschland hinterlassen worden war: das »*Volk*« als Subjekt der Gattungsgeschichte wird nachhaltig verabschiedet[130] und an seine Stelle die Wissenschaft vom *Einzelmenschen* gesetzt. Der methodologische Individualismus ist begründet: »Die Analysis findet in den Lebenseinheiten, den psycho-physischen Individuis die Elemente, aus welchen Gesellschaft und Geschichte sich aufbauen, und das Studium dieser Lebenseinheiten bildet die am meisten fundamentale Gruppe von Wissenschaften des Geistes.«[131] Für das Studium dieser »Lebenseinheiten« ist freilich die neue »Gesellschaftslehre« in Frankreich und England völlig unbrauchbar. Das vernichtende

---

128 Wilhelm Dilthey, Einleitung in die Geisteswissenschaften, a.a.O., S. XVI. (Hervorhebung von W. G.)

129 Nach einem Brief, der nicht in Marianne Webers Sammlung der »Jugendbriefe« aufgenommen wurde, hatte Max Weber als 16jähriger Dilthey, mit dem er eine längere Schiffsfahrt auf der Oder unternommen hatte, zu Hause aufgesucht (vgl. den Brief Max Webers an Max Weber sen. vom 19. Juli 1880, GSTA Berlin, Rep. 92, Nl. Max Weber, Nr. 2, Bl. 4, Hinweis von Manfred Schön).

130 Vgl. etwa Wilhelm Dilthey, Einleitung in die Geisteswissenschaften, a.a.O., S. 39: »Der Volksseele fehlt die Einheit des Selbstbewußtseins und Wirkens, welche wir im Begriff der Seele ausdrücken.«

131 Ebd., S. 35.

Urteil über Auguste Comte und John Stuart Mill dürfte Weber nicht ganz unbekannt geblieben sein. Die Soziologie in Frankreich, namentlich von Comte, stellt sich Dilthey als »Ausführung einer gigantischen Traumidee«[132] dar, die der »Generalisierungswuth einiger neuerer englischen und französischen Forscher«[133] entspricht.

Der »Irrtum« dieser Lehren legt die Grundlage von Diltheys eigener Konzeption frei. Einmal vermag Dilthey die alchimistische Verwandlung des Singularen in das »lautere Gold der Abstraktion«[134] nicht zu teilen. Zum anderen aber ist nach Dilthey der Versuch einer naturalistischen Gesellschaftslehre im Ansatz verfehlt. Es fehlt der »verwegenen wissenschaftlichen Baulust« das erforderliche »intime Gefühl der geschichtlichen Wirklichkeit«[135], was die Arbeiten von Comte und Mill noch hinter die Erkenntnisse von Hegel zurückwirft.[136] Dieser hatte ja durchaus einen Sinn für die Besonderheit des »Geistes« gegenüber der »Natur«, eine Grenzziehung, die von Schelling aus dem Blickwinkel des »Geistes« in das Terrain der Natur überschritten wurde. Die Eigenart von »Natur« ist nun von Dilthey mit der für Webers Natur»verständnis« konstitutiven Formel umschrieben: »Die Natur ist uns stumm. Nur die Macht unserer Imagination ergießt einen Schimmer von Leben und Innerlichkeit über sie.«[137] Die Unverstehbarkeit der Natursphäre bestimmt somit die »Grenzen von Naturerkenntnis«, während die Verstehbarkeit von »Gesellschaft« gerade einen erkenntnismäßigen Vorsprung gegenüber der Naturerkenntnis begründet: »Die Natur ist uns fremd. Denn sie ist für uns ein Außen, kein Inneres.«[138] Demgegenüber sind die »Thatbestände der Gesellschaft« uns von »innen verständlich«.[139] Denn: »Die Gesellschaft ist unsere Welt.«[140] Diese »unsere« Welt ist in unserem »natürlichen Auffassen« gegeben. Als historischen Prozeß begreifen wir diese Welt jedoch nur über »Abstraktionen« aus der

132 Ebd., S. 105.
133 Ebd., S. 114.
134 Ebd., S. 115.
135 Ebd., S. 29.
136 Zu Comte vgl. ebd., S. 126 ff.
137 Ebd., S. 45.
138 Ebd., S. 46.
139 Ebd., S. 45.
140 Ebd., S. 46.

Lebenswirklichkeit, die nach Dilthey freilich in dieser »Wirklichkeit« verwurzelt sind: »Und nur der Historiker, der sozusagen von diesen Lebenseinheiten aus die Geschichte aufbaut, der durch den Begriff von *Typus* und *Repräsentation* sich der Auffassung von Ständen, von gesellschaftlichen Verbänden überhaupt, von Zeitaltern zu nähern sucht, der durch den *Begriff* von Generationen Lebensläufe aneinander kettet, wird die Wirklichkeit eines geschichtlichen Ganzen erfassen, im Gegensatz zu den todten Abstraktionen, die zumeist aus den Archiven entnommen werden.«[141] Der »Typus«, wohl eher im Sinne des Real- als des Idealtypus gemeint, bewahrt den konstruktiven Charakter, auch wenn er aus der »Lebenswirklichkeit« hervorgehen soll.

Gerade weil die Abstraktion aber für den Erkenntnisvorgang notwendig ist, sind die falschen Abstraktionen auszumerzen: »Wer die Erscheinungen der Geschichte und Gesellschaft studiert, dem treten abstrakte Wesenheiten überall gegenüber, dergleichen Kunst, Wissenschaft, Staat, Gesellschaft, Religion sind. Sie gleichen zusammengeballten Nebeln, die den Blick hindern, zum Wirklichen zu dringen, und die sich doch nicht greifen lassen.«[142] Gleichwohl kann nur »Theorie« sich der »unermeßlich verwikkelten Thatsächlichkeit«[143] nähern, auch wenn die Lebenseinheit hierdurch zerschnitten wird. Aber wie wird die vielgenannte »Lebenseinheit« gebildet? Schon in der ›Vorrede‹ zur »Einleitung« findet sich der vielzitierte Satz über die Eigenart des Diltheyschen Erkenntnissubjektes: »In den Adern des erkennenden Subjekts, das Locke, Hume und Kant konstruieren, rinnt nicht wirkliches Blut, sondern der verdünnte Saft von Vernunft als bloßer Denkthätigkeit.«[144] Hiergegen stellt Dilthey die »psycho-physische Lebenseinheit der Menschennatur«. Und dieser komplexe wirkliche Mensch liefert die Grundlage auch der Geisteswissenschaften: »Eine Theorie, welche die gesellschaftlich-geschichtlichen Thatsachen beschreiben und analysieren will, kann nicht von dieser *Totalität* der Menschennatur absehen und sich auf das Geringe einschränken.«[145] Der homo duplex muß also in seiner *Totalität* akzeptiert werden, der in seinem »Selbstbewußtsein« die Merk-

141 Ebd., S. 42. (Hervorhebung von W. G.)
142 Ebd., S. 52.   143 Ebd., S. 102.
144 Ebd., ›Vorrede‹, S. XVII.   145 Ebd., S. 6.

male des »Geistigen« vorfindet als »eine Souveränität des Willens, eine Verantwortlichkeit der Handlungen, ein Vermögen, Alles dem Gedanken zu unterwerfen und Allem innerhalb der Burgfreiheit seiner Person zu widerstehen, durch welche er sich von der ganzen Natur absondert.«[146] In seiner Naturhaftigkeit aber bleibt der Mensch den Naturgesetzen unterworfen. Hierbei befindet er sich in einer Wechselwirkung mit der Natur: »Die psycho-physische Einheit ... empfängt, vermittelt durch das Nervensystem, beständig Einwirkungen aus dem allgemeinen Naturverlauf und sie wirkt weiter auf ihn zurück. Nun liegt es aber in ihrer Natur, daß die Wirkungen, welche von ihr ausgehen, vornehmlich als ein *Handeln* auftreten, welches von Zwecken geleitet wird.«[147] Somit läuft bei Dilthey das individualistische Erkenntnismodell der Geisteswissenschaften im Begriff des von *Zwecken* geleiteten *Handelns* zusammen. Diese handlungstheoretische Ausrichtung der Geisteswissenschaften ist in einer Vorarbeit zur »Einleitung«, die unter dem Titel »Die Wissenschaften vom handelnden Menschen«[148] ediert ist, noch ausschließlicher zum Ausdruck gekommen. Hier wird der Gegenpol zur Naturwissenschaft von den »Wissenschaften des handelnden Menschen« gebildet. Ihre Abgrenzung von den übrigen Wissenschaften ist die erste Aufgabenstellung, an die sich die Wechselwirkung der Disziplinen anschließt. Der Aufbau der geistigen Welt aber geht vom menschlichen Handeln aus, das die »Systeme der Kultur« und die »äußere Organisation« der Gesellschaft als ihre Regulatoren konstituiert: »Der letzte Regulator dieser vernünftigen Zweckthätigkeit in der Gesellschaft ist der Staat.«[149]

Paradoxerweise hat Dilthey am Ende aus anti-soziologischem Geist ein komplexes Bild von »Gesellschaft« entworfen, in dem die soziale Welt durch »Wechselwirkung« der handelnden Menschen gebildet wird, die sich im »Kreuzpunkt« sozialer Kreise befinden. Damit scheint nicht nur die handlungstheoretische Ver-

146 Ebd., S. 7.
147 Ebd., S. 21. (Hervorhebung von W. G.)
148 Wilhelm Dilthey, Die Wissenschaften vom Menschen, der Gesellschaft und der Geschichte. Vorarbeiten zur Einleitung in die Geisteswissenschaften (1865-1880), hrsg. v. Helmut Johach und Frithjof Rodi, in: Gesammelte Schriften, Bd. XVIII, Göttingen 1977.
149 Wilhelm Dilthey, Einleitung in die Geisteswissenschaften, a.a.O., S. 80.

sion der Soziologie, wie sie Weber entwickelt, vorgezeichnet, sondern wir erkennen auch wesentliche Gedanken der Soziologie Simmels wieder: So zeigt uns – nach Dilthey – »ein Blick auf die Gesellschaft zunächst eine unermeßliche Anzahl verschwindend kleiner, rasch vorübergehender Beziehungen ...«[150]

Eine ideengeschichtliche Reduktion von Weber (oder Simmel) auf Dilthey wäre dennoch verfehlt. Es tritt vielmehr aus dem Vergleich die Eigenart der Weberschen Lehre um so deutlicher hervor. Dilthey strebt nämlich über den von Weber favorisierten nüchternen Handlungsbegriff hinaus: *Handeln* wird einerseits – was für den vielgerühmten Deuter der Kultur ja nahegelegen haben mag – in eine ästhetische Dimension versetzt: »... und so liegt auch das Aesthetische in der Erscheinung des wirklichen Menschen darin, daß über seinen Handlungen noch ein Abglanz der hervorbringenden Seele leuchtender als über denen der anderen Menschen liegt.«[151] Zum anderen aber ist schon in der »Einleitung« – im Unterschied zu den Vorarbeiten – eine Abkehr vom Handlungsbegriff vorbereitet: »Handeln« wird nämlich durch »Leben« ersetzt, dessen Kategorien Dilthey in zahllosen Entwürfen hat bestimmen wollen[152], ohne den kantischen Anspruch der begrifflichen Konstruktion der Wirklichkeit mit dem vermeintlichen »Realismus« des Lebens verbinden zu können. Aus der Kontrastierung mit Dilthey wird also nochmals verdeutlicht, wie sehr das Webersche Konzept gerade die willkürliche Zerreißung des Lebenszusammenhanges intendiert, den Dilthey hingegen in seiner Totalität erfassen will.[153] Und in einem weiteren Punkte wird die Eigenart der Weberschen Handlungslehre akzentuiert.

150 Wilhelm Dilthey, Einleitung in die Geisteswissenschaften, a.a.O., S. 81. Vgl. die verwandten Formulierungen Simmels, in: Soziologie. Untersuchungen über die Formen der Vergesellschaftung, Berlin 1983 (1908), S. 14 f.

151 Wilhelm Dilthey, Einleitung in die Geisteswissenschaften, a.a.O., S. 78.

152 Diesen Dilthey hat vor allem Rickert in seiner Kritik der Lebensphilosophie im Auge.

153 So heißt es etwa später: »Die Tat tritt durch die Macht eines entscheidenden Beweggrundes aus der Fülle des Lebens in die Einseitigkeit«. Vgl. Wilhelm Dilthey, Der Aufbau der geschichtlichen Welt in den Geisteswissenschaften, in: Gesammelte Schriften, Bd. VII, Leipzig und Berlin 1927, S. 206.

Während sich Diltheys Programm einer Geisteswissenschaft auf die generalisierenden Kenntnisse von Psychologie oder Anthropologie Hoffnungen macht, ist Weber diesen Weg gerade nicht gegangen, obwohl der »Einzelmensch« und nicht die unverdauliche »Volksseele« am Anfang der neuen Wissenschaften stehen soll. Damit liegt für unsere Fragestellung die Bedeutung Diltheys nicht in der Aufnahme einer, letztlich versäumten, »Kritik der historischen Vernunft«[154], die in das leere Postulat der methodologischen »Selbstbesinnung« mündet; seine Bedeutung liegt vielmehr in der positiven Begründung einer Gesellschaftslehre unter individualistischem Vorzeichen, die dennoch *nicht-rationalistischen* Charakters ist. In Diltheys Lehre vom *Verstehen* dreht sich nämlich der rational-begriffliche Zugang zur Wirklichkeit in das eingestanden »irrationale« Verfahren des Verstehens um. So heißt es resümierend: »So ist in allem Verstehen ein Irrationales, wie das Leben selber ein solches ist.«[155] Die Grenzlinie zu Weber könnte nicht deutlicher markiert werden. Gerade weil die Geschichte in einem noch zu klärenden Sinne »irrational« ist, bedarf es ja nach Weber der rationalen Erkenntnismittel, die gerade im »Handeln« zu finden sind und nicht im diffundierenden Konzept des »Lebens«. Während Dilthey eine »Kritik der historischen Vernunft« in kantischer Manier letztlich schuldig geblieben ist[156], hat Georg Simmel im Vorwort zu der von Weber benutzten zweiten Auflage der »Probleme der Geschichtsphilosophie« ganz im Sinne Kants die Leitfrage so gestellt: »Wie ist Geschichte möglich?« Als Philosoph in späteren Jahren ganz der Lebensphilosophie zugewandt, verdient die Antwort Simmels also ein doppeltes Interesse für unsere Fragestellung: Gibt es nicht nur in der Nationalökonomie, Geschichtswissenschaft und Jurisprudenz eine Strömung, die – wie wir sahen – zur Handlungslehre Webers hinführt, sondern auch im

154 Vgl. Wilhelm Dilthey, Entwürfe zur Kritik der historischen Vernunft, in: Der Aufbau der geschichtlichen Welt in den Geisteswissenschaften, a.a.O., S. 191 ff.

155 Wilhelm Dilthey, Der Aufbau der geschichtlichen Welt, a.a.O., S. 218.

156 Zur Auseinandersetzung mit Dilthey vgl. Frithjof Rodi und Hans-Ulrich Lessing (Hrsg.), Materialien zur Philosophie Wilhelm Diltheys, Frankfurt am Main 1984; die von Habermas dort abgedruckte Deutung Diltheys (ebd., S. 316 ff.) belegt andererseits nochmals, wie nah die »Theorie des kommunikativen Handelns« an die »idealistische Handlungslehre« heranreicht!

philosophischen Diskurs eine handlungstheoretische Tendenz[157], die Weber nicht mehr »erfinden« mußte, sondern nur aufzugreifen hatte? Georg Simmel ist für diese Frage deshalb so interessant, weil er von Weber für die Verstehenslehre fruchtbar gemacht wird, ohne daß Simmel aus dem Postulat des Verstehens auf das Handlungskonzept gedrängt hätte.

2. »Form« und »soziales Leben« bei Georg Simmel

Max Weber hat Simmels »Probleme der Geschichtsphilosophie« durchgehend, vom Roscher und Knies-Aufsatz bis in die ›Vorbemerkung‹ zum Beitrag für den »Grundriß der Sozialökonomik«, für die methodologische Frage des »Verstehens« reklamiert. Wie im »Lebensbild« Marianne Webers[158], die hierin ihrem Mann gläubig folgt, wird freilich der stereotype Vorwurf erhoben, Simmel habe objektiven und subjektiven Sinn nicht nur mangelhaft geschieden, sondern oft »absichtsvoll« ineinander fließen lassen[159], während an anderer Stelle gerade die Unterscheidung von objektivem und subjektivem Sinn als Verdienst Simmels gerühmt wurde.[160] Das Problem des »Verstehens« freilich ist mit der kantiani-

157 Daß es eine weitreichende philosophische Tradition der Handlungslehre gibt, sei unbestritten. Wie im 19. Jahrhundert die strafrechtliche Handlungslehre mit aus philosophischen Quellen, insbesondere Hegels, gespeist ist, bedürfte noch einer systematischen Untersuchung. Vgl. in Ansätzen: Eckart von Bubnoff, Die Entwicklung des strafrechtlichen Handlungsbegriffs von Feuerbach bis Liszt unter besonderer Berücksichtigung der Hegelschule, Tübingen 1966. Daß »Handeln« zu den »Grundbegriffen« der Ethik gehört, ist etwa bei Oswald Schwemmer, Ethische Untersuchungen. Rückfragen zu einigen Grundbegriffen, Frankfurt am Main 1986 (insbesondere Kap. III) ersichtlich.

158 Marianne Weber, Max Weber. Ein Lebensbild, a.a.O., S. 326.

159 So Max Weber, Wirtschaft und Gesellschaft, a.a.O., S. 1. Dieser *systematische Zusammenhang* wird von Simmel selbst so hoch veranschlagt, daß selbst die aus der alten Auflage übernommenen Seiten nunmehr einen neuen »Sinn« erhalten hätten (vgl. Georg Simmel, Die Probleme der Geschichtsphilosophie. Eine erkenntnistheoretische Studie. Vorwort zur 2. Aufl., Leipzig 1905, S. VII).

160 In merkwürdigem Kontrast hierzu steht die Behauptung im Knies-Aufsatz: »Simmel hat zunächst das Verdienst, innerhalb des weitesten Umkreises, den der Begriff des ›Verstehens‹ umfassen kann, das ob-

sierenden Frage der »Möglichkeit von Geschichte« so eng verbunden, daß wir auf den Kontext der Schrift Georg Simmels eingehen müssen, wenn wir die Differenz für unsere Frage der philosophischen Hintergründe in Webers *Handlungslehre* trennscharf erfassen wollen.[161]

Georg Simmels Studie ist der Handlungsbegriff nicht fremd: So wird etwa das Problem der Habitualisierung des Verhaltens aufgegriffen, was Weber in der Handlungstypologie der Kategorienlehre als »traditionales«[162] Handeln fassen wird. Bei Simmel entsteht hieraus – in einer interessanten Parallele zu Durkheims Kritik des Finalismus[163] – eine Ablehnung der teleologischen Erklärung in der Geschichtswissenschaft, weil »ehemals bewußte Handlungen allmählich das Bewußtsein ausschalten und rein mechanisch ausgeübt werden . . .«, und weil »umgekehrt, ursprünglich mechanisch Getanes ein wachsendes Bewußtsein erwirbt . . .«[164] Auch ist Simmel die Bedeutung von Einzelhandlungen für die Entstehung von »Kultur«[165] vertraut, freilich erst nachdem sie das Sieb des Kollektivbewußtseins[166] passiert haben. So heißt es in den »Pro-

jektive ›Verstehen‹ des *Sinnes* einer Äußerung von der subjektiven ›Deutung‹ der *Motive* eines (sprechenden oder handelnden) Menschen klar geschieden zu haben« (Max Weber, Gesammelte Aufsätze zur Wissenschaftslehre, a.a.O., S. 93).

161 Zur Beziehung Max Webers zu Georg Simmel vgl. etwa: David Frisby, Die Ambiguität der Moderne: Max Weber und Georg Simmel, in: Wolfgang J. Mommsen und Wolfgang Schwentker (Hrsg.), Max Weber und die Zeitgenossen, a.a.O., S. 580-594.

162 Vgl. Max Weber, Wirtschaft und Gesellschaft, a.a.O., S. 12 f.

163 Besonders deutlich in Durkheims Kritik Rudolf von Iherings (Vgl. auch: Werner Gephart, Symbol und Sanktion. Zur Theorie der kollektiven Zurechnung von Paul Fauconnet, Opladen 1997, S. 40 f.).

164 Georg Simmel, Die Probleme der Geschichtsphilosophie, 2. Aufl., a.a.O., S. 16.

165 Dies ist im übrigen die von Simmel verwendete Terminologie, vgl. etwa: Georg Simmel, Der Konflikt der modernen Kultur, 3. Aufl. München und Leipzig 1926.

166 Die Verwandtschaft mit Durkheim, auch im Terminologischen, wird wiederum deutlich. Vgl. Werner Gephart, Soziologie im Aufbruch. Zur Wechselwirkung von Durkheim, Schäffle, Tönnies und Simmel, in: Kölner Zeitschrift für Soziologie und Sozialpsychologie 34, 1982, S. 10-19; siehe auch: Werner Gephart, Die elementaren Formen des religiösen Lebens oder: Das »unheimliche« Verhältnis von Durkheim

blemen der Geschichtsphilosophie«: »Von jeder Handlung des Eigeninteresses, die nicht schlechthin destruktiv ist, von jeglicher Beziehung zwischen Menschen bleibt gewissermaßen als caput mortuum ein Beitrag für die Formung des öffentlichen Geistes zurück, nachdem ihre Wirkungen durch tausend feine, dem Einzelbewußtsein entzogene Kanäle hindurch destilliert worden sind.«[167]

Gleichwohl oder gerade wegen dieses kollektiven Effekts der individuellen Handlung ist nicht sie der Ausgangspunkt oder prätentiöser formuliert: das Apriori der Geschichtswissenschaft, sondern die »Einheit der Persönlichkeit«[168], die zu einem pathetischen Begriff der »Individualität« überhöht wird. Die Annahme einer irreduziblen »Individualität« ist die Voraussetzung der Möglichkeit von Geschichtsforschung: »Nicht daß dieser Gegenstand Geist überhaupt ist, genügt der Tiefe des Problems, sondern daß er Individualität ist, und diese nicht logisch berechnet, sondern nur psychologisch, und zwar durch eine andere Individualität aufgefaßt werden kann.«[169] Dieser »Individualität« im Sinne der Einheit des völlig Einzigartigen[170] eine Allgemeinheit zu verleihen, sei das »*künstlerische Geheimnis* des Historikers, in dem sich das Unlernbare an seiner Wissenschaft am entschiedensten offenbart.«[171] Der

und Simmel, in: Soziologische Revue 5, 1982, S. 11-17; vgl. jetzt auch z. T. hieran anknüpfend Wolf Lepenies, Gefährliche Wahlverwandtschaften. Einige Etappen in der Beziehung deutscher und französischer Sozialwissenschaften, in: ders., Gefährliche Wahlverwandtschaften. Essays zur Wissenschaftsgeschichte, Stuttgart 1989, S. 80-111.

167 Georg Simmel, Die Probleme der Geschichtsphilosophie, 2. Aufl., a.a.O., S. 18.

168 Ebd., S. 22, S. 26.

169 Ebd., S. 53.

170 In Simmels »Exkurs über das Problem: ›Wie ist Gesellschaft möglich?‹« (in: Soziologie. Untersuchungen über die Formen der Vergesellschaftung, Leipzig 1908, S. 21-30) wird gerade die Einzigartigkeit des Individuums als Voraussetzung seines Vergesellschaftetseins, in paradoxer Umkehrung der vertrauten Sichtweise, behandelt.

171 Georg Simmel, Die Probleme der Geschichtsphilosophie, a.a.O., S. 55. (Hervorhebung von W. G.) Mit Simmels ästhetischer Weltsicht, in der gar Gesellschaft durch »Schönheit« besticht – so in seiner ›soziologischen Ästhetik‹ – ist diese Deutung selbstredend gut vereinbar; das Verhältnis von Ästhetik, Philosophie und Soziologie im

Gegensatz zu Webers Pathos der Nüchternheit und sachlichen »Unpersönlichkeit« ließe sich kaum schärfer pointieren. Und so muß auch Simmels methodologische Konsequenz für Weber völlig unakzeptabel sein. So heißt es bei Simmel: »Denn jedes Nachbilden und jedes Verstehen eines psychologischen Objektes bedeutet, daß der Verstehende eben den seelischen Vorgang in sich zum Ablauf bringt, in dessen Erkenntnis er sich versenkt und der er – insofern das Ich in dem jeweiligen Vorstellen besteht – in diesem Augenblick wirklich *ist* ...«[172] Es fragt sich, ob die erkenntnistheoretische Fassung der supponierten Korrespondenz von Erkenntnissubjekt und Erkenntnisobjekt zu akzeptieren wäre. Lassen wir zunächst Simmel in einer Schlüsselpassage zu Wort kommen: »Wie die Einheit des Kantischen ›Gegenstandes‹ nichts anderes ist als die Einheit der Apperzeption, in die die Vielfachheit der Sinneindrücke einströmt und so ihr Zusammen und ihre Ordnung findet – so ist die Einheit der geschichtlich-gegenständlichen Persönlichkeit für das historische Erkennen die Bewußtseinseinheit des erkennenden Ich; nur daß der in diese Form eingehende Inhalt in dem historischen Falle deutlicher und bestimmter für sie vorbearbeitet ist als in dem der äußeren Natur, da er schon von sich aus in dem, unmittelbar nicht zugängigen, Ich der Persönlichkeit seinen Zusammenhang oder auch seinen Ursprung besitzt, der seine Teile mit dem Cachet der Zusammengehörigkeit aus sich entläßt.«[173] Simmel behauptet also, daß die Möglichkeit von Geschichtsforschung auf einer strukturellen Korrespondenz zwischen Erkenntnissubjekt und Erkenntnisobjekt beruht, die Kants Nachweis der Möglichkeit von Naturforschung noch dadurch überbietet, daß die von Kant, aus erkenntnislogischen Gründen, unterstellte Einheit der Wahrnehmung sich im Apperzeptionsfeld

Werk Georg Simmels ist Gegenstand meiner Untersuchung ›L'image de la modernité chez Georg Simmel‹, a.a.O.

172 Georg Simmel, Die Probleme der Geschichtsphilosophie, a.a.O., S. 56. Die methodologische Konsequenz einer unio mystica von Objekt und Subjekt, wie sie Simmel postuliert, hätte Weber aufs höchste verdächtig sein müssen, denn Simmel fordert damit nicht nur eine Ästhetik der historischen Erzählung, sondern ein quasi-religiöses Sichversenken in das zu verstehende Individuum, ein für den Protestanten, auch den religiös »unmusikalischen«, als Kreaturvergötterung zu verdammendes Sakrileg!

173 Ebd., S. 62.

des Erkennenden als reale Einheit der historischen Persönlichkeiten wiederfindet. Ob diese Argumentation noch mit Kant vereinbar ist oder nicht vielmehr die transzendentallogische Argumentation unterläuft, mag hier dahinstehen. Für Weber ist aus doppeltem Grunde Simmels Versuch ohne Belang: Einmal ist ihm diese Art der Geschichtsmetaphysik, die sich die »Einheit« des Erkenntnisobjektes nicht aus Kategorien konstituieren läßt, sondern noch vor aller Erkenntnis als simple »Realität« nimmt, völlig fremd. Die von Simmel explizit gezogene Parallele zwischen »historischen Gesetzen« und der »Metaphysik«[174] etwa ist ja nicht kritisch, sondern, wie seine spätere Metaphysik belegen wird, durchaus affirmativ gemeint. Gravierender ist aber folgendes: Simmels Versuch einer philosophischen Grundlegung der Historie ruht auf der Prämisse, daß überhaupt *die* Persönlichkeit, *der* Mensch, Gegenstand der historischen Forschung sei.

An dieser Voraussetzung jedoch scheiden sich Weber und Simmel: Es ist gerade das Verdienst der handlungstheoretischen Sozialwissenschaft, die Erkenntnis von »Persönlichkeit« oder des »historischen Individuums« *radikal aus dem Programm gestrichen zu haben.*[175] Weber geht es nicht um das Verstehen der Persönlichkeit, sondern um die Verstehbarkeit von *Handlungen*, die einerseits nur einen Ausschnitt von »Persönlichkeit« repräsentieren, zum anderen aber – was Weber im Begriff des »Gemeinschaftshandelns« oder »sozialen Handelns« deutlich gemacht hat, auf eine *andere* Ordnung verweisen.[176] Insofern stellt sich das für Simmel so bestimmende Problem der »Einheit«[177] der Persönlichkeit bei Weber überhaupt nicht. Und auch die methodologischen Anstrengungen,

---

174 Hierzu heißt es bei Simmel: »Ich glaube, daß die sogenannten historischen Gesetze in derselben Weise eine Antizipation der exakten Erkenntnis geschichtlicher Vorgänge sind, wie die metaphysischen Vorstellungen eine solche für das Weltgeschehen überhaupt« (ebd., S. 85).

175 Insofern ist eben der Deutungsansatz von Hennis völlig verfehlt; auch Tenbruck beklagt die Ausblendung des »Menschen« in der Soziologie, vgl. Friedrich H. Tenbruck, Die unbewältigten Sozialwissenschaften oder die Abschaffung des Menschen, Graz/Köln/Wien 1984.

176 Dies ist ja der triviale Sinn des vielfach substanzhaft interpretierten »allgemeinen Handlungssystems« von Talcott Parsons.

177 Georg Simmel, Die Probleme der Geschichtsphilosophie, a.a.O., S. 77 f.

die Einheit der Seele in mystischer Schau zu ergründen, reduzieren sich auf das nüchterne Problem des Verstehens von Einzelhandlungen.

Webers bei aller öffentlich bekundeten und ja auch ehrenwerten Sympathie für Simmel verbleibende Skepsis[178] hat also nicht nur mit dem Ineinanderschieben von objektivem und subjektivem Sinn zu tun – obwohl wir dafür ja Beispiele nennen konnten –, sondern hat ihren tieferen Grund in der Differenz von *Handlungsperspektive* und Perspektive des sozialen oder individuellen *Lebens*.

Gleichwohl bleibt die Frage bestehen, wie sich die Einheit des Erklärungs- und Deutungsgegenstandes bestimmt, auch wenn dies nunmehr die Frage nach der »Einheit der Handlung« ist. Gibt es hierauf bei Rickert, den Weber als philosophischen Gewährsmann nennt, eine Antwort?

3. Der implizite Wertbezug des Handelns: Heinrich Rickert

Allein der Umfang des Briefwechsels mit Rickert[179] – er umfaßt über 200 Briefschaften – belegt, wie eng die persönlichen Beziehungen zwischen Weber und Rickert geknüpft waren. Im Aufsatz über ›Roscher und Knies‹ wird die Bedeutung der »Grenzen der naturwissenschaftlichen Begriffsbildung« von Weber sehr hoch veranschlagt. Dort heißt es: »Es ist einer der Zwecke dieser Studie, die Brauchbarkeit der Gedanken dieses Autors für die Methodenlehre unserer Disziplin zu erproben«[180], woran sich ein Pauschalverweis an Rickerts »Grenzen« anschließt. Rickert, der seine Studie von der 3. und 4. Auflage an »dem Andenken Max Webers« widmet, fand seinerseits die eigenen methodologischen Gedanken

---

178 Diese wird deutlicher in dem bislang unveröffentlichten Nachlaßmanuskript Max Webers über Georg Simmel (»Georg Simmel als Soziologe und Theoretiker der Geldwirtschaft«), das in einer Übersetzung von Donald L. Levin (in: Social Research 39, 1972, S. 155-163) allgemein verfügbar ist.

179 Die Briefe Webers befinden sich nunmehr in Berlin und reichen von ca. 1896 bis 1920. Die in den bisher erschienenen Briefbänden (Max Weber, Briefe 1906-1908; 1909-1910) enthaltenen Briefschaften ergeben hiervon einen ersten Eindruck.

180 Vgl. Max Weber, Roscher und Knies, a.a.O., S. 7/Fn. 1.

im Werke Max Webers in Anwendung gebracht.[181] Gleichwohl sieht Rickert die Grenzen in Webers Rezeption der »Grenzen« viel deutlicher, als Weber es zumindest öffentlich zugab. Rickert bemerkt im dritten und vierten Vorwort dieser Schrift: »Er (Max Weber, W. G.) hatte sich von der wissenschaftlichen Philosophie und ihrer heutigen Möglichkeiten eine etwas einseitige Meinung gebildet, d. h. er glaubte eigentlich nur an die ›Logik‹.« Und Rickert fährt fort, um Webers Differenz zu seinem theoretischen Anliegen der Begründung eines Wertsystems deutlich zu machen: »Daher stand er auch meinem Plan einer universalen wissenschaftlichen Weltanschauungslehre auf Grund eines umfassenden *Systems der Werte*, ein Versuch, von dem meine Wissenschaftslehre nur einen Teil bildet, in ähnlicher Weise skeptisch gegenüber wie einst in Freiburg meinem Plan einer Logik der Geschichte, obwohl ihm selbstverständlich jeder Relativismus der modernen philosophischen Schwächlinge sehr fern lag.«[182] So nüchtern diese Einschätzung Rickerts ist, so unklar bleibt, warum Weber sich im Methodologischen gerade auf einen unverhohlenen Vertreter einer objektiven Wertlehre stützen mußte[183], denn diesen *Anspruch* hatte Rickert bereits in der ersten Auflage der »Grenzen«, noch vor dem Logos-Aufsatz über das »System der Werte«[184], formuliert.

181 So liest man als Lob der von Weber betriebenen Kulturwissenschaft im Vorwort der »Grenzen« von 1921: »So oft es galt, mir an einem lebendigen Beispiel die Weite gegenwärtig zu halten, deren der menschliche Intellekt auch bei strengster Beschränkung auf das von einer Spezialdisziplin begrifflich Erfaßbare fähig ist, habe ich mich an keinem Werke besser orientieren können als an dem von Max Weber« (Heinrich Rickert, Die Grenzen der naturwissenschaftlichen Begriffsbildung, Vorwort zur dritten und vierten Auflage (1921), S. xxv).

182 Ebd. (Hervorhebung von W. G.)

183 In dieser Richtung problematisiert Wagner das Vertrauen, das Weber Rickert entgegenbrachte, ohne zu wissen, worauf er sich eingelassen hatte (vgl. Gerhard Wagner, Geltung und normativer Zwang. Eine Untersuchung zu den neukantianischen Grundlagen der Wissenschaftslehre Max Webers, München 1987, S. 158); anders die Sicht bei Merz, der die These vom hohen Grad der Übereinstimmung von Weber und Rickert eher als finale Entscheidung darzustellen sucht (vgl. Peter-Ulrich Merz, Max Weber und Heinrich Rickert. Die erkenntniskritischen Grundlagen der verstehenden Soziologie, Würzburg 1990).

184 Vgl. Heinrich Rickert, Vom System der Werte, in: Logos 4, 1913, S. 295-327.

Auf unsere Frage nach der Konstitution der »Einheit« des Forschungsgegenstandes, sei es der Geschichtswissenschaft oder der »Kulturwissenschaften«, ist Rickerts Antwort gerade mit der für Webers Position problematischen Wertlehre verknüpft: Das »historische Interesse« ist bei Rickert, insofern Simmel verwandt, mit dem Interesse am »Individuellen«, am *historischen Individuum*«[185], wie Rickert es nennt, gleichgesetzt.[186] Wodurch aber wird ein Individuum »historisch«? Rickerts Antwort lautet: »... die Wirklichkeit wird Geschichte mit Rücksicht auf die Bedeutung, die das Besondere durch seine Einzigartigkeit für *wollende* und *handelnde* Wesen besitzt ...«[187] Die »Einzigartigkeit« wird aber nicht als extraordinäre Singularität im Sinne einer Unwiederholbarkeit verstanden, in diesem Sinne ist ja alle Geschichte »individuell«, sondern diese »Individualität« wird durch den Bezug auf *Werte* erst konstituiert. So heißt es zunächst: »Alle Menschen werden zu Individuen im engeren Sinne nur dadurch, daß wir jede menschliche Individualität auf irgendeinen Werth beziehen.« Das Individuum wird aber zum »historischen«, wenn es sich auf »*allgemeine*« Werte bezieht: »Achten wir dagegen darauf, welches individuelle Leben sich mit Rücksicht auf *allgemeine Werthe* durch seine Einzigartigkeit zu einer *Einheit* zusammenschließt, dann sehen wir, daß auch aus der Gesamtheit der Menschen wie aus der aller anderen Objekte sich nur eine bestimmte Anzahl heraushebt.«[188]

Auf die Frage nach der »*Einheit*« des Forschungsgegenstandes liegt die Antwort Rickerts also in dem Bezug des historischen Individuums auf »*allgemeine Werthe*«. Nicht das »Handeln« der Individuen interessiert Rickert dabei, sondern das Individuum, insoweit es für das Handeln und Wollen des *Erkennenden* relevant ist. Der Handlungsbezug liegt bei Rickert also nicht im Erkenntnis*objekt* der historischen Wissenschaften, sondern in

---

185 Vgl. über unsere Zwecke der Rekonstruktion des Handlungsbegriffs hinausgehend, Guy Oakes, Max Weber und die südwestdeutsche Schule: Der Begriff des historischen Individuums und seine Entstehung, in: Wolfgang J. Mommsen und Wolfgang Schwentker (Hrsg.), Max Weber und seine Zeitgenossen, a.a.O., S. 595-612.

186 Heinrich Rickert, Die Grenzen der naturwissenschaftlichen Begriffsbildung, 2. Aufl., a.a.O., S. 354 f.

187 Ebd. (Hervorhebung von W. G.)

188 Ebd., S. 357. (Hervorhebung von W. G.)

den pragmatischen Handlungsinteressen des Erkenntnis*subjekts* begründet, nämlich in der Bedeutung, »die das Besondere durch seine Einzigartigkeit für wollende und handelnde Menschen besitzt«.[189]

Die *Handlung* wird schließlich als das den Gegenstand der Geschichtswissenschaft konstituierende Prinzip verworfen, denn man könne »die bewußte Zwecksetzung und die daraus hervorgehende Handlung« nicht als »den treibenden Faktor aller geschichtlichen Bewegung und in Folge dessen den Zweck als das Erklärungsprinzip der Geschichte« betrachten.[190] Aus dieser Kritik des *Zwecks* in der Geschichte, nach dem alles Historische als »Produkt individueller Absicht« erscheint, führt kein Weg zur Handlung als leitender Kategorie der historischen Begriffsbildung – was den uns primär interessierenden Gesichtspunkt der Beziehung Webers zu Rickert darstellt[191] –, auch wenn dies aus systematischen Gründen gar nicht auszuschließen wäre. Denn die Begriffs*bildung* hat durchaus einen teleologischen Charakter, der sich aus dem Bezug auf die »Wertgesichtspunkte« ergibt.[192] *Nur weiß Rickert keinen Wertgesichtspunkt anzugeben, unter dem gerade Handeln für die historische Begriffsbildung wichtig wäre.* Im Gegenteil würde die Fundierung der historischen Kulturwissenschaften im Handlungsbegriff ja eher der Vorstellung Vorschub leisten, »daß die einzelnen Individuen die Geschichte *machen*, so daß alles Produkt individueller Absicht ist«.[193]

Rickerts Hervorhebung des »historischen Individuums« führt also nicht zum individuellen Handlungsbegriff, und auch jede Art eines metaphysischen oder »methodologischen Individualismus« ist ihm fremd. Rickert ist nämlich, entgegen einer verbreiteten Auffassung, eher der Gegenrichtung zuzurechnen, die ihr Erkennt-

---

189 Ebd.

190 Ebd., S. 376.

191 Als systematische Rekonstruktion vgl. insbesondere Fritz Loos, Zur Wert- und Rechtslehre Max Webers, Tübingen 1970, sowie Oakes, der Rickert ausgesprochen kritisch liest. Alles in allem habe Rickert »so gut wie nie ein philosophisches Problem sorgfältig und systematisch« durchdacht (vgl. Guy Oakes, Die Grenzen kulturwissenschaftlicher Begriffsbildung, Frankfurt am Main 1990, S. 125).

192 Dieser Unterschied wird von Rickert herausgearbeitet in: Die Grenzen der naturwissenschaftlichen Begriffsbildung, a.a.O., S. 377.

193 Ebd., S. 376.

nisobjekt und die Quellen der Erkenntnis im *Kollektiven* sucht. Dies zeigt sich etwa in seiner Vorstellung von Familiengeschichte, die sich im Alltagsleben derart vollziehe, daß sie hier »von allen Mitgliedern auf Grund der ihnen gemeinsamen Werthgeschichte vollzogen« werde: »und dann ist eine Familiengeschichte möglich, die als *empirisch gültig* angesehen werden darf«.[194] Rickert gründet also die Geltung der historischen Erkenntnis auf den *Konsens* der in Bezug genommenen Werte. Das jeweilige Kollektiv definiert die historische Wahrheit! Dieses verblüffende Ergebnis der Lektüre Rickerts, auf den Weber sich in seiner Begründung der Werturteilsfreiheit meint stützen zu können, wird auch ganz unverblümt ausgesprochen: »Die Geltung der geschichtlichen Darstellung muß abhängig sein von der Geltung der Werthe, auf welche die historische Wirklichkeit bezogen wird, und daher setzt der Anspruch auf unbedingt allgemeine Geltung der historischen Begriffe die Anerkennung von unbedingt allgemeinen Werthen voraus.«[195] Wie Rickerts nach 1933 verfaßte Arbeiten deutlich belegen, stand sein Denken von Anfang an mit dem Kollektiven, Volk und Gemeinschaft, im Bunde.[196] Was aber wirklich überrascht, ist die Art, in der die Möglichkeit der Geltung historischer Zurechnungsurteile an die »Geltung« allgemeiner Werte gekoppelt wird, wobei ja noch völlig unklar ist, für wen diese »allgemeine« Geltung bestehen soll[197] – die jeweilige Lebenswelt oder das gesamte Gesellschaftssystem – oder ob gar – wie bei Rickert zu vermuten – ihre von sozialen Bezugsgruppen unabhängige *normative* Geltung gemeint ist.[198]

194 Ebd., S. 380 f.
195 Ebd., S. 389.
196 Für diesen Hinweis habe ich Manfred Schön zu danken.
197 Freilich war sich Rickert der Vieldeutigkeit des Allgemeinen bewußt, wie sein von Weber zitierter Beitrag: Les quatres modes de l'Universel en histoire, in: Revue de synthèse historique 2, 1901, S. 121-140, belegt. Dort findet sich Rickert im übrigen in völligem Einklang mit A. D. Xénopol, dessen Kritik einer »sociologischen« oder »naturwissenschaftlichen« Betrachtung der Geschichte er aufs höchste lobt (vgl. Heinrich Rickert, Die Grenzen der naturwissenschaftlichen Begriffsbildung, a.a.O., S. 450, Fn. 1), während es nicht verwunderlich ist, daß Xénopol in der Année sociologique eben darum aufs schärfste kritisiert wird.
198 Daß Rickert die Unterscheidung nicht fremd ist, belegt seine Arbeit

Wir kommen zu dem Ergebnis, daß ein Einfluß der zeitgenössischen, von Weber aufgenommenen Philosophen auf die Entwicklung seiner Handlungslehre nicht anzunehmen ist: Bei Dilthey ist der Handlungsbegriff am Ende ästhetisch überhöht, um schließlich im Lebensbegriff die Einheit der Erkenntnis zu suchen; auch Simmel blieb der Handlungsbegriff fremd, wie allein aus seiner, auf die *Formen* des sozialen Lebens zentrierten, »Sociologie« hinreichend hervorgeht. Wo Dilthey die subjektive Konstruktion der Wirklichkeit an Kategorien bindet, die aus dem »Leben« selbst stammen, möchte Simmel auf dem Wege des transzendentalen Idealismus eine vermeintliche Systemlücke im Werke Kants schließen, die aber nicht zur »Kategorie« des Handelns, sondern zum einzigartigen Individuum führt, in dem sich Subjekt und Objekt der historischen Forschung wiederfinden. Rickert schließt den handelnden und wollenden Menschen im Objektbereich der historischen Wissenschaften aus, während das Erkenntnisinteresse gerade durch pragmatische Absichten des Handelns bestimmt ist, die sich in bezug auf einen Werthorizont als allgemeine ausweisen müssen. Rickert rettet die Vorstellung einer einheitlichen, durch »Kategorien« geformten Wirklichkeit, die nur durch die auf *individuelle* oder *allgemeine* Vorgänge abzielende Erkenntnisabsicht in naturwissenschaftliche oder historische Fächer zerfällt. In dieser Unterscheidung wird dann auch der Gegensatz von Natur als Reich der »Notwendigkeit« und der Geschichte als Reich der »Freiheit« hinfällig.[199] Von Rickert her ist Weber also kein *voluntaristisches* Fundament unterzuschieben, die Kausalität historischer Prozesse[200] und auch des Handelns steht außer Zweifel, wenn die historische Begriffsbildung in adäquater Weise gelingen soll.

Auch wenn Rickert einen »Werthgesichtspunkt«, unter dem sich »Handeln« anböte, nicht gesehen hat, so bleibt zu fragen, ob nicht aus Webers Denkvoraussetzungen gerade dem Handlungsbegriff ein derartiger *Wertbezug* zugrunde liegt.

›Über logische und ethische Geltung‹ (in: Kant-Studien 19, 1914, S. 182-221), in der freilich über den »formalen Begriff der Autonomie eine Brücke zwischen Wahrheit und Sittlichkeit geschlagen und so die allgemeinste werttheoretische Grundlage der Ethik wissenschaftlich befestigt wird« (S. 221).

199 Vgl. Heinrich Rickert, Die Grenzen der naturwissenschaftlichen Begriffsbildung, a.a.O., S. 415.

200 Vgl. ebd., S. 412.

Unsere disziplingeschichtlich orientierte Rekonstruktion des Handlungsbegriffs Max Webers hat zunächst verschiedene Einflüsse zutage gefördert.

In der Freiburger Antrittsrede ist »Handeln« als machtvolle *Tat* das an die bürgerlichen Klassen gerichtete Postulat einer auf nationale Werte verpflichteten *Nationalökonomie*. In der methodologischen Studie zu Roscher und Knies, mit der Webers Arbeits- und Lebenskrise zu Ende geht, wird die zugrundeliegende Prämisse, daß diese Wissenschaft überhaupt »menschliches Handeln« zum Gegenstand hat, gar nicht eigens thematisiert, dafür wird der prekäre Balanceakt zwischen gesetzmäßig kausaler Bestimmtheit des Handelns und zwecktätiger selbstgesteuerter Kontingenz artistisch vorexerziert. Erst die eingehendere Lektüre von Friedrich Gottls »Herrschaft des Wortes«, auf den Weber wiederholt rekurriert, belegt, wie »Handeln« zum expliziten Grundverhältnis der Nationalökonomie avanciert. Dabei ist es Gottl, der die Verwandtschaft des Ökonomischen mit dem juristischen Denken über den Leitbegriff »Handeln« in aller Schärfe herauspräpariert.

Als Exponent der »historischen Schule der Nationalökonomie« ist Weber in seinen methodologischen Gelegenheitsschriften genötigt, die Probleme der *Geschichtswissenschaft* mitzubedenken. Weber ist gerade nicht von den soziologisierenden Tendenzen der in die Krise geratenen Geschichtswissenschaft angetan – weil für ihn weiterhin das Handeln von Individuen im Mittelpunkt seines Interesses steht –, vielmehr führt ihn die Auseinandersetzung mit Eduard Meyer in einer interdisziplinär eindrucksvollen Schleife über die Kategorie der »objektiven Möglichkeit« zu dem Fach zurück, das er als einzige Disziplin schul- und handwerksmäßig gelernt hat: zur Jurisprudenz. Um das historische Zurechnungsurteil auf eine kausalwissenschaftliche Basis zu stellen, fordert er – gegen das positivistische Selbstverständnis der Historiographie – hypothetische Kausalverhältnisse zu berücksichtigen. Hierbei ist es gerade die übel beleumdete, über Gustav Radbruch intellektuell anregend vermittelte Strafrechtslehre, die ein zentrales Problem der historischen Forschung lösen soll.

Der *philosophische Hintergrund*, den der »Fachmensch« Weber auf »fachmethodologische« Bezüge begrenzen möchte, bleibt für die Konstitution von Webers Handlungslehre am Ende eher diffus. Diltheys »Kritik der historischen Vernunft« bestreitet gegen die französische Tradition der »Soziologie« das kollektive Subjekt der

Geschichte, sein Individualismus aber tendiert zum *Lebensbegriff* und nicht zu dem in Mittel und Zwecke dekomponierten Begriff des *Handelns*. Auch Simmels Hermeneutik des modernen Lebens führt nicht zum Handlungsbegriff, ganz ebensowenig wie der von Weber hochgelobte Rickert Antworten auf die Fragen bereithält, die Weber beunruhigen.

Daß die Philosophie reiche handlungstheoretische Traditionen aufzuweisen hat, wird hiermit ja nicht bestritten. Nur »paßt« die Handlungslehre Webers eher zur *juristischen Tradition*, die er aus vielerlei Gründen hinter sich lassen möchte, als zu der von ihm explizit rezipierten Philosophie, die einmal das »Leben« hochhält und ein anderes mal einen objektiven Werthorizont postuliert, der Webers Subjekt einer entzauberten Geschichte die Last der Freiheit abnähme.

Drittes Kapitel
VERNUNFT UND MYTHOS
Max Weber als Philosoph?

»Alle Arbeiten, welche auf Nachbargebiete übergreifen, wie wir sie gelegentlich machen, wie gerade z. B. die Soziologen sie notwendig immer wieder machen müssen, sind mit dem resignierten Bewußtsein belastet: daß man allenfalls dem Fachmann nützliche Fragestellungen liefert, auf die dieser von seinen Fachgesichtspunkten aus nicht so leicht verfällt, daß aber die eigene Arbeit unvermeidlich höchst unvollkommen bleiben muß.« (Max Weber, Wissenschaft als Beruf)

Vor dem Hintergrund dieser Bescheidung auf die *Fachwissenschaft* hat Weber sich nie als »Philosoph« sehen können. Nicht etwa weil die Philosophie kein »Fach« sei, sondern weil das Gebiet der erkenntnistheoretischen Betrachtungen – wie Weber ausführt – dem Fach*fremden* zunehmend verschlossen sei. Die Logik ist nach Weber zu einer Fachdisziplin wie jede andere geworden, und das heißt für die asketische Berufsauffassung Webers, daß es der täglichen Übung bedarf, um »Philosophie« sicher zu handhaben. Daraus ergibt sich für ihn eine eigentümliche Entfremdung der Philosophie als Fachdisziplin von den Einzelwissenschaften. Eine Rückübersetzung in den Verständnishorizont der einzelnen Disziplinen ist notwendig, wenn die Philosophie überhaupt noch in die Einzelwissenschaften hinein wirken will. So vermerkt Weber in der Auseinandersetzung mit Eduard Meyer, wie sich die Erkenntnistheorie von der Realität der Forschungspraxis ablöse und in ihrer Fixierung auf »›idealtypisch‹ geformte Bilder von den Erkenntniszielen und -wegen der Einzelwissenschaften«[1] über deren Köpfe am Ende hinwegfliege. Dies scheint also nach Weber das »Schicksal« der Philosophie zu werden, die – wie alle Wissenschaft – dem unausweichlichen Prozeß fachmäßiger Rationalisierung unterworfen ist und damit gleichzeitig ihre erkenntniskritische Aufgabe den Einzelwissenschaften gegenüber zu verlieren droht.

Damit aber nimmt Weber für sich durchaus in Anspruch, in der Konkretisierung z. B. methodologischer Grundfragen innerhalb

---

1 Max Weber, Kritische Studien auf dem Gebiet der kulturwissenschaftlichen Logik, a.a.O., S. 216.

der Einzelwissenschaften auch dem philosophischen Fachmann zumindest »nützliche Fragestellungen« liefern zu können.

Bei aller Selbstbescheidung auf das Fachmenschentum und den Verzicht auf »faustische« Allseitigkeit kann also auch die Philosophie nach dem Selbstverständnis Webers durchaus mit »nützlichen Fragestellungen« aus den Einzelwissenschaften rechnen. Die Beziehung Max Webers zur Philosophie zu thematisieren, hat damit sowohl einen werkgeschichtlich ausweisbaren Hintergrund wie eine grundlegende Bedeutung für das Selbstverständnis der Philosophie im Kontext der übrigen »Kulturwissenschaften«.

Wenn man sich den *philosophischen Ursprüngen, Bezügen* oder aber auch eigenständigen *philosophischen Überlegungen* Webers zuwendet, ist es wichtig zu beachten, aus der Sicht *welcher* der zahlreichen Fachdisziplinen, die sich – wie wir sahen – legitimerweise auf Weber berufen, dieser jeweils philosophische Fragen berührt, um am Ende zu sehen, inwieweit Philosophie nicht doch zumindest *auch* sein Fach war.

Vorerst aber wollen wir neuere Literatur zum Werk Max Webers unter dem spezifischen *Gesichtspunkt* lesen, welche weiterführenden Einsichten über philosophische Ursprünge und Folgen in der neueren Weberforschung erzielt wurden. Denn das Thema ist nicht neu.[2] So hatte Hermann Kantorowicz, Jurist, Rechtssoziologe und Rechtsphilosoph, in einem Nachruf von 1922 Weber eben als Philosophen gekennzeichnet,[3] ebenso wie Jaspers berühmte Deutung schließlich Weber vor allem als »Philosophen« herausstellt.[4]

Unsere Fragestellung kann in verschiedene Richtungen entwickelt werden: Einmal läßt sich nach den philosophischen Einflüssen im Werk Max Webers fragen, lassen sich eingeschliffene Kontroversen nachzeichnen, die sich um das Verhältnis zu Gestalten der Philosophiegeschichte gruppieren; es geht m.a.W. um die ambivalente Beziehung zu Rickert und den subkutanen Einfluß Nietzsches, die

2 Vgl. auch schon Johannes Weiß, Max Weber. Die Entzauberung der Welt, in: Josef Speck (Hrsg.), Grundprobleme der großen Philosophen. Philosophie der Gegenwart IV, Göttingen 1981, S. 9-47.

3 Vgl. Hermann Kantorowicz, Max Weber, in: Logos 11, 1922, S. 256-259.

4 Vgl. nunmehr in Zusammenstellung verschiedener Beiträge: Karl Jaspers, Max Weber. Mit einer Einführung von Dieter Henrich, München 1988.

Verankerung in der kritischen Philosophie Kants sowie das Verhältnis zur zeitgenössischen Phänomenologie.[5]

Eine rein systematische Vorgehensweise hätte von den jeweiligen philosophischen Problemen auszugehen und ihre Lösung bei Weber zu eruieren.[6] Hier soll nun ein vermittelnder Weg gesucht werden, sich an den systematischen Fragen zu orientieren, um Webers Antworten an dem jeweils umstrittenen Verhältnis zu philosophischen »Gewährsleuten« und »Gegnern« sichtbar zu machen.

I.
Erkenntnismäßige Voraussetzungen und methodologische Vorgehensweisen der Kulturwissenschaften

Solange die mit Spannung erwarteten methodologischen Schriften Max Webers noch nicht in der historisch-kritischen Gesamtausgabe verfügbar sind, wird das Bild des Methodologen und Philosophen Weber wohl weiterhin von der überlieferten Gestalt der »Gesammelten Aufsätze zur Wissenschaftslehre« geprägt sein. Diese Sammlung unter dem Titel »Wissenschaftslehre« suggeriert seit je eine Geschlossenheit und »Einheit« – wie sie einflußreich vor allem Dieter Henrich[7] in seiner grundlegenden Studie vertreten hatte.[8]

Demgegenüber scheint sich das methodologische Anliegen We-

---

5 Siehe zu dieser wenig beachteten Frage die Bemerkungen von Wolfgang J. Mommsen in der ›Einleitung‹ zu ders. und Wolfgang Schwentker (Hrsg.), Max Weber und seine Zeitgenossen, a.a.O.

6 Während sich nach Jaspers ja gerade das Eigentümliche seiner »Philosophie« in der Gestalt der empirischen Sozialforschung zeigt.

7 Dieter Henrich, Die Einheit der Wissenschaftslehre Max Webers, Tübingen 1952

8 Auch Tenbruck behauptet schließlich die Einheit der »Wissenschaftslehre«, in der er dann doch (vgl. Friedrich H. Tenbruck, Das Werk Max Webers: Methodologie und Sozialwissenschaften, in: Kölner Zeitschrift für Soziologie und Sozialpsychologie 38, 1986, S. 13-31) den Schlüssel für das Verständnis Max Webers erkennt, nachdem dies einmal von den »Gesammelten Aufsätzen zur Religionssoziologie« behauptet worden war.

bers in neueren Interpretationen in eine Vielzahl divergierender Perspektiven aufzulösen. Diese Divergenzen formieren sich entlang der Einschätzung des faktischen Einflusses von Heinrich Rickert auf Weber wie aber auch der Frage nach der philosophischen Dignität Rickerts selbst. So liest sich die Auseinandersetzung um die philosophische Grundlegung der Sozial- bzw. Kulturwissenschaften bei Max Weber zunehmend als ein Streit um den philosophischen Rang Heinrich Rickerts.

Hatte Tenbruck noch behaupten können, daß niemand in ausreichender Weise mit den Arbeiten Rickerts vertraut sei[9], so bahnt sich neuerdings eine, wenn auch zumeist negative Rickert-Renaissance an. Während Karl-Heinz Nusser[10] bei Weber eine philosophische Fundierung der Soziologie und der Kulturwissenschaften im Geiste Rickerts reklamiert, die von Peter-Ulrich Merz[11] materialreich vertieft wird, legt Wagner[12] die metaphysischen Wurzeln im Denken Rickerts frei, die nach seiner Auffassung zu Anselm von Canterbury zurückweisen; Guy Oakes spitzt die Kritik an Rickert in der Formulierung zu, daß dieser »so gut wie nie ein philosophisches Problem sorgfältig und systematisch durchdachte«[13], offen lassend, welche Konsequenzen dieses Verdikt für die Beurteilung Webers enthält. Dafür möchte Wilhelm Hennis, auf dessen Weber-Interpretation wir noch verschiedentlich eingehen werden, den vermuteten Einfluß Rickerts lieber von vornherein zurückschneiden, um dafür das Gewicht Nietzsches zu verstärken.[14]

9 So Tenbruck als Replik auf eine Kritik von Gerhard Wagner und Heiner Zipprian in: Kölner Zeitschrift für Soziologie und Sozialpsychologie 39, 1987, S. 150-155.

10 Karl-Heinz Nusser, Kausale Prozesse und sinnerfassende Vernunft. Max Webers philosophische Fundierung der Soziologie und der Kulturwissenschaften, Freiburg/München 1986.

11 Peter-Ulrich Merz, Max Weber und Heinrich Rickert. Die erkenntnistheoretischen Grundlagen der verstehenden Soziologie, Würzburg 1990.

12 Gerhard Wagner, Geltung und normativer Zwang. Eine Untersuchung zu den neukantianischen Grundlagen der Wissenschaftslehre Max Webers, Freiburg/München 1987.

13 Guy Oakes, Die Grenzen kulturwissenschaftlicher Begriffsbildung, Frankfurt am Main 1990, S. 125.

14 Vgl. insbesondere Wilhelm Hennis, Max Webers Fragestellung, Tübingen 1987, S. 183 f. Fn. 46.

Für Schluchter hingegen ist Rickerts konstitutiver Einfluß unabweisbar. Ihm sei der »methodologische Durchbruch« zu verdanken, der aus den logischen Problemen der Nationalökonomie in die eigenständige Auffassung einer historischen *und* theoretischen Kulturwissenschaft geführt habe[15], und zwar ohne hierbei dem Vorhaben größeren Schaden zuzufügen.

Was ist nun von diesem Deutungsstreit zu halten?

(1) Die ersten erschienenen Bände der Briefedition Max Webers geben ein eindringliches Bild von der engen persönlichen und sachlichen Beziehung, in der Weber zu Rickert stand. Aus dem ›Lebensbild‹ Marianne Webers wußte man schon, wie hoch Weber nach der Lektüre im Frühsommer 1902 ›Die Grenzen der naturwissenschaftlichen Begriffsbildung‹ einschätzt: »Rickert habe ich aus. Er ist *sehr* gut, zum großen Teil finde ich darin das, was auch ich in logisch nicht bearbeiteter Form gedacht habe. Gegen die Terminologie habe ich Bedenken.«[16]

Diese klare Aussage muß durch die nunmehr allgemein verfügbaren Briefe keineswegs revidiert werden. Es wird aber auch sichtbar, daß die Beziehung nicht einen sozusagen »naiven« Weber präsentiert, der allzu gutgläubig seinem Gewährsmann gefolgt ist; es sind ja durchaus Bedenken formuliert, in der Terminologie und in der Sache selbst. Zwar scheint sich Weber im ›Roscher und Knies‹-Aufsatz auf eine rein *anwendende* und dienende Haltung zu beschränken, aber es ist dort auch von der »Erprobung« der Rickertschen Philosophie die Rede, wenn es heißt: »Es ist einer der Zwecke dieser Studie, die Brauchbarkeit der Gedanken dieses Autors für die Methodenlehre unserer Disziplin zu erproben«[17].

Auch wenn Weber – wie Rickert meint – »sich von der wissenschaftlichen Philosophie und ihren heutigen Möglichkeiten eine etwas einseitige Meinung gebildet«[18] hat, so sind verschiedene Prämissen Rickerts auch für Weber verbindlich. Auf die von Rikkert in kantischer Manier gestellte Frage, wie denn die Erkenntnis der »Kultur« möglich sei, liegt auch Webers Antwort darin, daß

15 Wolfgang Schluchter, Religion und Lebensführung, Bd. 1, a.a.O., S. 40-73 (S. 60).
16 Vgl. Marianne Weber, Ein Lebensbild, Tübingen 1926, S. 273.
17 Max Weber, Roscher und Knies, a.a.O., S. 43-145 (S. 7/Fn. 1).
18 Vgl. Heinrich Rickert, Die Grenzen der naturwissenschaftlichen Begriffsbildung. Eine logische Einleitung in die historischen Wissenschaften, dritte und vierte Aufl., Tübingen 1921, S. xx.

eine bloße *Abbildung* der heterogenen und mannigfaltigen »Wirklichkeit« nicht denkbar ist. Die »Wirklichkeit« ist nur erfaßbar, wenn sie durch den Blick und Zugriff des Forschers erst »konstituiert« wird. Dies gilt bereits für die Scheidung von »Natur« und »Kultur«, die einerseits durch den Bezug auf das Allgemeine, zum anderen durch die Rücksicht auf das Besondere und Individuelle konstituiert werde. Daß nunmehr eine »individualisierende Begriffsbildung« überhaupt möglich sei, für die »historische Nationalökonomie« und schließlich auch für eine historisierende verstehende »Soziologie«, dies meint Weber bei Rickert zu finden. Nun mag man bezweifeln, ob mit den Prämissen Rickerts eine »Kulturwissenschaft« zu begründen ist, die dem Kantischen Ideal der Naturwissenschaften nachempfunden ist.[19] Für Weber war die Paradoxie von Reiz, das »historische Individuum«[20] durch den Bezug auf ein »Allgemeines« zu erstellen. Rickert hatte in dem Bezug auf »Werte«, die an der »Kultur« haften sollen, das historische Individuum als einen realen Träger von Sinngebilden hervorgehen lassen. Rickerts Konstruktion mag fragwürdig erscheinen, aus der *Tatsache*, »daß Kulturmenschen bestimmte Werte als Werte anerkennen«[21] und der *Tatsache*, daß hierbei manche Werte eine umfassendere Anerkennung gewinnen, nunmehr zu schließen, daß diese »allgemeinen« Werte den Bezug für die individualisierende Begriffsbildung und auch den »Sinn« einer individualisierenden Wissenschaft verbürgen würden. In den »Grenzen der naturwissenschaftlichen Begriffsbildung« hatte Rickert das Postulat eines allgemeinen Wertsystems angeschlossen, das hier zitiert sei, um die Differenz zu Weber deutlich zu machen: »Ein prinzipieller Fortschritt in den Kulturwissenschaften mit Rücksicht auf ihre Objektivität, ihre Universalität und ihren systematischen Zusammenhang ist von dem Fortschritt eines objektiven und systematisch gegliederten Begriffs der Kultur, und das heißt von der Annäherung an ein Wertbewußtsein abhängig, dem ein *System der Werte*

19 Zweifelnd: Wagner, Geltung und normativer Zwang, a.a.O., S. 136.
20 Vgl. hierzu aus dem von Wolfgang J. Mommsen und Wolfgang Schwentker herausgegebenen Sammelband »Max Weber und seine Zeitgenossen«, a.a.O., den Beitrag von Guy Oakes, Max Weber und die südwestdeutsche Schule. Der Begriff des historischen Individuums und seine Entstehung (S. 595-612).
21 Heinrich Rickert, Kulturwissenschaft und Naturwissenschaft, Tübingen 1926 (1899), S. 87.

zugrundeliegt«[22]. Daß Weber diese Forderung nach einem System der Werte nicht mitträgt, hatten wir bereits gesehen und wird natürlich auch von Rickert zugegeben.[23] Andererseits ist Webers Behauptung der Möglichkeit erfahrungswissenschaftlicher *objektiver* Erkenntnis aus einer *Wertbindung* heraus, insofern also über Kant hinausgehend, sehr nahe an Rickert. So heißt es im Objektivitätsaufsatz: »Die objektive Gültigkeit allen Erfahrungswissens beruht darauf und nur darauf, daß die gegebene Wirklichkeit nach Kategorien geordnet wird, welche in einem spezifischen Sinn subjektiv, nämlich die Voraussetzung unserer Erkenntnis darstellend, und an die Voraussetzung des *Wertes* derjenigen Wahrheit gebunden sind, die das Erfahrungswissen uns allein zu geben vermag.«[24] Gleichwohl teilt Weber die Annahme eines Zuwachses objektiv geltender und im System zusammengeschlossener Werte eben nicht. Vielmehr stellt er auf einen spezifischen, allgemein faktisch verbreiteten *Glauben* an die überempirische Geltung letzter und höchster Wertideen ab, deren Inhalt dem Wandel unterworfen ist und – wie Weber schon im Objektivitätsaufsatz nicht ohne Pathos formuliert – »in die dunkle Zukunft der menschlichen Kultur«[25] hineinragt.

Anstelle objektiver Geltung der Werte setzt Weber also die Faktizität des Wert*glaubens*; dies markiert die Differenz zu Rickert. Weber hat nun offensichtlich nicht ausgeführt, welche Konsequenzen diese Verschiebung für die Konstitution und Geltung kulturwissenschaftlicher Aussagen hat.

Schwierigkeiten liegen ja bei Rickert darin, daß er eben nicht »voraussetzungslos« das vernunftmäßige Vermögen des sinndeutenden Subjekts untersucht, sondern einen mehrdeutigen Kulturbegriff postuliert, in dem sich eine formale Differenz zur Natur durch den Bezug auf das »Individuelle« mit materialen Vorstellungen über einen Bezug auf allgemeine Werte überschneidet.

Weber wiederum stellt in seinem »transzendentalen« Begriff der Kulturwissenschaft auf die Fähigkeit und den Willen ab, bewußt

---

22 Heinrich Rickert, Die Grenzen der kulturwissenschaftlichen Begriffsbildung, a.a.O., S. 136.

23 Ebd., S. xxv.

24 Max Weber, Die ›Objektivität‹ sozialwissenschaftlicher und sozialpolitischer Erkenntnis, in: Gesammelte Aufsätze zur Wissenschaftslehre, a.a.O., S. 146-214 (S. 213).

25 Ebd.

zur Welt Stellung zu nehmen.[26] Wie dies geschieht, unterliegt dem historischen Wandel. Die *relative Objektivität* kulturwissenschaftlicher Erkenntnisse wird also im Wandel der in Bezug genommenen Werte zugleich den Horizont der jeweiligen spezifischen Wertgemeinschaften zwangsläufig verschieben.

Daß es insofern vielleicht wirklich eine problematische Bindung von Weber an Rickert gibt, belegt ein nunmehr über den ersten Briefband allgemein zugängliches Schreiben Webers an Friedrich Gottl. Dort führt Weber in Kritik der »Herrschaft des Wortes«[27] aus: »Irrig ist Ihre Bezugnahme auf *Rickert* insofern, als dieser zwar den *Ausdruck ›allgemein anerkannte* Werthe‹ gelegentlich braucht, aber deutlich zu verstehen gegeben hat, daß es sich um ›Jedem *zugemuthete* Stellungnahmen‹ (also um ein *Stellungnehmen-Sollen* vom Standpunkt des *Historikers* aus, nicht um das *Faktum* des ›Geltens‹: als *Werth*) handelt, und also *metaphysische* Prämissen durchaus *fehlen*.«[28] In den »Grenzen der naturwissenschaftlichen Begriffsbildung« heißt es bei Rickert freilich unmißverständlich: »Die Geltung der geschichtlichen Darstellung muß abhängig sein von der Geltung der Werthe, auf welche die historische Wirklichkeit bezogen wird, und daher setzt der Anspruch auf unbedingt allgemeine Geltung der historischen Begriffe die Anerkennung von unbedingt allgemeinen Werthen voraus.«[29]

Weber hat Rickert also nicht nur mit einem enormen Vertrauensvorschuß bedacht – aus dem Geist der kritischen Philosophie in sich schon fragwürdig –, sondern er hat ihn auch für seine Zwecke uminterpretiert und von metaphysischen Schlacken zu reinigen gesucht. Nur bleibt die Frage, was von Rickerts »Lösung« des Objektivitätsproblems übrig bleibt, wenn Weber die in Bezug genommene Wertbeziehungslehre ihres Anspruchs auf *allgemeine*

26 Vgl. ebd., S. 180. Sowohl für den Wissenschaftler wie den Akteur wird »Kultur« erst durch den sinnstiftenden Akt aus der unendlichen Wirklichkeit herausgeschnitten.

27 Friedrich Gottl, Die Herrschaft des Wortes. Untersuchungen zur Kritik des nationalökonomischen Denkens, Jena 1901.

28 Brief Max Webers vom 28. März 1906 an Friedrich Gottl, in: Max Weber, Briefe 1906-1908, a.a.O., S. 62 f.

29 Heinrich Rickert, Die Grenzen naturwissenschaftlicher Begriffsbildung, a.a.O., S. 389.

Geltung der Werte entkleidet. Wie partikular dieser Geltungsanspruch bei Rickert gemeint war, hat sich im übrigen in seiner Schrift über ›Die Heidelberger Tradition und Kants Kritizismus‹ aus dem Jahre 1934 erwiesen. Hier führt Rickert über Kant aus, wir dürften nie vergessen, »daß es ein deutscher Philosoph ist, den wir im Sinne des von ihm geschaffenen ›deutschen Idealismus‹ kritisch zu ergänzen suchen, und daß die Fortführung des Kantischen Denkens in *überwissenschaftlicher* Richtung nur dann gelingen kann, wenn wir als Deutsche zu einer Philosophie zu kommen suchen, die in ihren irrationalen Elementen an ihrem deutschen Charakter festhält.«[30]

Wer Webers Antrittsrede vor Augen hat, die von der »ernsten Herrlichkeit des nationalen Empfindens«[31] durchweht ist, das dem nationalökonomischen Denken in der Erhaltung des Nationalstaats den letzten Wertmaßstab liefert, mag hierin sogar eine *peinliche* Wahlverwandtschaft sehen.

Was bleibt von Webers Beruf zur Erkenntnislehre, den er erst angesichts der Methodenkämpfe der Disziplinen und nur für die Lösung sachlicher Probleme verspürte?

Es scheint sicher lohnend, die philosophische »Absicherung« Webers durch Rickert weiter einer kritischen Prüfung zu unterziehen, wie dies die Arbeiten von Gerhard Wagner und Guy Oakes belegen. Die Frage, ob die Konsequenzen für Weber wirklich fatal sind, kann nicht dadurch aufgehalten werden, daß Rickert und Weber philologisch noch enger zusammengeführt werden. Rickert andererseits aus dem Reiche der »Ursprünge« im Denken Webers zu verbannen und schlichtweg durch Nietzsche zu ersetzen, ist mit dem Werk- und Briefbefund nicht vereinbar.[32] Im übrigen ist der Versuch, die Eigenart eines Denkers auf reine »Einflüsse« zu reduzieren, ohnehin zum Scheitern verurteilt. Wohin die Andeutungen Schluchters führen, daß Rickert im Geist der kritischen Philosophie durch Weber überwunden werde, dies bleibt noch abzuwarten.[33]

30 Heinrich Rickert, Die Heidelberger Tradition und Kants Kritizismus, Berlin 1934, S. 67.
31 Vgl. Max Weber, Der Nationalstaat und die Volkswirtschaftspolitik, a.a.O., S. 25.
32 Vgl. Wilhelm Hennis, Max Webers Fragestellung, a.a.O., S. 183.
33 Vgl. auch schon Wolfgang J. Mommsen, Max Weber und die historiographische Methode in seiner Zeit, in: Storia della storiografia 3, 1983, S. 28.

II.
»Rationale Ethik«
und die Probleme der praktischen Philosophie

Das Wertproblem gehört zum Kernbestand von Rekonstruktion und Kritik des Weberschen Werkes.[34] Es ist von theoretischer Tragweite, indem es – wie wir sahen – bis in die erkenntnistheoretischen Annahmen zurückreicht; die Wertthematik hat aber auch erhebliche Konsequenzen für Webers praktisches Engagement in der Deutschen Gesellschaft für Soziologie gezeigt.

Aus den neueren Veröffentlichungen ragt vor allem Wolfgang Schluchters Rekonstruktion von Max Webers Beitrag zur Werttheorie heraus.[35]

Mit Dieter Henrich[36] behauptet Schluchter, daß Weber den Ansatz einer wissenschaftlichen Moralphilosophie entwickelt habe. Schluchter möchte es bei diesem Ansatz nicht bewenden lassen, sondern Webers Position als eine wertphilosophisch haltbare Lehre fortentwickeln, die in die Konstruktion einer kritizistischen Verantwortungsethik auf konflikttheoretischer Grundlage mündet, die sich sowohl von einer kognitivistischen Diskursethik abhebt wie eine relativistische »Ethik« des Dezisionismus hinter sich läßt.

Diese Abgrenzung verbindet Schluchters Vorhaben mit dem eindrucksvollen Versuch von Weyma Lübbe, den Nachweis zu erbringen, daß Webers Lehre einer »Legitimität kraft Legalität«[37] sowohl dem Modell diskursiver Normbegründung von Jürgen Habermas wie der Idee einer »Legitimation durch Verfahren«[38] im Sinne Luhmanns überlegen sei.

34 Vgl. insbesondere Fritz Loos, Zur Wert- und Rechtslehre Max Webers, Tübingen 1970.

35 Vgl. Wolfgang Schluchter, Religion und Lebensführung. Bd. 1, a.a.O., S. 165-338.

36 Vgl. Dieter Henrich, Die Einheit der Wissenschaftslehre Max Webers, a.a.O., S. 117, der Weber freilich nicht »unter den Anspruch einer ausgeführten Moralphilosophie« stellen möchte.

37 Vgl. Weyma Lübbe, Legitimität kraft Legalität. Sinnverstehen und Institutionenanalyse bei Max Weber und seinen Kritikern, Tübingen 1991.

38 Niklas Luhmann, Legitimation durch Verfahren, Neuwied am Rhein und Berlin 1969.

(1) Wolfgang Schluchter möchte in einem weitgreifenden interpretatorischen Kraftakt klären, ob das polare Begriffspaar von »Gesinnungs- und Verantwortungsethik« angesichts der neuen ethischen Herausforderungen – wie sie in der ökologischen Gefährdung sichtbar werden –, überhaupt noch anwendbar sei. Muß man nicht doch, angesichts der Bedrohung der Natur, den von Weber perhorreszierten Weg des Gesinnungsethikers gehen? Von dieser durch Guenther Roth aufgeworfenen Frage ausgehend, wird eine Kasuistik der Ethiken entfaltet, in der Gesinnungs- und Verantwortungsethik typologisch verortet werden. Schließlich werden die werttheoretischen Voraussetzungen der Verantwortungsethik freigelegt, um ihre Überlegenheit gegenüber einer Diskursethik zu erweisen.

Schluchter verbindet hierbei werkgeschichtliche mit systematischen Argumenten, in denen Werkgeschichte systematisch orientiert ist und sich die reine Systematik an der Werkentwicklung relativiert. Schluchters Deutung, die immer wieder unter den Vorbehalt des interpretatorischen self-restraint gestellt wird, plädiert am Ende dafür, Webers eigenständigen Beitrag zur ethischen Diskussion höher zu veranschlagen[39], als dies in der Reduktion auf eine Ethik der Entscheidung oder gar einen anethischen Dezisionismus einerseits bzw. eine Ethik des reinen Polymorphismus der Moralen andererseits geschieht.

Unabhängig davon, ob man Schluchters Phaseneinteilung der Weberschen Werkentwicklung folgt, scheint es richtig, Webers Kritik einer ethisierenden Nationalökonomie, die Durkheim übrigens gerade als vorbildliche »science positive de la morale en Allemagne« lobte, von der Erörterung ethischer Probleme in den Rußlandschriften etwa und der Auseinandersetzung mit der »sexualethischen Bewegung« abzuheben. So ist es auch wichtig, auf die grundsätzliche Spannung von »Naturalität« und »Kulturalität« der ethischen Argumentation hinzuweisen, die für Weber nicht hintergehbar war. Wenn Schluchter begrifflich die Gegenüberstellung von »Erfolgsethik« und »Panmoralismus« bei Weber verfolgt, so scheint er schon hier den sichtbaren Bezug zur Strafrechtslehre nicht wahrzunehmen, für die gerade die Unterscheidung von »Erfolgs-« und »Gesinnungswert« einer Handlung grundlegend

39 Wolfgang Schluchter, Religion und Lebensführung. Bd. 1, a.a.O., S. 333.

ist. Bei aller Distanz, die der Zivilrechtler Weber zur Strafrechtslehre pflegte, die er schlichtweg »öde« fand und der er »nie erhebliches wissenschaftliches Interesse abzugewinnen« vermocht
hat,[40] so wird gerade in der von Weber rezipierten und für die
Probleme historischer Zurechnung adaptierten Arbeit Gustav
Radbruchs[41] die Verknüpfung von Erfolgs- und Handlungsunwert
bei den sogenannten erfolgsqualifizierten Delikten diskutiert.[42]
Dies läßt sich als weiteres Argument für Schluchters These verwerten, daß in Webers Modell der Verantwortungsethik, wie es in
der dritten Werkphase entwickelt worden sei, keine ausschließli-
che Entgegensetzung von »Gesinnung« und »Erfolg« postuliert
werde.

Schluchter unterzieht sich im weiteren der schwierigen Aufgabe,
ohne »eine zusammenhängende Erörterung der kantischen
Ethik«[43] bei Weber vorfinden zu können, gleichwohl dessen kri-
tisches Verhältnis zu Kant wenigstens indirekt zu erschließen. Dies
geschieht, indem Webers Andeutungen zu einer historischen Genese unterschiedlicher Ethiken mit einer systematischen Verortung
der kantischen Ethik verkoppelt werden. »Magische« Ethik, »Nor-
menethik« und »Prinzipienethik« zeichnen sich durch eine zunehmende Lösung von naturalistischer Argumentation sowie die Aus-
weitung reflexiver Mechanismen aus. Das Grundgesetz der reinen
praktischen Vernunft erscheint danach als eine »reflexive Prinzipienethik«, und zwar als eine »formale«, da material entleerte,
allein auf den subjektiven Willen abstellende »Gesinnungsethik«.
Durch die Ausscheidung jeder Folgediskussion aus dem katego-
rischen Imperativ wird es Schluchter dann möglich, die kantische
Ethik der gerade an Folgen orientierten »Verantwortungsethik« im
Sinne Webers entgegenzustellen.[44] Indem nunmehr die von Weber
geschilderte Idee der Wertediskussion institutionell gedeutet wird,
bringt Schluchter den Weberschen Ansatz in die Nähe zur Dis-

40 Vgl. den Brief Max Webers an Frensdorff vom 22. Januar 1887, abgedr.
 in: Max Weber, Jugendbriefe, a.a.O., S. 41.
41 Vgl. Gustav Radbruch, Die Lehre von der adäquaten Verursachung,
 a.a.O.
42 Zu der These der juristischen Abkunft der Handlungslehre Max Webers vgl. oben das erste Kapitel.
43 Wolfgang Schluchter, Religion und Lebensführung. Bd. 1, a.a.O.,
 S. 255.
44 Ebd., S. 250.

kursethik, deren Differenz gleichwohl gewahrt bleiben soll: Während die Unterstellung einer idealen Sprechsituation konsensuelle praktische Wahrheit hervorbringen soll, kann die Wertediskussion gerade den Wertkonflikt und den Wertdissens sichtbar machen, um den unausweichlichen Zwang zur individuellen Entscheidung nur zu verschärfen. Damit ist Webers Ethik der kantischen gegenüber zwar institutionell gewendet[45], dafür aber ist – nach Schluchter – das Universalisierungsprinzip bei Weber nur negativ, zur Ausscheidung unerwünschter Wertfolgen verwendbar.

Freilich ist »Universalisierung« eine Wertprämisse, die Weber keineswegs umstandslos akzeptiert; bspw. läßt sich in empirischer Hinsicht das moderne rationale Recht gerade durch die Verschlingung partikularer und universaler Normwelten charakterisieren.[46] Und so stößt sich »*Universalisierung*« auch in Webers negativer Formulierung sowohl am »Polytheismus der Werte«, den Schluchter in einem Kapitel über »Ethik als Wertlehre«[47] behandelt, wie an der Vorstellung eines unaufhebbaren Kampfes der Wertsphären und Wertordnungen. Beides versucht Schluchter zu unterlaufen, indem er behauptet, daß Kant sozusagen kritizistisch in der Richtung des Fallibilismus Poppers durch Weber überboten sei und andererseits die Heterogenität der Wertsphären von Weber »dramatisiert« werde. Daher fühlt sich Schluchter berechtigt, ein »Begriffsschema der Werte« einzuführen,[48] obwohl Weber dieses Unterfangen bei Rickert zum Scheitern verurteilt sah. Sicher hat Schluchter recht, wenn er Weber ungelöste Probleme in der Konstruktion der Wertsphären anlastet; so begnüge sich Weber »mit einer Abgrenzung der Wertsphären nach empirischen Plausibilitäten, wobei unklar bleibt, welche Kriterien eigentlich erfüllt sein müssen, damit ein Ausschnitt des Handelns als Ausdruck einer Wertsphäre mit Eigenrecht und Eigengesetzlichkeit bezeichnet werden kann.«[49] Aber nicht nur dieses ist unklar. Auch was mit

---

45 Ebd., S. 272.
46 Vgl. Max Weber, Wirtschaft und Gesellschaft, a.a.O., S. 506 ff.; vgl. hierzu auch Werner Gephart, Die Geburt des juridischen Universalismus aus partikularen Rechtskulturen in Durkheims und Webers Theorien des modernen Rechts (Züricher Soziologentag 1988).
47 Wolfgang Schluchter, Religion und Lebensführung. Bd. 1, a.a.O., S. 274 ff.
48 Ebd., S. 304.
49 Ebd., S. 289.

»Eigengesetzlichkeit« gemeint ist, bleibt ambivalent. Und ob ein geschlossener Kanon an Wertsphären den »Möglichkeitsraum« der menschlichen Existenz absteckt oder auch dieser historisch kontingent ist, scheint offen. Webers allgemeinste Formel zur Charakterisierung des Prozesses okzidentaler Rationalisierung stellt ja darauf ab, »*welche* Sphären und in welcher Richtung sie rationalisiert wurden.«[50] Danach also scheint es doch ein begrenztes Reservoir an Wertsphären zu geben, die Weber freilich systematisch auszuzeichnen ablehnt.

Wir wollen die Darstellung von Schluchters bewunderungswürdigem Balanceakt zwischen »historischer« und »systematischer« Auslegung an dieser Stelle abbrechen.[51] Der Versuch, den dezisionistischen Rest in Webers Ethik zu minimieren, ist allzu verständlich; Verantwortungsethik als Folgenorientierung in ethischer Gesinnung zu retten, mag ebenso zustimmungsfähig sein. Die »institutionelle« und »kritizistische« Aufladung geht aber dort an Weber vorbei, wo ihm ein materiales Wertprinzip unterstellt oder das institutionelle Arrangement der Wertediskussion durch Verfahrensregeln normativ überhöht wird, die eben wertmäßig nicht »neutral« sind.

Dies bedeutet nun für Schluchters Ausgangsfrage nach der Anwendbarkeit der Weberschen Unterscheidung von »Gesinnungs-« und »Verantwortungsethik« auf die heutigen Fragen einer ökologischen Ethik unserer Auffassung nach keineswegs, daß wir Weber zu verabschieden hätten. Gerade mit Weber läßt sich eine neue »Schöpfungsethik« diskutieren, die zu einer methodisch-systematischen, rationalen Selbst- und Fremdkontrolle ökologischer Gefährdungen führt, um diese, in »rastloser Naturarbeit«, beherrschbar zu machen.

So gibt es einen auffälligen Zusammenhang zwischen Protestantischer Ethik und dem »Geist des Ökologismus« – wie ich es verschiedentlich genannt habe.[52] Gerade die Religionssoziologie

---

50 Max Weber, ›Vorbemerkung‹ zu Gesammelte Aufsätze zur Religionssoziologie. Bd. 1, Tübingen 1972[6], S. 12.

51 Man mag freilich auch bedauern, wie viel interpretatorische Energie durch diesen Balanceakt zu Lasten einer genuinen Fortentwicklung oder expliziten Überschreitung Webers aufgesogen wird.

52 Vgl. Werner Gephart, Die zwei Naturen. Zur Differenz im deutschen und französischen Naturverhältnis (Rundfunkvortrag 1985/86); ders., »Heilige« oder »profane Natur«? – Zur religionssoziologischen Diffe-

Webers liefert die spezifischen Denkmittel, um diesen Vorgang einer weltweiten, wenngleich zwischen den Kulturen differierenden »Resakralisierung« der Natur sichtbar zu machen. Hieraus eine normative Ethik im Umgang mit der Natur herleiten zu wollen, läßt sich mit Weber allerdings nicht plausibel machen. Der reflexive Bezug auf protestantische Wurzeln des okzidentalen Denkens mag freilich nicht nur die Grundfragen einer ökologischen Ethik erhellen, sondern auch den Werthorizont transparenter machen, dem nicht nur das Denken Kants, sondern auch das der Philosophie entsagende, gleichwohl existentielle Denken Max Webers verpflichtet ist.

(2) Auch Weyma Lübbe weist die Frage nach dem »ganzen« Weber zurück. In ihrer Konstanzer Dissertation über »Legitimität kraft Legalität« wird ein begrenzter, wenn auch zentraler Streitpunkt der Weber-Deutung aufgegriffen. Ihr geht es nicht um Fort- und Weiterführungen Webers, sondern um den beharrlich ausgeführten Versuch, Webers Begriffsbildung gegen wohlmeinende Verbesserungen oder konkurrierende Theorieangebote zu verteidigen. Damit wird Weber in einer alten Streitfrage, an der sich verschiedene Fakultäten beteiligt haben, begriffliche Konsistenz und empirische Signifikanz bestätigt, die noch von den glühendsten Verehrern Webers – wie Johannes Winckelmann[53] – bezweifelt wurden. Und dies geschieht nicht vermittels einer hermeneutischen Symbiose mit dem zu deutenden Autor, sondern es ist einer strengen begrifflichen Analyse zu verdanken, die ganz bewußt Zeitgebundenes wie Unzeitgemäßes im Denken Webers von den Fragen adäquater Begriffsbildung trennen möchte.

In der Konfrontation mit Kelsens Rechtslehre möchte Lübbe nachweisen, daß derjenige Webersche Legitimitätstypus, der durch einen Legalitätsglauben gekennzeichnet ist, als *rechtspositivistische* Kategorie im Sinne der reinen Rechtslehre nicht gedacht werden kann. Einmal, weil die Institutionalisierung des Glaubens an die Geltung der Kelsenschen Grundnorm offensichtlich an dem Rechtsbewußtsein der Massen vorbeigehe; zum anderen aber lasse Kelsen letztlich einer soziologischen Betrachtung des Rechts und

renz im deutschen und französischen Naturverhältnis (Paris, Goethe-Institut 1987).

53 Vgl. Johannes Winckelmann, Legitimität und Legalität in Max Webers Herrschaftssoziologie, Tübingen 1952.

entsprechender Geltungsgrundlagen gar keinen Raum, weil sich nach Kelsen die verstehende Soziologie in Jurisprudenz auflöse.[54] M.a.W. ist die vermeintlich »reine« Rechtslehre soziologisch unterhöhlt, weil eine minimale faktische Geltung der Grundnorm vorausgesetzt wird, während andererseits die verstehende Soziologie sich als – wie man sagen könnte – Kryptojurisprudenz enttarnt.

Daß Kelsen hierin gar nicht so weit von Webers Selbstverständnis entfernt ist, läßt sich freilich anhand des Logos-Aufsatzes sehr wohl belegen. Dort heißt es an einer Stelle, die als Schlüsselpassage bereits zitiert wurde: »Es ist aber allerdings das unvermeidliche Schicksal aller Soziologie: daß sie für die Betrachtung des überall stetige Übergänge zwischen den ›typischen‹ Fällen zeugenden realen Handelns sehr oft die scharfen, weil auf syllogistischer Interpretation von Normen ruhenden, juristischen Ausdrücke verwenden muß, um ihnen dann ihren eigenen, von dem juristischen der Wurzel nach verschiedenen Sinn unterzuschieben.«[55] Wie nun diesem juristischen Ausdruck ein soziologischer Sinn »unterzuschieben« ist, ist in bezug auf den Legalitätsglauben eben umstritten. Daß Weber jedenfalls hieraus eine Parteinahme für einen »Rechtspositivismus« im normativen Sinne nicht anzulasten ist, wie auch das »Naturrecht« durchaus den Gegenstand einer »Dogmatik des Sinns« bildet,[56] dies ist von Lübbe dann zu recht hervorgehoben.

Auch wenn man Webers Soziologie, wie an anderer Stelle systematisch ausgeführt ist[57], durchaus von den juristischen Grundlagen her interpretieren kann, bleibt dennoch der »Sinn« des Legalitätsglaubens weiterhin offen.

Die Auseinandersetzung mit Habermas, der wir hier nicht im Detail nachspüren können, führt schließlich zur Explikation des von Weber nach Lübbe gemeinten Sinns des Legalitätsglaubens.

54 Vgl. Weyma Lübbe, Legitimität kraft Legalität, a.a.O., S. 50 unter Bezug auf Hans Kelsen, Der soziologische und der juristische Staatsbegriff. Kritische Untersuchungen des Verhältnisses von Staat und Recht, Tübingen 1928, S. 163.

55 Max Weber, Über einige Kategorien der verstehenden Soziologie, a.a.O., S. 440. Vgl. zur Problematik oben das erste Kapitel.

56 Weyma Lübbe, Legitimität kraft Legalität, a.a.O., S. 61.

57 Vgl. Werner Gephart, Gesellschaftstheorie und Recht, Frankfurt am Main 1993, S. 419 ff.

Daß bloße Satzung Legitimität erzeugen könne, habe Weber nicht behauptet, freilich deren formal korrektes Zustandekommen postuliert. Gegenstand des Legalitätsglaubens sei schlichtweg der Glauben an die Geltung einer Ordnung, die unabhängig von aktuellen Interessen der Beteiligten entweder »vereinbart« oder einer Rechtsgemeinschaft »oktroyiert« sei. Lübbe demonstriert die Plausibilität eines solchen Legalitätsglaubens anhand von Kindern, die eine gefundene Murmel über ein abstraktes Entscheidungsverfahren »verbindlich« zuordnen wollen.[58] Diese funktionale Leistung des Rechts, unabhängig von aktuellen Konfliktlagen auch nicht vorherberechenbare Konfliktfolgen zu regeln, die zudem die Konsensfähigkeit der Konfliktparteien überschreiten würden; dies ist der untergründige Sinn des Legalitätsglaubens, der auf diese Weise in eine verblüffende Nähe zu Durkheims Analyse der nonkontraktuellen Momente des Vertrages gerät.

Damit läßt sich dann auch Luhmanns Theorie der Legitimation durch Verfahren aushebeln. Auch hier wird die begriffliche Überlegenheit Webers gegenüber einem Produzenten von »Supertheorie« darzulegen gesucht. In einer Feinanalyse des begrifflichen Instrumentariums zu Prozessen »elementarer Rechtsbildung«, wie Luhmann sie nennt, wird durchgehend Webers Argumentation aus dem Logos-Aufsatz aufgeboten. Sicher ist der Autorin in ihrer Vermutung beizupflichten, daß die Luhmannsche Version des Ordnungsproblems unter Weber-Interessierten auf eine größere Bereitschaft zur Theorieabnahme gestoßen wäre, wenn Webers Begrifflichkeit Berücksichtigung gefunden hätte.

Daß man Webers Ausführungen über »Einverständnishandeln« und die Labilität von Ordnungen, die auf bloßen Erwartungserwartungen beruhen, auch differenzierter einschätzen kann, ist aber gerade dem Denkstil Luhmanns zu verdanken, der auf hermeneutische Tugenden weniger Rücksicht nimmt als auf Chancen der Theorieinnovation. Weyma Lübbes Resümee der Frage nach Legitimität durch Legalität eröffnet freilich die Anbindung an Webers Überlegungen, ohne hierbei den Realitätssinn soziologischer Aufklärung preiszugeben: So ist es nicht »die verbreitete Überschätzung, sondern die verbreitete realistische Einschätzung von Konsenschancen«[59], die den Legitimitätstypus der Legalität begründet.

---

58 Vgl. Weyma Lübbe, Legitimität kraft Legalität, a.a.O., S. 118.
59 Vgl. ebd., S. 173.

Somit wird die Ordnungsleistung des Rechts zum Gegenstand eines Legitimitätsglaubens, der Verbindlichkeitsansprüche von dem Anspruch auf Vernünftigkeit abkoppelt. Wie »vernünftig« aber diese Unterscheidung ist, läßt sich nicht ohne den Rekurs auf Wertvorstellungen einschätzen, die z. B. den Kulturwert der »Ordnung« ganz unterschiedlich veranschlagen mögen.

III.
Die Frage nach dem Menschen.
Eine anthropologische Fundierung des Werkes?

Wilhelm Hennis Suche nach der Fragestellung, die dem »Werk als Ganzem zugrundeliegen möge«[60], hat eine breite, nicht immer zustimmende, Aufmerksamkeit erfahren. So wird z. B. von Schluchter ein mangelndes Verständnis der Briefe Webers an Rickert moniert[61], der subkutane Einfluß Nietzsches als eine mißgünstige Unterstellung kritisiert[62] und schließlich die implizite Rehabilitierung der oben zitierten Antrittsvorlesung als ein Rückfall der Weberdeutung beklagt.[63] Damit aber scheint mir der Kern des Deutungsvorhabens von Hennis allein noch nicht zu Fall gebracht. Die mitunter pathetisch klingende Umkreisung des »Menschentums« soll Weber nämlich vor allem für die Tradition der politischen Philosophie aufschließen, womit sich Weber also vor allem als Politologe empfehlen würde. Lassen wir den »Streit der Disziplinen« um Weber beiseite, dann bleibt die These, Weber habe sich durch diesen anthropologischen Bezug gerade von einer soziologischen Tradition abgesetzt, die mit den Namen Comte, Spencer und Durkheim verbunden sei.[64] Zwar ist es richtig, daß Webers Verhältnis zu der ihm bekannten Soziologie, d. h. ausweislich des »Grundrisses zu den Vorlesungen über Allgemeine (›theoretische‹) Nationalökono-

---

60 Wilhelm Hennis, a.a.O., S. 5.
61 Etwa im Hinblick auf die strittige Passage in dem Brief an Eulenburg, nach der Weber Rickert nie für einen »großen Mann« gehalten habe. Vgl. Wolfgang Schluchter, Religion und Lebensführung, Bd. 1, a.a.O., S. 61/Fn. 77.
62 Ebd., S. 191, Fn. 41.
63 Ebd., S. 176, Fn. 17.
64 Wilhelm Hennis, Max Webers Fragestellung, a.a.O., S. 119.

mie«[65], besonders mit Blick auf Comte und Spencer kritisch war. Dies liegt in der Tradition der Soziologieschelte Wilhelm Diltheys, die die Soziologie »als Ausführung einer gigantischen Traumidee«[66] sicher auch in den Augen Webers diskreditiert hatte, zumal diese »Traumidee« – so Dilthey – aus der »Generalisierungswuth einiger neuerer englischen und französischen Forscher«[67] hervorgegangen ist.

Für Durkheim freilich, dessen Verhältnis zu Weber in dem Zeitgenossenband von Mommsen und Schwentker durch Anthony Giddens angerissen wird[68], ist es keineswegs ausgemacht, daß »Gesellschaft« und nicht »der Mensch« im Mittelpunkt steht. Nur kann – so führt Durkheim an einer für deutsche Leser eher versteckten Stelle aus – Anthropologie niemals der Ausgangspunkt, sondern nur das Resultat und Ziel einer ausgeführten Soziologie sein.[69]

Ist Weber damit durch den anthropologischen Bezug nicht per se der Soziologie zu entwinden – wie weit Webers Distanz und kontrolliertes Commitment zur Soziologie wirklich ging, ist eine ganz andere, nicht so einfach zu beantwortende, disziplingeschichtliche Frage –, so bleibt die Frage, ob eine *anthropologische* Ausrichtung Max Weber auch *philosophisch* in neuem Licht erscheinen läßt.

Hierzu soll zunächst das Argument von Hennis entfaltet werden, um zu sehen, inwieweit damit Webers Grundbegriff des Handelns zurücktritt oder, wie es Schluchter zu bevorzugen scheint, die »Lebensführung« zum neuen Leitbegriff der Weberdeutung avanciert.

Hennis' Stoßrichtung zielt auf den von ihm sogenannten »obskuren Prozeß des okzidentalen Rationalismus«[70] ab, womit ja vor allem die eingängige Deutung Schluchters getroffen werden soll.[71]

65 Wieder gedruckt Tübingen 1990 (1898), § 7 (S. 10 f.).
66 Wilhelm Dilthey, Einleitung in die Geisteswissenschaften, a.a.O., S. 105.
67 Ebd., S. 114.
68 Vgl. Anthony Giddens, Max Weber und Emile Durkheim: Divergierende Zeitgenossen, in: Wolfgang J. Mommsen und Wolfgang Schwentker (Hrsg.), Max Weber und seine Zeitgenossen, a.a.O., S. 273-282.
69 Vgl. Emile Durkheim, Sociologie et sciences sociales, abgedr. in: La science sociale et l'action, hrsg. von J.-C. Filloux, Paris 1970, S. 137-159.
70 Wilhelm Hennis, Max Webers Fragestellung, a.a.O., S. 17.
71 Vgl. Wolfgang Schluchter, Die Entwicklung des okzidentalen Rationa-

Stattdessen gehe es Weber eben nicht um die Entwicklung der reifizierend klingenden Formel des okzidentalen Rationalismus, sondern schlicht um die »Entwicklung des Menschentums«, wie Weber selbst – in seiner zweiten Rachfahlkritik – zur Interpretation der Schlußpassage des Protestantismusaufsatzes ausführt. Schluchters Gegeneinwand vom mangelnden Nutzen eines »Versteckspiels«, das Hennis ja unterstellen muß, was auch dazu geführt hat, diese Passage in die Sammlung der Zeitkritiken gar nicht aufzunehmen, entbindet sicher nicht von der kritischen Prüfung, ob der Begriff des »Menschentums« einen tauglichen Leitbegriff für die Deutung Webers abgibt.

Hennis möchte ihn gerade für eine Interpretation mobilisieren, die Weber aus den Fängen der Soziologen befreit, die ja jedes »philosophische« Interesse mit Stumpf und Stiel hätten ausrotten wollen.[72] Konsequent beansprucht er, dieses philosophische Interesse an Weber über eine »anthropologisch-charakterologische« Fragestellung zurückzugewinnen. So lautet die starke These von Hennis: »Nicht ›Interessen‹, nicht ›Ideen‹, nicht ›Weltbilder‹, schon gar nicht ›Handeln‹ geben den ›Stoff‹, das ›Thema‹ der Soziologie Webers ab: Ihr *einziger* ›Gegenstand‹ ist ›Lebensführung‹. Um sie, in der die Menschen ihr ›Menschentum‹ auslegen, dreht sich *alles*.«[73]

Hier überrascht sogleich die Ineinssetzung von »Menschentum« und »Lebensführung«. Letzterer Begriff wird ja gerade auch von Schluchter für so zentral gehalten, daß die Erträge einer zehnjährigen systematischen Interpretationsarbeit unter den Titel »Religion und Lebensführung« gestellt werden. Freilich verzichtet Schluchter darauf, »Lebensführung« als Begriff auszuzeichnen, der in seiner Studie »nirgends definiert, sondern überall nur ausgeführt«[74] sei.

Nun wird man auch bei Weber weder im Logos-Aufsatz ›Über einige Kategorien der verstehenden Soziologie‹ noch in der Kate-

lismus. Eine Analyse von Max Webers Gesellschaftsgeschichte, Tübingen 1979, eine Formulierung, die nunmehr dem Verfasser selbst nicht mehr angemessen erscheint (vgl. Wolfgang Schluchter, Religion und Lebensführung. Bd. 1, a.a.O., S. 109/Fn. 188; danach müßte der Titel eigentlich lauten: Die Entstehung des modernen Rationalismus. Eine Analyse von Max Webers Entwicklungsgeschichte des Okzidents).

72 Wilhelm Hennis, Max Webers Fragestellung, a.a.O., S. 35/Fn. 39.
73 Ebd. S. 33.
74 Wolfgang Schluchter, Religion und Lebensführung, Bd. 1, a.a.O., S. 19.

gorienlehre zu »Wirtschaft und Gesellschaft« eine Definition von »Lebensführung« finden, dafür aber, mit allem Nachdruck, unterschiedliche Versionen der Handlungsterminologie. So bedarf es einer Begründung, warum nunmehr »Handeln« als Kategorie der Kultur- und Sozialwissenschaften, wie es zumindest Hennis ja behauptet, hinfällig sein soll.

Hierbei wird völlig übersehen, welche historische Leistung Webers gerade darin liegt, eben *nicht* die Person oder Persönlichkeit als Ganze zu thematisieren und zum unmittelbaren Gegenstand verstehender Deutung und kausaler Erklärung zu machen, sondern den Handlungsaspekt in den Vordergrund zu stellen. Wie die moderne Strafrechtslehre nicht die Gesinnung und eben auch nicht die »Lebensführung«, in der problematischen Figur der »Lebensführungsschuld«, zum Anknüpfungspunkt der Zurechnung nimmt, so werden bei Weber kausal bewirkte Erfolge, einschließlich der in Institutionen verdichteten Handlungskonsequenzen, individuellen Akteuren vermittels der Kategorie des Handelns »zugerechnet«. Handlungen mögen durchaus, im Lichte religiöser Mächte, zu Mustern und Typen der Lebensführung gerinnen, aber die idealtypische Rekonstruktion der sozialen und kulturellen Welt nimmt von den parzellierten Einzelhandlungen ihren Ausgang. Nicht »Lebensführung«, sondern kontingentes »Handeln« wirft bei Weber – nicht erst bei Luhmann – das Problem der wechselseitigen Abstimmung von wechselbezüglichen »Erwartungen« auf. Ob diese zu einer »Lebensführung« verfestigt sind und aus welchen weltanschaulichen Quellen diese »Lebensführung« gespeist ist, läßt sich aus der Perspektive des Akteurs deuten. Selbst wenn man den Handlungsbegriff, zumindest in seiner aktivistischen Spielart, seinerseits an kulturelle Voraussetzungen gebunden sieht, die auch religiöser Natur sind, lassen sich Weltverhältnisse auch als ein *Absehen* vom Handeln deuten, das dann einen Typus weltindifferenter oder weltverneinender Lebensführung abgibt. Inwieweit aber Chancen bestehen, daß sich Lebensstile und Typen der »Lebensführung« überhaupt durchsetzen, hängt nicht zuletzt von den Ordnungen ab, in die das »Handeln« gestellt ist.

Das Handeln ist insofern dann auch Gegenstand rechtlicher Normierung, zwangsgarantierten Rechts, nicht aber – wie Hennis behauptet – »Lebensführung«.[75] Max Weber hätte diesen juristisch

75 Wilhelm Hennis, Max Webers Fragestellung, a.a.O., S. 96.

belasteten Begriff auch gar nicht an die Stelle des bei ihm eindeutig von der Strafrechtslehre beeinflußten Begriffs des »Handelns« setzen wollen. Daß Weber die Transformation von der juristischen Terminologie in die Kategorien der verstehenden Soziologie durchaus bewußt war, läßt sich aus der bereits zitierten Stelle im Logos-Aufsatz eindeutig belegen. Wenn es dort heißt, es sei das »unvermeidliche Schicksal aller Soziologie«, daß sie »die juristischen Ausdrücke verwenden muß«, erscheint es also ausgesprochen unwahrscheinlich, daß Weber eben diesen durchaus juristisch konnotierten Begriff der »Lebensführung« zum eigentlichen Grundbegriff erhoben hätte, ohne dies auch auszuweisen.

Nun ist es sicher richtig, daß die Quellen und Bezüge der Handlungslehre Max Webers – von ihren verschiedenen disziplingeschichtlichen Herkünften her – noch weiter aufzudecken sind.[76] Bevor man jedoch die begriffliche Schärfe des Handlungsbegriffs – wie ich meine – leichtfertig aufs Spiel setzt, müßte deutlicher die heuristische und explikative Leistungsfähigkeit des letztlich opaken Konzepts der »Lebensführung« erwiesen werden. Denn Wissenschaft im Sinne Webers bedarf des »logischen Schraubstocks« begrifflich-systematischen Denkens. Dies gilt nun umso mehr für das von Hennis evozierte »Menschentum«. Es ist gerade der Vorteil der Weberschen Perspektive, daß sie die begrifflichen Mittel zur Auflösung substanzhafter »Persönlichkeit« in den Kategorien des Handelns anbietet, durchaus also die Handlungslehre in »anthropologischer« Absicht entwickelt. Damit steht Weber in der Tradition all derer, die sich um die »condition humaine« bemühen, welche Weber in den symbolischen Bildern vom »Gehäuse der Hörigkeit«, dem »Kampf der Götter« usf. verdichtet. Entscheidend aber ist nicht das den Kulturwissenschaften gemeine anthropologische *Interesse*, sondern die differentia specifica, sich ihrer zu bemächtigen.

Dazu gehört auch die Frage, wie weit unterschiedliche Kulturen den Begriff der »*Persönlichkeit*« treiben, ob als ankultiviertes »Gentleman-Ideal« ästhetischer Vollkommenheit wie in China oder – wie in der okzidentalen Philosophie – als letztes Zentrum individueller Sinnfindung, das auf die Gesamtheit des Lebens als unendliche Verkettung einzelner, der methodisch-systematischen Selbstkontrolle unterliegender *Handlungen* verweist.

76 Vgl. hierzu oben das zweite Kapitel.

IV.

Zur Philosophie der okzidentalen Rationalisierung:
Der geschichtsphilosophische Entwurf

Es ist ein Gemeinplatz der Weber-Deutung, daß der Begriff der
»Rationalisierung« vielschichtig sei. Weber selbst gesteht dies ja
am Ende der Protestantismusstudie zu; der »asketische Rationalismus« müsse mit dem »humanistischen Rationalismus«, dem
»philosophischen und wissenschaftlichen Empirismus« in Zusammenhang gesehen werden. In der ›Vorbemerkung‹ zu den Gesammelten Aufsätzen zur Religionssoziologie wird ebenso festgehal-
ten: »Nun kann unter diesem Wort (Rationalismus, W. G.) höchst
Verschiedenes verstanden werden …«[77] Daß Weber nicht eine
bestimmte, der ratio verpflichtete philosophische Schule im Sinn
hat, etwa den cartesianischen »Rationalismus«, bedeutet allerdings
nicht, daß die Idee der okzidentalen Rationalisierung von philosophischen Beimischungen frei wäre.

Dies läßt sich zum Beispiel an den enormen Rezeptionsproblemen
in Frankreich ablesen, die nicht nur mit der schwer übersetzbaren
Handlungsthematik zu tun haben, sondern eben mit der Rationalisierungsthese, die im Umfeld des französischen Sprachge-
brauchs ganz andere, philosophiegeschichtliche Assoziationen
freisetzt. Webers eigene Ausführungen sind, bei allem Ringen
um begriffliche Schärfe, vielleicht auch deshalb nur wenig konsi-
stent, weil Weber mit dem »Rationalitätskonzept« die Fachgren-
zen aufsprengte. So gibt es in der nationalökonomischen Tradition
das klassische Problem »rationalen Handelns«, während in der
Kunst- und Philosophiegeschichte »Rationalismus« etwa als Epo-
chenbegriff auftritt, während in der Jurisprudenz, bei der sich
Weber gedanklich und begrifflich so nachhaltig bedient, eine eigene begriffsgeschichtliche Tradition von »Rationalismus« nicht
ersichtlich ist. Dafür ist in der sogenannten »Rechtssoziologie« ein
begrifflich-analytisch und sachlich weit entwickeltes Modell eines
Rationalisierungsprozesses zu finden.

Aber die These der okzidentalen Rationalisierung ist mehr als nur
ein »rationales«, idealtypisches Konstrukt zur Erfassung komple-
xer historischer Zusammenhänge. Es ist ja nicht nur *Unterschei-*

77 Max Weber, Gesammelte Aufsätze zur Religionssoziologie. Bd. 1,
a.a.O., S. 11.

dungsmerkmal und *Entwicklungsformel* der Entfaltung unterschiedlicher *Eigengesetzlichkeiten* rationaler Sphären in Abgrenzung zur außerokzidentalen Welt, sondern Kristallisationspunkt der *rationalistischen Tragödie der Moderne.* Sie besteht in dem nach Weber unvermeidbaren Widerspruch formaler und materialer Rationalität innerhalb einer jeweiligen Wert- und Handlungssphäre. Sie liegt in der Beliebigkeit, auf die sich Rationalisierungsvorgänge beziehen, und sie besteht in der unvermeidlichen Spannung, in die Wertsphären zueinander treten, je weiter sie »rationalisiert« sind und je mehr sie damit ihre Sinnlosigkeit offenbaren. Dieser Verlust einer übergreifenden Rationalität, die sich in partial rationale Räume aufgespalten hat, steigert nur den Verlust der im Prozeß der Entzauberung entschwundenen Götter. Diese Kennzeichnung eines »okzidentalen Nihilismus« – wo Nietzsche vom »europäischen« spricht[78] – greift über die Analyse der Einzelwissenschaften hinaus. Ob man dies noch Gesellschaftsgeschichte mit evolutionärem Minimalprogramm, Soziologie der Moderne oder schon »Geschichtsphilosophie« nennen will, hängt wohl auch damit zusammen, welcher Disziplin man die Rolle eines Platzhalters der Vernunft noch zutrauen möchte.

Für das Verständnis Max Webers ist m. E. nur wenig gewonnen, wenn die z. T. apokryphen Passagen Webers aus der ›Vorbemerkung‹ und der ›Zwischenbetrachtung‹ sowie dem entsprechenden Kapitel der systematischen Religionssoziologie ausgeblendet oder bereinigt werden. Ihre soziologische Auflösung in Muster der Systemdifferenzierung wie auch ihre Verharmlosung als territoriale Übergriffe eines Erfahrungswissenschaftlers verkennen den Ernst, mit dem Weber um die Sinnfrage gerungen hat, gerade wenn die obersten Werte entwertet sind.

Die Rückführung auf den Einfluß Nietzsches[79] freilich unterliegt dem Irrglauben, die Eigenart des Weberschen Denkens reduktionistisch auflösen zu können: Weder Rickert noch Kant und auch

---

78 Zum Streit über den Nietzsche-Einfluß im Denken Webers vgl. auch den Beitrag von Robert Eden, Max Weber und Friedrich Nietzsche oder: Haben sich die Sozialwissenschaften wirklich vom Historismus befreit?, in: Wolfgang J. Mommsen und Wolfgang Schwentker (Hrsg.), Max Weber und seine Zeitgenossen, a.a.O., S. 557-579.

79 Z. B. bei Wilhelm Hennis mit der Tendenz, Nietzsche vor allem gegen Rickert auszuspielen, vgl. Wilhelm Hennis, Die Spuren Nietzsches im Werk Max Webers, in: Max Webers Fragestellung, a.a.O.

nicht Nietzsche, weder die deutsche Nationalökonomie noch die Jurisprudenz allein machen die Denkungsart Max Webers aus, sondern die eigenständige Synthese. Den Einflüssen und Rezeptionsfolgen im Sinne einer Rezeptionsästhetik nachzugehen, ist im übrigen gute hermeneutische Tugend, die z. B. in Martin Albrows Arbeit »Max Weber's Construction of Social Theory«[80] eine ausgewogene Darstellung erfährt.

Das Werk selbst zu lesen und sich anzueignen, bleibt als Aufgabe bestehen. Mit der historisch-kritischen Gesamtausgabe wird es keinen »frischen« und »unbefangenen« Leser mehr finden können. Aber es wird umso mehr eigene Deutungsarbeit auf denjenigen zukommen, der sich vom Werk Max Webers als Philosoph, Soziologe oder Einzelwissenschaftler angesprochen fühlt.

Roslyn Wallach Bologh hat hierfür ein faszinierendes Beispiel geliefert. Aus der Spannung von »Love or Greatness« möchte sie – als eine, nach eigenem Bekenntnis, relative Außenseiterin in der Welt der Männer – einen Zugang zu dieser von ihr als völlig fremd empfundenen Existenzform finden: »Weber speaks to me as a guide, one who can lead me into the rastness of a little known world and provides me with paths for making my way through it in much the way that novels of interpersonal drama, books of etiquette and active columns in women's magazines do for women's world.«[81]

Inwieweit und in welchem Sinn Max Weber nunmehr als »Philosoph« dingfest zu machen ist, läßt sich am Ende nicht ohne eine Ausdeutung des in Bezug genommenen Begriffs der Philosophie beantworten.

Für Jaspers konnte Weber Philosoph im existentiellen Sinne sein und vielleicht sogar Philosoph par excellence, wenn derjenige Mensch ein Philosoph ist, »der immer mit seiner Persönlichkeit haftet, sich ganz einsetzt, wenn er sich überhaupt einsetzt.«[82] Daher bedeutet die Entdeckung der persönlichen Verstrickungen

80 Martin Albrow, Max Weber's Construction of Social Theory, London 1990.
81 Roslyn Wallach Bologh, Love or Greatness, Max Weber and Masculine thinking – A Feminist Inquiry, London u. a. 1990, Preface, S. xiii.
82 Karl Jaspers, Max Weber, a.a.O., S. 36.

Webers für Jaspers – wie Dieter Henrich meint – nicht nur den Einsturz eines heroisierten Idols, sondern auch den Verlust der Qualität Max Webers als Philosoph. Daß wir gerade über diese Konsequenz anhand einer allgemeinen Kenntnis der Privatbriefe Webers mit größerer Sensibilität für das »individuelle Gesetz« werden urteilen können, dies wird ein nicht geringes Verdienst der weiteren Edition der Briefe Max Webers sein.

Wolfgang Schluchter hat gezeigt, wie Webers in Grundzügen entwickelte Wertlehre und die Lehre der Verantwortungs- und Gesinnungsethik in hohem Maße an die gegenwärtige Ethikdiskussion anschlußfähig sind, auch wenn dabei mit Weber gegen ihn argumentiert werden muß. Und wenn hierbei die Positionen einer Diskursethik bzw. einer Ethik der Verantwortung im Gegenzug zu einer »kritizistischen Verantwortungsethik« präzisiert werden können, dann läßt sich die Tauglichkeit der Weberschen Auffassung für einen rationalen philosophischen Disput gar nicht leugnen.

Während Kant freilich einen »Friedenszustand« gerade von der kritischen Philosophie erwartet, also Kritik nicht konsensgefährdend gedacht wird, vermutet Weber auch hier eher den »Kampf der Götter«. Aber ähnlich wie Kant nicht den Systembau, sondern das Vermögen der kritischen Vernunft zur Aufgabe der Philosophie erklärt, lehnt Weber ein System objektiver Werte aufs Schärfste ab. Hierzu bedarf es dann im übrigen auch nicht der Überschätzung des subkutanen Einflusses von Nietzsche, dessen Bedeutung wir eben an anderer Stelle vermuten: Es ist die Rehabilitierung der *Form des Mythos* als legitimer philosophischer Denkweise, der sich Weber immer wieder überläßt – auch wenn Jaspers gerade darin die Grenzen Webers sah, »daß er verweigerte, sein philosophisches Bewußtsein auszuarbeiten und zur Mitteilung zu bringen ...«[83] Es geht Weber eben nicht nur um rhetorische Bildhaftigkeit, die Schluchter im Namen des Begriffs immer wieder auflösen will, sondern darum, das in Begriffen allein offenbar nicht mehr Sagbare symbolisch zu verdichten.

So setzt das Bild vom »Kampf der Götter« viele Assoziationen frei, die jeweils das Leben in voller Gänze beanspruchen und über denen gleichwohl ein »Schicksal« waltet. Dies erschließt sich für

83 Vgl. Karl Jaspers, Die großen Philosophen, Nachlaß 1, Darstellungen und Fragmente, hrsg. von Hans Sauer, München 1981, S. 650.

den, der – wiederum im Bilde gedacht – »vom Baum der Erkenntnis«[84] gegessen hat: »Die alten vielen Götter, entzaubert und daher in Gestalt unpersönlicher Mächte, entsteigen ihren Gräbern, streben nach Gewalt über unser Leben und beginnen untereinander wieder ihren ewigen Kampf.«[85] Hier verwendet Weber den Mythos in einem doppelten Sinne: zum einen als historischen Mythos der polytheistischen Götterwelt, die sich in eine überpersönliche Systemwelt verwandelt, zum anderen aber auch den Mythos der ewigen Wiederkehr. Mit der Wiederkehr des Mythos aber markiert Weber die *Grenzen der wissenschaftlichen Vernunft*.

Gerade wo Weber um begriffliches Denken ringt, in der Methodologie des Idealtypus und den mehrfachen begrifflichen Anstrengungen zur Fundierung einer verstehenden Soziologie, spricht er – wie wir sahen – in bildhafter Weise vom »Schraubstock« des Begriffs, in den der Idealtypus die »Wirklichkeit« hineinzwingt.

Das nachhaltige Interesse am Denken Max Webers wäre nach unserer Auffassung durchaus unverständlich, wenn wir Webers Metaphorik und den Anschluß auch an den Mythos unbeachtet ließen. Es sind die Formeln vom »Gehäuse der Hörigkeit«, dem »Kampf der Götter« und der Suche nach dem »Dämon«, der unseres »Lebens Fäden« hält, die viele an Weber nachhaltig faszinieren. Daß damit die begrifflich-asketische Anstrengung, in rastloser Definitionsarbeit erlitten[86], umso deutlicher hervortritt, trifft einen Zug in Webers Denken, der Spannungen und Widersprüche nicht einebnen will, sondern dies gerade zur intellektuellen Pflicht des denkenden Menschen im Namen der Aufklärung erhebt: Widersprüche bis in die letzten Konsequenzen auszuhalten. Daher ist Weber – sieht man seine philosophischen Wurzeln – nicht schlichtweg einer nachkantianischen Schulphilosophie verhaftet, sondern der Entzauberte läßt sich vom *Mythos* wieder verzaubern, so wie das Andere der Vernunft ihm in der Erotik und Ästhetik begegnet, wie wir im folgenden Kapitel sehen werden.

Es bleibt der »Streit der Fakultäten« um den »wahren« Weber.

84 Max Weber, Gesammelte Aufsätze zur Wissenschaftslehre, a.a.O., S. 507.
85 Ebd., S. 605.
86 Man stelle sich nur einmal vor, welcher Arbeit es noch bedurft hätte, um die älteren, an den Logos-Aufsatz begrifflich anschließenden Teile von »Wirtschaft und Gesellschaft« auf die neue Kategorienlehre zuzuschneiden!

Auch hier gilt es, Webers Pathos fachmäßiger Selbstbescheidung zu durchschauen, die er selbst ständig überschritten hat: Der Gerichtshof der Vernunft ist für den Juristen auch von den Verfahrensregeln her besser zu durchschauen; der Jurist bedarf der Philosophie, um den Begriff des Rechts zu fassen; der Soziologe kann die gewandelten Bedingungen der In-Geltungsetzung ethischer Lehren aufweisen und der Nationalökonom schließlich zeigt nicht nur die Grenzen des Rechtszwangs, sondern auch die Bedingungen ästhetischer Produktionen, deren Spannungen zur Welt dem Religionswissenschaftler sichtbar werden.

Viertes Kapitel
RELIGION UND ÄSTHETIK
Zur Soziologie der Kunst im Werk Max Webers

In einem Brief vom 30. Dezember 1913, in dem Max Weber seinem Verleger Paul Siebeck vom Stand der unvollendeten Arbeiten an »Wirtschaft und Gesellschaft« berichtet, macht Weber eine bedeutende Ankündigung: »Später hoffe ich Ihnen dann einmal eine Sociologie der Cultur-*Inhalte* (Kunst, Litteratur, Weltanschauung) zu leisten, ausserhalb dieses Werkes oder als selbständigen Ergänzungsband ...«[1] Dieses umfassende Programm hat Weber nicht mehr einlösen können.

In bezug auf das wissenschaftliche Werk Max Webers stellt sich die Frage, ob dies nur eine großspurige Ankündigung war oder ob Weber tatsächlich über eine eigene Forschungsidee oder gar eine eigenständige Perspektive verfügte.

Ich möchte darlegen, daß Max Webers verstreute Äußerungen zur Kunst eine benennbare Fragestellung für eine verstehende Soziologie der Kunst anvisierten (i). Sodann läßt sich zeigen, wie sich Fragmente und Bruchstücke im Werk Max Webers zu einem kohärenten Bild einer soziologischen Betrachtung der Kunst zusammensetzen lassen (ii). Schließlich möchte ich einen Erklärungsmodus herauspräparieren, der die Eigenart der Beziehung von Kunst und religiöser Ethik berücksichtigt (iii).

I.

Das Problem:
Der nichtrationale Charakter der ästhetischen Sphäre

So einig man sich in der kontroversen Weber-Deutung darüber ist, daß die Eigenart der okzidentalen Entwicklung ein zentrales Forschungsproblem Max Webers ist, so wenig wurde hierbei der Bedeutung des Ästhetischen Rechnung getragen.[2]

In der ›Vorbemerkung‹ zu den gesammelten Aufsätzen zur Religionssoziologie wird freilich neben der Wissenschaft, dem Recht, der Verwaltung und der Wirtschaft die Entwicklung der Kunst zu den Kulturerscheinungen gerechnet, die »gerade auf dem Boden

1 Max Weber an Paul Siebeck, BStB München, Ana 446 (Korr. Weber-Siebeck).
2 Zu Recht schreibt Hennis: »Für das genauere Erfassen der Persönlichkeit Webers stehen wir noch vor der Beschäftigung mit seinen künstlerischen Interessen und Wertschätzungen.« (Wilhelm Hennis, Max Webers Fragestellung, a.a.O., S. 188)

des Okzidents ... – wie wenigstens wir uns gerne vorstellen – in einer Entwicklungsrichtung von *universeller* Bedeutung und Gültigkeit ...«[3] auftraten.

Wodurch ist nun die Besonderheit einer okzidentalen Kunst gekennzeichnet?

In der *Musik* liegt die Eigenart der westlichen Entwicklung nach Weber darin, wie sich die auch in anderen Kulturen bekannte Polyphonie und Mehrheit von Instrumenten in ein harmonisches Musiksystem mit einem Komposition und Reproduktion erlaubenden Notensystem transformiert. Dabei wird es der spezifischen Tondistanzen mit den Mitteln des »wohltemperierten Klaviers« Herr, das zugleich – nach Orgel und Violine – das beherrschende »Instrument« der entstehenden bürgerlichen Schicht der Kunstbewahrung wird.

In der *Architektur* hat es Spitzbogen als Dekorationsmittel auch anderwärts gegeben. Als technisches Mittel der Schubverteilung und der »Überwölbung beliebig geformter Räume«, das sich zu einem Skulptur und Malerei integrierenden, stilbildenden Prinzip entfaltete, sei dies nur dem Okzident eigen. Schließlich ist die »Kultur der Renaissance«, die Lösung des Kuppelproblems, die systematische Verwendung der Linear- und Luftperspektive in der Malerei, wie überhaupt die »›klassische‹ Rationalisierung der Renaissance«[4] nur im Okzident zu finden.

Auch die *Literaturentwicklung* weise eine Besonderheit auf. Während es Produkte der Druckerkunst auch z. B. in China gab, ist eine für den »Druck« bestimmte Literatur in »Presse« und »Zeitschriften« – so Weber – nur im Okzident entstanden.[5]

Auf die Frage, warum diese spezifischen Erscheinungen der Kultur nur hier entstanden seien, gibt Weber in der nämlichen ›Vorbemerkung‹ jene allgemeine Formel an, die wir bereits anführten. Entscheidend sei für den kulturgeschichtlichen Unterschied, »*welche* Sphären und in welcher Richtung sie *rationalisiert* wurden«.[6]

Dies ist bei allen Interpretationsdifferenzen im einzelnen nach

3 Max Weber, ›Vorbemerkung‹ zu: Gesammelte Aufsätze zur Religionssoziologie. Bd. 1, a.a.O., S. 1.
4 Ebd., S. 3.
5 Helwig Schmidt-Glintzer weist mich darauf hin, daß diese Behauptung, mit Blick auf China, sachlich nicht zutrifft.
6 Max Weber, ›Vorbemerkung‹ zu: Gesammelte Aufsätze zur Religionssoziologie. Bd. 1, a.a.O., S. 12.

allgemeiner Überzeugung der entscheidende Punkt für das Verständnis der kulturvergleichenden Studien Webers, deren Anliegen die Entfaltung und Erklärung eines spezifisch gearteten »Rationalismus« ist.[7] In diesem Kontext nun nimmt die Kunst eine besondere Stellung ein, »deren Wesen« – wie Weber an anderer Stelle ausführt – »von Grund aus arationalen oder antirationalen Charakters ist«.[8] Wie fügt sich nun diese »arationale« oder gar »antirationale« Macht in Webers Bild des okzidentalen »Rationalismus« ein? Sie wird von Weber als argumentum a majore ad minus verwendet. Wenn nämlich schon jene rationalitätsfernen Sphären der Kunst tonphysikalisch »*rationalisiert*« sind, durch eine »*rationale* Verwendung des gotischen Gewölbes« und überhaupt jene »›klassische‹ Rationalisierung der gesamten Kunst« in der Renaissance gekennzeichnet sind, dann ist eben die *gesamte Kultur* nicht nur durch einen »Rationalismus der Weltbeherrschung«, sondern auch durch einen »ästhetischen Rationalismus« geprägt.

Diese Entdeckung hat Weber zunächst außerordentlich irritiert, wie die Gattin im »Lebensbild« und dem Vorwort zu dem posthum herausgegebenen Manuskript zur Musikentwicklung[9] berichtet, denn – so Marianne Weber im »Lebensbild«: »Die Zeit schmäht den Rationalismus und namentlich viele Künstler beurteilen ihn als Hemmung ihrer Schöpferkraft, deshalb erregt Weber jene Entdeckung ganz besonders.«[10]

Max Webers Interesse an der Kunst reicht daher über die Befassung mit einem Gegenstand, der einem bildungsbürgerlich erzogenen »Mitglied der kapitalistischen Klasse« vertraut sein mußte, weit hinaus. Einen solchen Bildungsgang belegen übrigens die »Jugendbriefe«, nach denen der junge Weber als 12jähriger den Antima-

7 Vgl. Richard Münch, Max Webers »Anatomie des okzidentalen Rationalismus«. Eine systemtheoretische Lektüre, in: Soziale Welt 29, 1978, S. 217-246; Wolfgang Schluchter, Die Paradoxie der Rationalisierung. Zum Verhältnis von ›Ethik‹ und ›Welt‹ bei Max Weber, in: Zeitschrift für Soziologie 5, 1976, S. 256-284; Wolfgang Schluchter, Die Entwicklung des okzidentalen Rationalismus, a.a.O.

8 Max Weber, ›Zwischenbetrachtung‹ zu: Gesammelte Aufsätze zur Religionssoziologie. Bd. 1, a.a.O., S. 536-573, (S. 554).

9 Abgedr. als: ›Die rationalen und soziologischen Grundlagen der Musik‹, in: Grundriss der Sozialökonomik III. Abteilung, 1. Halbb., Wirtschaft und Gesellschaft, 2. vermehrte Auflage, Tübingen 1925.

10 Marianne Weber, Max Weber. Ein Lebensbild, a.a.O., S. 349.

chiavell studiert, Ciceros Reden meint langweilig finden zu müssen, Homer verehrt, dabei Walter Scotts Romane verschlingt und sich für Ossian begeistert. Daß schließlich auch Literarisches in die strenge Soziologie Max Webers einfließt, insbesondere auch ein vertrauter Umgang mit Goethe und Nietzsche sichtbar wird, dies kann dem aufmerksamen Leser nur schwer entgehen. Für uns aber wird die kultursoziologische Betrachtung der von Grund auf »arationalen Kunst« zum Fokus seiner allgemeinen Rationalisierungsthese.

II.
Zur Differenz von asiatischer und okzidentaler Ästhetik

Lassen sich nun über den eingangs skizzierten Tatbestand einer musikalischen, architektonischen, malerischen und literarischen Besonderheit hinaus Anhaltspunkte zur *Erklärung* dieser Kulturerscheinungen im Werk Max Webers finden?

Es ist auffällig, wie wenig Weber in seinen Studien vor der Jahrhundertwende sich auf Probleme der Ästhetik einläßt. In seiner Promotionsschrift[11] gibt es ein umfassendes Kapitel über Florenz im Quattrocento, ohne daß die »schönen Künste« nur mit einem Wort Erwähnung fänden, dafür um so mehr die juristischen Künste, die der rechtlichen Entwicklung des »Sondervermögens« zugrundelagen. Und auch die Habilitationsschrift über die Römische Agrargeschichte[12] läßt nicht erkennen, daß neben dem Ackerbau auch noch anderes kultiviert wurde. Auch die »Wirtschaft und Gesellschaft« vorbereitenden Studien über die »Agrarverhältnisse im Altertum« sparen diese ästhetische Seite aus. Und auch der populäre Vortrag über »Die sozialen Gründe des Untergangs der antiken Kultur« spricht zwar bildreich von der versunkenen »Marmorpracht der antiken Städte«[13], hier interessiert sich Weber aber

11 Max Weber, Entwickelung des Solidarhaftprinzips und des Sondervermögens der offenen Handelsgesellschaft aus den Haushalts- und Gewerbegemeinschaften in den italienischen Städten, Stuttgart 1889. Über die Bedeutung der juristischen Herkunft für das Denken Max Webers vgl. unsere obigen Ausführungen.

12 Max Weber, Die römische Agrargeschichte in ihrer Bedeutung für das Staats- und Privatrecht, a.a.O.

13 Vgl. Max Weber, Die sozialen Gründe des Untergangs der antiken Kultur in: Die Wahrheit. Halbmonatsschrift zur Vertiefung in die

ausschließlich für die sozialstrukturellen Gründe des kulturellen Niedergangs.

In der China- und Indienstudie freilich wird der ästhetischen Frage – auch vergleichend – nachgegangen. Ex negativo entsteht das Bild einer *anderen Ästhetik*, die Weber im engsten Zusammenhang mit den Eigenschaften *religiöser Ethiken* sieht.

Wir wollen daher zunächst Webers Sicht einer außerokzidentalen Ästhetik anhand der China- und Indienstudie rekonstruieren, um sie mit der von ihm als »rational« gekennzeichneten Ästhetik okzidentaler Gesellschaften zu konfrontieren.

(1) Die *chinesische Kultur* weist nun nicht etwa dadurch »Defizite« gegenüber dem Okzident auf, daß sie das Schöne etwa vernachlässigen würde, sondern das Gegenteil ist nach Weber der Fall. Die Hemmnisse der politischen Rationalität der chinesischen Beamtenherrschaft beruhen auf dem literarischen Charakter ihrer Rekrutierung und Orientierung. So verweist Max Weber in der berühmten Rede »Politik als Beruf« mokant auf die Tagebücher von Li Hung Tshang, in denen dieser noch am meisten stolz darauf ist, daß er »Gedichte machte und ein guter Kalligraph war«.[14] Daß Weber »Literaten« im weitesten Sinn das Gegenstück zu Politikern sind, die Herrschaft als »Beruf« betreiben, liegt auf der Hand. Freilich sieht Weber durchaus, daß man auch in China nicht mit bloßer Poesie verwaltete. Aber sein spezifisches Charisma einer ständischen Qualifikation hatte der Amtspfründner durch die Beherrschung der literaturgerechten Formen zu bewähren, die durch die Dominanz einer magisch gedeuteten Beherrschung der Schrift geprägt waren. Dies hatte Folgen nicht nur für den Charakter einer ästhetisch gestimmten Beamtenherrschaft, die den vornehmen Menschen – wie Weber sagt – zu einem »›Kunstwerk‹ im Sinne eines klassischen, ewig gültigen, seelischen Schönheitskanons (stilisierte), wie ihn die überlieferte Literatur in die Seelen ihrer Schüler pflanzte«.[15] Dies hatte auch Folgen für den Charakter

Fragen und Aufgaben des Menschenlebens 6, 1896, abgedr. in: Gesammelte Aufsätze zur Sozial- und Wirtschaftsgeschichte, Tübingen 1988 (1924), S. 289–311 (S. 309).

14 Max Weber, Politik als Beruf, in: Max Weber, Gesammelte Politische Schriften, 3. Aufl., Tübingen 1971, S. 505–560 (S. 512).

15 Max Weber, Die Wirtschaftsethik der Weltreligionen. Konfuzianismus und Taoismus, in: Gesammelte Aufsätze zur Religionssoziologie. Bd. 1, a.a.O., S. 420.

der hieraus entstehenden *ästhetischen Kultur.* So spricht der mitunter spröde Weber in poetischen Worten von der »literarischen Kultur«, die »gewissermaßen taubstumm in ihrer seidenen Pracht«[16] sei.

Eine virtuosenhafte Verfeinerung der Kunst ist der chinesischen Kultur also gar nicht abzusprechen. Sie ist nur Bestandteil einer Bürokratie, deren Amtsanwärter sich eben aus dem Kampf um Amtspfründen eine »literarische Graduiertenkonkurrenz«[17] liefern. Aus dieser Lage aber konnten keine Antriebe zu einem »rationalistischen Ehrgeiz« hervorgehen, wie er nach Weber für die Renaissance kennzeichnend war.[18]

Die Konsequenzen für die ästhetische Entwicklung lassen sich – über Weber hinausgehend – am Beispiel der Landschaftsdarstellung sichtbar machen. Noch bevor die »Landschaft« in der westlichen Kunst gepflegt wird, stellt sie in der chinesischen Kultur den vornehmsten Zweig in der Gesamtheit der Bildkunst dar.[19] Und es ist nicht verwunderlich, daß sie immer mehr zur Domäne der Literati, der gebildeten Dilettanten, wurde. Gegenüber den Erzeugnissen dieser Gelegenheitskünstler, der »Wên-jen«, galten auch die Arbeiten der Maler als zweitrangig. Denn ihnen fehlte der geistige Hintergrund, aus dem man die alten Meister nachahmt und sich dabei in den darzustellenden Gegenstand, z. B. einen Bambus, hineinversetzt. Ein berühmter Verfasser eines Maltraktats, Ni Tsan, macht die enge Verknüpfung mit der *Schrift* deutlich, wenn die Malerei als ein »absichtsloses und flüchtiges Niederschreiben ungezwungener Pinselstriche«[20] bezeichnet wird.

Und ein weiterer Literatenmaler, Tu Lung, verlangt für den Pinselduktus den Ausdruck eines Gelehrten, der Grobheit von kultivierter Einfachheit zu unterscheiden weiß. So ist es ein ethisches Ideal, das den Pinsel führt und die Landschaftsdarstellung mit ihren leeren Räumen zu einem Ausdrucksmedium der Weltanpassung werden läßt. Bei Shih-t'ao heißt es: »Malerei ist das große Mittel, sich mit allen Dingen in der Welt in *Harmonie* zu setzen.«[21]

---

16 Ebd.
17 Max Weber, Die Wirtschaftsethik der Weltreligionen. Konfuzianismus und Taoismus, MWG I/19, S. 344.
18 Ebd.
19 Vgl. Roger Goepper (Hrsg.), Im Schatten des Wu-T'ung Baumes. Gedanken zur Malerei von Ch'in Tsu-Yung, München 1959, S. 12.
20 Ebd., S. 17.   21 Ebd., S. 23. (Hervorhebung von W. G.)

Nicht nur die Verwaltung ist also von der durch Weber gekennzeichneten konfuzianischen Ethik der »Anpassung an die Welt,
ihre Ordnungen und Konventionen«[22] durchdrungen, sondern
auch die Kunst ist am Ideal der Harmonie und des Einklangs
mit den Ordnungen der Welt orientiert. Für die Rechtsentwick-
lung hat Weber das Fehlen einer Spannung zwischen »Naturrecht«
und »Verwaltungsethik« beschrieben.[23] Diese Spannung fehlt aber
auch einer Kunst – wie man den Gedanken Webers übertragen
kann –, die der »Wirklichkeit« weder als *kritischer Spiegel* noch als
ideales Bild gegenübertritt, sondern den »unistischen«[24] Einklang
darbietet. Die Trägerschicht der Beamten freilich wies nicht in eine
mystische Richtung esoterischer Virtuosenkunst, sondern in die
Richtung eines ästhetisch kultivierten Lebensstils des Gentleman,
der letztlich sowohl der Rationalisierung von Herrschaft entge-
genstand – was Webers eigentliches Thema war –, aber auch eine
ästhetische »Rationalisierung« im Pragma der Beamteninteressen
erstickte.

Die im Konfuzianismus beförderte religiöse Ethik der *Weltanpassung* bremst also nicht nur die bürokratische Entwicklung, sondern moderiert auch eine »fachmäßige«, durch »rationalen Ehrgeiz« bestimmte und auf den *Widerspruch* von Kunst und Lebensführung angelegte Ästhetik.

(2) Sind nun in *Indien* die Bedingungen für eine ästhetische »Rationalisierung« günstiger gewesen?

Die Kluft zwischen der »Wirklichkeit« und dem zu erstrebenden
Heilszustand ist in einer Kultur, die ganz auf die Theodizee des
Leidens zentriert ist, tief gegründet. Das kharmische Rad der Wie-
dervergeltung, das strukturell durch die Kastenordnung abgestützt
wird, läßt nur eine weltindifferente Haltung zu, die entweder in eine
außerweltliche Askese der Entsagung mündet oder ein innerwelt-
lich indifferentes Handeln anleitet, in dem die Schicklichkeit und
Eleganz des vornehmen Kavaliers[25] durchaus »ästhetischen« Cha-

22 Max Weber, Die Wirtschaftsethik der Weltreligionen. Konfuzianismus
und Taoismus, MWG I/19, S. 345.
23 Diese Prämisse Webers ist kürzlich von Edward Shils bei einem Vortrag
über die chinesischen Literati grundlegend in Zweifel gezogen worden.
24 So der von Weber eifrig genutzte Topos de Groots, z. B. in: Ders.,
Universismus. Die Grundlage der Religion und Ethik, des Staatswesens
und der Wissenschaft Chinas, Berlin 1918.
25 Max Weber, Die Wirtschaftsethik der Weltreligionen. Hinduismus und

rakters ist. Aber weder der in der indischen Kultur durchgängige
Zug der weltverneinenden Askese noch die schichtenbedingte Kul-
tivierung eines Lebensstils der Vornehmheit konnten die ästhetische Weltauffassung in die Richtung einer »Rationalisierung« nach
okzidentaler Art lenken. So schreibt Weber einerseits über die
»buddhistische« Weltauffassung: »Die absolut sinnlose Vergäng-
lichkeit von *Schönheit*, Glück und Freude in einer ewig bestehenden
Welt ist auch hier das, was die Weltgüter endgültig entwertet.«[26]
Und andererseits bleibt die »Kunst« der im Kastensystem verhaf-
teten Handwerker der äußere Schmuck des Vornehmen.

Die »Laien« freilich, denen die absolute Außerweltlichkeit der
Mönchsfrömmigkeit versagt blieb, sahen im Gegensatz zum älteren Buddhismus gerade in der Hagiolatrie und Idolatrie einen
Ausweg aus der ihnen versagten Virtuosenaskese.[27] Die überaus
reichhaltige Bildkunst Indiens[28] ist daher aus Webers Sicht durch
das unstillbare Laienbedürfnis nach magischer Heilserlangung
bedingt. Motive für die Entfaltung der Eigengesetzlichkeiten der
ästhetischen Sphäre sind also nicht zu finden. Daß die eindrucks-
volle Darstellung des endlosen Rades der Wiedergeburten[29] sozusagen ein ästhetisches Motiv von außerordentlicher Verbreitung
und Eindringlichkeit ist – Weber vergleicht es mit dem westlichen
Motiv der Höllenpforte[30] – hat gleichwohl nicht zu einer dem
Westen verwandten Kunstauffassung geführt.

Während also der chinesischen Kultur die Spannung zwischen
Ethik und Welt, Kunst und Wirklichkeit fehlt, wird die Differenz
von religiöser Ethik und Welt in Indien derart radikalisiert, daß
nicht kluge Anpassung an die Ordnungen der Welt, einschließlich
der ästhetischen, sondern nur die vollständige *Entwertung* der
Welt – auch in ihrer ästhetischen Gestaltbarkeit –, jedenfalls für
die Schicht der intellektuellen Bettelmönche, aus dem Leiden der
Welt herausführen kann.

Buddhismus, in: Gesammelte Aufsätze zur Religionssoziologie. Bd. 2,
Tübingen 1978 (1921), S. 152.

26 Ebd., S. 222. (Hervorhebung von W. G.)
27 Ebd., S. 239.
28 Weber bezieht sich auf Albert Grünwedel, Buddhistische Kunst in
   Indien, Berlin 1900.
29 Ebd., S. 131.
30 Max Weber, Die Wirtschaftsethik der Weltreligionen. Hinduismus und
   Buddhismus, a.a.O., S. 228.

(3) Webers Bemerkungen zur *japanischen Kultur*[31] betonen die im Unterschied zu China völlig anders geartete Trägerschicht der kulturellen Entwicklung. Im feudalen Japan war es nicht eine unmilitärische Literatenschicht, sondern eine Berufskriegerschicht. Damit bestimmten Ritterwürde und ritterliche Erziehung das praktische Handeln dieser Kreise, was sich – wie Weber darlegt – durchaus mit der intellektuellen Gefühlstemperierung des Buddhismus verband.

Die ästhetische Durchdringung der japanischen Kultur in den Künsten der Teezeremonie, des Blumensteckens oder des Bogenschießens weist eben eine Mischung feudaler und kontemplativer, durch vornehme Selbstbeherrschung gekennzeichneter Elemente auf, aus denen ebensowenig wie in China und Indien diejenigen ästhetischen Erfindungen hervorgegangen sind, durch die nach Weber die *ästhetische Eigenart* des Okzidents gekennzeichnet ist.

(4) Worin aber liegt nun diese ästhetische »Sonderentwicklung« des Westens?

Wer in der »Protestantismusthese« den vornehmlichen Beitrag Webers zur Deutung der okzidentalen Welt der Moderne sieht, wäre genötigt, die ästhetische Rationalisierung als Konsequenz der »methodisch rationalen Lebensführung« zu deuten, wie sie vor allem von der puritanischen Ethik befördert wird. Am Schluß der Protestantismusstudie weist Weber auf eine solche Möglichkeit hin, wenn er ausführt: »Es wäre ein Leichtes gewesen, darüber hinaus zu einer förmlichen ›Konstruktion‹, die *alles* an der modernen Kultur ›Charakteristische‹ aus dem protestantischen Rationalismus logisch *deduzierte*, fortzuschreiten.«[32]

Aber ebenso wie die rationalen Grundlagen des *Rechts* der Reformation zeitlich weit voraus liegen[33], setzt Weber auch in der Kunst den Prozeß der okzidentalen Rationalisierung zunächst ganz unabhängig von den religiösen Bewegungen des Protestantismus in den *mittelalterlichen Gesellschaften* an.

In dem berühmten Vortrag über den »Sinn der ›Wertfreiheit‹ der

31 Ebd., S. 295 ff.
32 Max Weber, Die protestantische Ethik und der Geist des Kapitalismus, in: Gesammelte Aufsätze zur Religionssoziologie. Bd. 1, a.a.O., S. 17-206 (S. 205/Fn. 3, S. 206).
33 Vgl. zu dieser Problematik Werner Gephart, Gesellschaftstheorie und Recht. Das Recht im soziologischen Diskurs der Moderne, a.a.O., Dritter Teil, Kap. 3.

soziologischen und ökonomischen Wissenschaften«[34] ist Weber
gegenüber der eingangs wiedergegebenen »Vorbemerkung« noch
eindringlicher: Die Gotik wird als Resultat der technischen Lösung des »an sich rein bautechnischen Problems« der Überwölbung von beliebigen Räumen begriffen, die schließlich auch die
Überwölbbarkeit nichtquadratischer Kuben ermöglichte. Dieser
technische Rationalismus, der den Spitzbogen nicht als dekorati-
ves Element, sondern als konstruktives Prinzip verwendet, verbindet sich einmal mit einem umfassenden ästhetischen Gestal-
tungswillen, der auch – so Weber – die »Plastik in die Bahn eines
primär durch die ganz neuen Raum- und Flächenformungen der
Architektur geweckten neuen ›Körpergefühls‹ «[35] hineinriß; zum
anderen aber stieß dieser technische und ästhetische »Rationalismus« mit bestimmten »in starkem Maße soziologisch und religionsgeschichtlich bedingten Gefühlsinhalten«[36] zusammen.
Es hängt mit Webers nicht mehr ausgeführtem Projekt der Analyse
des Christentums zusammen, daß er auf den *Inhalt* der soziologisch und religionsgeschichtlich bedingten Gefühlsqualitäten
nicht eingegangen ist.[37] Wie aber die Kathedralen von einem spezifischen »Geist« durchdrungen sind, ist z. B. von Georges Duby[38]
u. a. eindrucksvoll belegt worden. Sie sind nicht zuletzt der Reso-
nanzraum[39] des religiös bedeutungsvollen Gesangs, dem in Webers
Musiksoziologie eine entwicklungsgeschichtlich bedeutsame
Rolle zugeschrieben wird, nämlich die *harmonische Deutung*
des auch anderwärts bekannten *polyphonen Gesangs*.
(5) Webers Sicht der *Renaissance* wird – für seine komparative
Arbeitsweise nicht untypisch – gerade in der China- und Indienstudie entwickelt. Dies ist im übrigen ein weiterer Beleg dafür, daß

34 Max Weber, Der Sinn der »Wertfreiheit« der soziologischen und ökonomischen Wissenschaften, in: Logos 7, 1917/18; abgedr. in: Gesammelte Aufsätze zur Wissenschaftslehre, a.a.O., S. 489-540.
35 Ebd., S. 521.
36 Ebd.
37 Vgl. Wolfgang Schluchters ›Einleitung‹ zu: Max Webers Sicht des antiken Christentums, hrsg. von Wolfgang Schluchter, Frankfurt am Main
   1983.
38 Vgl. Georges Duby, Die Zeit der Kathedralen. Kunst und Gesellschaft
   980-1420, Frankfurt am Main 1984².
39 Vgl. Georges Duby, Der heilige Bernhard und die Kunst der Zister-
   zienser, Stuttgart 1981, S. 45.

Weber eben *nicht* an einer Deutung außerokzidentaler Gesellschaften für sich, sondern immer nur für die Zwecke der Herauspräparierung *okzidentaler Eigenheiten* interessiert war, was nicht ausschließt, daß er sich dabei weit auf die spezifischen Eigenarten jener Kulturen einließ.

Wodurch ist nun die »Renaissance« und ihr spezifischer »Rationalismus« gekennzeichnet? Nicht etwa durch die Ideale der an der »ratio« orientierten Humanisten, wie man seit Jakob Burckhardts »Kultur der Renaissance in Italien«[40] vermuten könnte, sondern durch die *Verknüpfung* von unterschiedlichen Gesichtspunkten. In der Chinastudie Max Webers heißt es: »Die ›experimentierende‹ hohe Kunst der Renaissance war ein Kind einer einzigartigen Vermählung von zwei Elementen: des auf handwerksmäßiger Grundlage erwachsenen empirischen Könnens der okzidentalen Künstler und ihres, kulturhistorisch und sozial bedingten, durchaus rationalistischen Ehrgeizes: ihrer Kunst Ewigkeitsbedeutung und sich selbst soziale Geltung dadurch zu gewinnen, daß sie sie zum gleichen Rang wie eine ›Wissenschaft‹ erhöben. Dies letztere gerade war das dem Okzident Spezifische. Hier steckte auch die stärkste Triebfeder der ›Rückkehr‹ zur Antike, wie man diese verstand.«[41]

Auch diese Skizze ist nicht weiter entwickelt. In dem »Wertfreiheitsaufsatz« (1917) freilich verweist Max Weber als Beispiel für eine wertungsmäßige Zurückhaltung der empirischen Kunstgeschichte auf Heinrich Wölfflins Arbeit »Die klassische Kunst« mit für ihn ungewöhnlich enthusiastischen Worten. So heißt es: »Für das Gebiet der Entwicklung der Malerei ist die vornehme Bescheidenheit der Fragestellung in Wölfflins ›Klassischer Kunst‹ ein ganz hervorragendes Beispiel der Leistungsfähigkeit empirischer Arbeit«[42]. An welche Passagen der Wölfflinschen Arbeit mag Weber gedacht haben? Sicher an die »vollkommene Bewältigung des Raumproblems« bei Masacio. Um Wölfflin zu zitieren:

---

40 Die Bedeutung Jakob Burckhardts, der ja vor allem auch die Alltags- und Festkultur der Renaissance analysierte, wird hier nicht weiter verfolgt.

41 Max Weber, Die Wirtschaftsethik der Weltreligionen. Konfuzianismus und Taoismus, in: Gesammelte Aufsätze zur Religionssoziologie. Bd. 1, a.a.O., S. 439.

42 Max Weber, Der Sinn der »Wertfreiheit« der soziologischen und ökonomischen Wissenschaften, a.a.O., S. 523.

»Zum ersten Mal ist das Bild eine Bühne, die unter Festhaltung eines einheitlichen Augenpunktes konstruiert ist, ein Raum, in dem Menschen, Bäume, Häuser ihren bestimmten, geometrisch *nachrechenbaren* Platz haben«[43]. Diese Rechenhaftigkeit des Raumes, die in völligem Gegensatz zur Darstellung des leeren Raumes in der chinesischen Malkunst steht, findet sich in anderer Weise bei Leonardo wieder, auf den sich Webers These der Kombination von Wissenschaft und Ästhetik in der Renaissance prototypisch beziehen läßt. Ich zitiere Wölfflin, der über Leonardo ausführt: »Er empfindet den malerischen Reiz der Oberfläche der Dinge und denkt dabei als Physiker und Anatom. Eigenschaften, die sich auszuschließen scheinen, sind bei ihm *vereinigt*: das unermüdliche Beobachten und Sammeln des Forschers und die subtilste künstlerische Empfindsamkeit ...«[44] Der Bezug zu Webers Argument ist wohl offenkundig. Dies ist deshalb so bemerkenswert, weil sich damit Weber in kunstsoziologischer Absicht ja gerade auf einen Autor beruft, den Erwin Panofsky in seiner Laudatio zum 60. Geburtstag Wölfflins als einen Wissenschaftler auszeichnet, der die künstlerische Erscheinung nicht mit von »außen an sie herangetragenen Maßstäben« mißt, »indem er sie etwa aus einer bürgerlichen oder höfischen Lebensform, aus religiöser oder profaner Bestimmung zu erklären ...«[45] versucht.

Weber ist aber nicht nur dieser formanalytischen Methode Wölfflins gegenüber aufgeschlossen, sondern, was für die methodologische Einschätzung von Webers unvollendetem Projekt einer Soziologie der Kulturinhalte wichtig ist, auch für die ikonographische Vorgehensweise offen, wie er sie bei Aby Warburg kennenlernte. In den Antikritiken zur ›Protestantischen Ethik‹ stützt sich Weber gerade auf den Renaissanceforscher Warburg, der die »Spannung zwischen *Wirtschaftsform*« und »ethischem Lebensstil« des Florentiner Bürgertums, die aus dem Fehlen einer asketischen Berufsethik hervorging, bis in die »Eigenart der künst-

---

43 Heinrich Wölfflin, Die Klassische Kunst. Eine Einführung in die italienische Renaissance, 5. Aufl., München 1912, S. 9. (Hervorhebung von W. G.)
44 Ebd., S. 23 f. (Hervorhebung von W. G.).
45 Erwin Panofsky, Heinrich Wölfflin zu seinem 60. Geburtstag am 21. Juni 1924, in: Aufsätze und Grundfragen der Kunstwissenschaft, Berlin 1985, S. 45.

lerischen Motive hineinverfolgt«[46] habe. In einem enthusiastischen Brief vom 10. September 1907, der nun in dem ersten Briefband der historisch-kritischen Gesamtausgabe zugänglich ist, schreibt Weber: »Und daß sich ... (diese Spannung, W. G.) im Ringen mit künstlerischen Problemen nachweisen läßt – das ist es, was mich so freudig überrascht hat.«[47]

Es sind also »Spannungen« und nicht die dem »Klassischen« zugeschriebenen Harmonievorstellungen, die das ästhetische Klima der Renaissance prägen.

(6) Wie aber steht es mit der von Weber hervorgehobenen, die »kapitalistische Kultur« im Ganzen durchdringenden Macht der *Protestantischen Ethik*? Ist ihr nicht nur der »*Rationalismus der Weltbeherrschung*«, sondern auch ein »*Rationalismus ästhetischer Weltgestaltung*« zu verdanken?

Dies scheint zunächst ganz unvereinbar mit dem »Sinn« der protestantischen Ethik zu sein. Tritt die profane Kunst doch in den Verdacht der Kreaturvergötterung, nachdem die sakralen Künste durch das alttestamentarisch gedeutete Verbot der Darstellung des Heilsgeschehens außerordentliche thematische Schranken errichtet hatten.

Von dieser, einen unbefangenen Kunstgenuß ausschließenden, asketischen Grundhaltung findet sich manches in Webers eigenem Verhältnis zum Schönen wieder. So schreibt er in einem Brief an seine Frau im Jahre 1903 aus Scheveningen über seinen Drang, das Gesehene jeweils in Worte zu fassen, er tue dies, »... weil ein pedantisch gewordener Stubengelehrter das intuitive Genießen verlernt hat und sich der Eindrücke nur diskursiv bemächtigen kann, so daß er das Maß von Genuß an Kunst und Natur, welches sein verknöcherter Zustand ihm noch zugänglich belassen kann, indem er (darüber) es irgendwie in Worte faßt«.[48] Und er fügt erhellend hinzu: »Wie ich diejenigen beneide, denen es darin besser geht ...«

Der Zwang, sich des Schönen diskursiv zu bemächtigen, ist wohl nicht nur eine Intellektuellenkrankheit, sondern die Nähe zum

---

46 Max Weber, Bemerkungen, in: Archiv für Sozialwissenschaft und Sozialpolitik 26, 1908, S. 275-283, S. 278.

47 Max Weber, Brief vom 10. September 1907 an Aby Warburg, in: Max Weber, Briefe 1906-1908, MWG II/5, S. 391.

48 Brief vom 13. Juni 1903, Max Weber-Schäfer, Konstanz.

protestantischen Geist zeigt sich in der unverhohlenen Bewertung der Kunstwerke. In demselben Brief schreibt Weber über die Betrachtung einiger Gemälde von Rubens: »... er ist doch überhaupt nicht neben Rembrandts in Armuth und Freiheit gewachsener protestantischen Seele zu genießen, dieser Höfling, dessen Bildern man die Jesuitenerziehung anmerkt.«[49]

An Rembrandt schätzt Weber also asketische »Armuth und Freiheit«. Daher ist es nicht verwunderlich, daß ein – soziologisch doch so gehaltvolles – Werk wie die Nachtwache nicht das Gefallen Webers findet. Er schreibt an seine Frau: »Nun sitze ich hier vor Rembrandt's ›Nachtwache‹ – ... es ist ja eine fabelhafte Leistung und eine Farbenpoesie, die nur er selbst noch überbieten konnte – aber der geistige Gehalt muß bei der Natur des Sujets (Gruppenportrait) ein begrenzter sein ...«[50]

In Georg Simmels großer Rembrandtstudie[51] ist die innere Verbindung von protestantischer Ethik und dem Geist der niederländischen Malerei ausgeführt. Sie auf die Deutung der »Landschaft« anzuwenden als eines religiös zunächst indifferenten, weil vom Bildverbot auch bei Calvin ausdrücklich ausgenommenen Bildgegenstandes, der gleichwohl z. B. bei Ruisdael wieder religiös aufgeladen wird – diese Art der Untersuchung läßt sich mit Webers methodologischen Instrumenten entwickeln.[52] Hier kommt es uns nur auf die spezifische *Paradoxie* der »protestantischen *Ästhetik*« an, daß aus der *Spannung* zu den Dingen dieser Welt und der Entwertung der schönen Kreatur nicht ein ästhetischer *Rückzug* erfolgt, sondern gerade eine eigene *Zuwendung* zum Naturschönen und ein von religiösem Pathos durchdrungenes Weltverhältnis hervorgegangen ist.

49 Brief vom 13. Juni 1903.
50 Brief vom 13. Juni 1903.
51 Georg Simmel, Rembrandt. Ein kunstphilosophischer Versuch, Leipzig 1916, S. 158 ff.
52 Vgl. hierzu oben das fünfte Kapitel.

Die Lösung: Die Spannung
von religiöser Ethik und ästhetischer Weltgestaltung

Unsere Rekonstruktion der kunstsoziologischen Spuren[53] im Werk Max Webers ist immer wieder um das Leitmotiv der Beziehung von »religiöser Ethik und ästhetischem Rationalismus« gekreist.

Diese Thematik ist an zwei Werkstellen in generalisierender Weise behandelt, einmal in dem Kapitel der systematischen »Religionssoziologie«, wie sie in der bisherigen Präsentation von Max Webers Grundrißbeitrag enthalten ist, sowie in der berühmten ›Zwischenbetrachtung‹ der Gesammelten Aufsätze zur Religionssoziologie. Uns interessiert die Lektüre dieser korrespondierenden Passagen unter der eingangs formulierten Fragestellung, ob dort ein durchgängiger Erklärungsmodus zur Analyse der ästhetischen Rationalisierung zu finden ist.

In der systematischen »Religionssoziologie« gibt Weber eine entwicklungsgeschichtliche Formel für die Beziehung von *Kunst und Religion* vor. Bevor die religiöse Ethik, insbesondere die Brüderlichkeitsethik, mit der Sphäre der Kunst in ein Spannungsverhältnis tritt, sind Kunst und Religion miteinander eng verschlungen. Die Religionen sind eine – wie Weber sagt – »unerschöpfliche Quelle künstlerischer Entfaltungsmöglichkeit«.[54] Sie schließen die »heiligen Objekte« und auch »heilige« Rituale ein, aus deren Tradierung Weber eine erste Stufe der Überwindung des Naturalismus durch einen fixierten »Stil«[55] herleiten möchte, während Musik als Mittel der Ekstase angewendet wird oder heilige Sänger und Tänzer ihre magisch erprobten Fertigkeiten für religiöse Zwecke einsetzen. Insoweit entsprechen Webers ethnologisch gefärbte Andeutungen durchaus der Deutung Emile Durkheims.

---

53 Aus der spärlichen Literatur zu dieser Thematik vgl. insbesondere zur »Musiksoziologie«: Alphons Silbermann, Max Weber, in: Alphons Silbermann (Hrsg.), Klassiker der Kunstsoziologie, München 1979, S. 85-113; vgl. jüngst: Christoph Braun, Torso und Synthese. Zu Max Webers »Musiksoziologie«, in: Musiktheorie 5, 1990, S. 237-245.

54 Max Weber, Wirtschaft und Gesellschaft, 5. Aufl., Tübingen 1972, S. 365.

55 Max Weber, ›Zwischenbetrachtung‹ zu: Gesammelte Aufsätze zur Religionssoziologie. Bd. 1, a.a.O., S. 554.

Dessen religionssoziologischem Universalismus zufolge – »Dans le principe tout est religieux« – geht auch die Kunst aus der Religion hervor. Durkheim sieht interessanterweise die innere Verwandtschaft von Kunst und Religion im beide Sphären verbindenden Bezug zum *Imaginären*. So führt er in den »Formes élémentaires de la vie religieuse« mit Blick auf bestimmte darstellende Riten aus: »... elles font oublier aux hommes le monde réel, pour les transporter dans un autre où leur imagination est plus à l'aise; elles distraient.«[56] Sie lassen also die Menschen die reale Welt vergessen, um sie in eine andere Welt zu entführen, in der sich ihre Imaginationen eher entfalten können und die Menschen von der Unbill des Alltags entlasten.

Damit nennt Durkheim ein Motiv der *Verwandtschaft* von Religion und Kunst, das sich bei Weber in die *Konkurrenz* um die Erlösung von den Irrationalitäten dieser Welt verwandelt, sobald sich die Religion in die Richtung einer Brüderlichkeitsethik entwickelt und andererseits auch die Kunst zunehmend ihre Eigengesetzlichkeiten entfaltet.

Nietzsche hatte diese Abspaltung der Kunst aus dem Alltag in der »Geburt der Tragödie« so formuliert: »So scheiden sich durch diese Kluft der Vergessenheit die Welt der alltäglichen und der dionysischen Wirklichkeit voneinander ab. Sobald aber jene alltägliche Wirklichkeit wieder ins Bewußtsein tritt, wird sie mit Ekel als solche empfunden.«[57] Und gleich anschließend: »eine asketische, willenverneinende Stimmung ist die Frucht jener Zustände.« Bei Weber ist der Verlust einer gemeinschaftsstiftenden Kraft der Kunst, die bei Nietzsche vom »Rauschkünstler« getragen wird, mit dem Prozeß der *Intellektualisierung* verknüpft, der am Ende jene asketischen Kräfte hervorbringt, denen »jede Hingabe an künstlerische Werte rein als solche eine bedenkliche Verletzung der rationalen Systematisierung der Lebensführung«[58] darstellt.

Die Intellektualisierung und »Rationalisierung« der Religionen führt nach Webers Auffassung letztlich entweder zu ihrer *Selbstauflösung* oder in eine *weltflüchtige Haltung*. Dann aber über-

56 Emile Durkheim, Les formes élémentaires de la vie religieuse, Paris 1912, S. 543.
57 Friedrich Nietzsche, Die Geburt der Tragödie aus dem Geist der Musik, in: Werke in vier Bänden, hrsg. u. eingel. von Gerhard Stenzel, Erlangen o.J., S. 593-651 (S. 609).
58 Max Weber, Wirtschaft und Gesellschaft, a.a.O., S. 365 f.

nimmt die Kunst, wie Weber in der ›Zwischenbetrachtung‹ zu den Gesammelten Aufsätzen zur Religionssoziologie formuliert, »die Funktion einer gleichviel wie gedeuteten, innerweltlichen *Erlösung*: vom Alltag und, vor allem, auch von dem zunehmenden Druck des theoretischen und praktischen Rationalismus«.[59] Gerade diese Ersetzungsfunktion des Schönen betont Nietzsche[60], wenn nach dem Tod der Götter gilt: »nur als *ästhetisches Phänomen* ist das Dasein und die Welt ewig *gerechtfertigt*.«[61]

In Webers Sprache lassen sich vier verschiedene Arten des grundsätzlichen Spannungsverhältnisses von religiöser Ethik und Ästhetik unterscheiden:

1. Jede auf *Erlösung* und nicht auf *Erbauung* konzentrierte Religiosität blickt auf den »Sinn« und nicht auf die »Form« der Handlungen und heiligen Objekte. Damit ist die »Form« entwertet oder, um Weber mit seiner eigenen Terminologie zu pointieren: »materiale« Rationalität der Erlösung steht der formalen Korrektheit des Rituals in entwickelten Religionen feindlich gegenüber. Die »Form« ist damit religiös entwertet, während nach Weber die ästhetische »Rationalisierung« gerade in einem Durchbruch des Formprinzips besteht. Somit stoßen »*materiale Rationalität*« der Erlösungsreligion und »*Rationalität der Formästhetik*« unversöhnlich aufeinander.

2. Sobald aber die Kunst nicht nur in einen strukturellen Widerspruch zur Religion tritt, sondern die Funktion einer »gleichviel wie gedeuteten, innerweltlichen *Erlösung*: vom Alltag ...« übernimmt, verschärft sich – wie wir sahen – der Gegensatz. Diese Konkurrenz aber nimmt unter der Herrschaft des »theoretischen und praktischen Rationalismus« zu, der jenes von Weber bildhaft evozierte »Gehäuse der Hörigkeit« schafft, aus dem auch die Kunst Befreiung verspricht.[62] Sie wird nochmals radikalisiert,

---

59 Max Weber, ›Zwischenbetrachtung‹ zu: Gesammelte Aufsätze zur Religionssoziologie. Bd. 1, a.a.O., S. 555.

60 Auf die Bedeutung Nietzsches für das Verständnis Max Webers hat schon sehr früh Wolfgang J. Mommsen hingewiesen, allerdings weniger für die hier interessierende ästhetische Problematik; vgl. Max Weber und die deutsche Politik 1890-1920, a.a.O.

61 Friedrich Nietzsche, Die Geburt der Tragödie aus dem Geist der Musik, a.a.O., S. 607.

62 Vgl. auch Lawrence A. Scaff, Fleeing the Iron Cage. Culture, Politics and Modernity in the Thought of Max Weber, Berkeley 1989.

wenn die Kunst – wie bei Nietzsche – ausdrücklich als *Kompensation* eines tatsächlichen oder imaginierten *Religionsverlustes* auftritt.

3. Diese ästhetische Verklärung der Welt kann in einen moralischen »Ästhetizismus« münden, wenn z. B. ethisch gemeinte Werturteile durch die Formulierung als »Geschmacksurteile« der ethischen Diskussion entzogen werden. Die Entmoralisierung des Schönen, wofür die von Weber zitierten »Fleurs du mal« stehen, wandelt sich also in eine eigene moralische Instanz zurück. Gleichzeitig muß – wie Weber betont – sowohl dem »künstlerisch Schaffenden« wie dem von Weber ausdrücklich genannten »ästhetisch erregten Rezipierenden« die Moralisierung des Schönen durch die Religion als Vergewaltigung des Schöpferischen erscheinen.

4. Eine letzte Spannungsebene sieht Weber in der Beziehung von religiöser *Mystik* und *Ästhetik*. Diese Religiosität ist nicht nur »formfremd, unformbar und unaussagbar, sondern formfeindlich«.[63] Denn im Gefühl der »Sprengung aller Formen« liegt die Hoffnung, jenseits von Formung und Bedingtheit die unio mystica zu erlangen. Weil aber die Art der psychologischen Befindlichkeit des Mystikers nach Weber *verwandt* ist mit dem Einfühlen des Kunstschöpfers und Rezipienten, muß diese Gleichartigkeit dem religiösen Mystiker um so verdächtiger erscheinen.

Während in der ›Zwischenbetrachtung‹ die Argumentation Webers auf die Unüberbrückbarkeit der Spannungen angelegt ist zwischen der »Brüderlichkeitsethik« und den Sphären dieser Welt – Recht, Politik, Wissenschaft und Erotik –, zeigt Weber in der »systematischen Religionssoziologie«,[64] wie aus der emotiven Verwandtschaft heraus durchaus verschiedene Wege wieder in die Kunst zurückführen. Dies gilt für die indische Literatur und Kunst, von den sangesfrohen Sufis bis zu den Liedern des Franziskus.[65]

Trotz der Ansätze zu einer Systematisierung der Beziehung von

---

63 Max Weber, ›Zwischenbetrachtung‹ zu: Gesammelte Aufsätze zur Religionssoziologie. Bd. 1, a.a.O., S. 556.

64 Diese Differenz muß man gegenüber den zu Recht bemerkten Übereinstimmungen gleichwohl betonen. Vgl. Wolfgang Schluchter, Max Webers Religionssoziologie. Eine werkgeschichtliche Rekonstruktion, in: Ders. (Hrsg.), Max Webers Sicht des antiken Christentums, Frankfurt am Main 1985, S. 525-560.

65 Max Weber, Wirtschaft und Gesellschaft, a.a.O., S. 366.

religiöser Ethik und ästhetischer Sphäre liegt auch in der sogenannten »Religionssoziologie« eine vollständige Typologie der Beziehungsformen *nicht* vor. Weber deutet freilich an, wie komplex eine solche Matrix aussehen würde. Sie hätte nämlich vor allem zu beachten, daß innerhalb jeder Religion auch »deren verschiedene Strukturformen, Schichten und Träger« zu berücksichtigen sind, nämlich: »Propheten anders als Mystagogen und Priester, Mönche anders als fromme Laien, Massenreligion anders als Virtuosensekten, und von diesen die asketischen sehr anders und zwar im Effekt naturgemäß prinzipiell kunstfeindlicher als die mystischen.«[66]

Ich möchte diese systematischen Versuche, die ja auch auf der Seite der Kunst Virtuosentum und Laienbildung, charismatische Kunstpropheten, Priester und Sendboten der charismatisch-ästhetischen Gemeinschaft zu unterscheiden hätten – wobei Max Weber den George-Kreis als Prototyp ästhetisch-charismatischer Gemeinschaft vor Augen hatte[67], – eine solche systematische Typologie möchte ich hier gar nicht weitertreiben. Wir wollen vielmehr fragen, ob die Analyse der *prinzipiellen Spannung* von Kunst und Religion sowie ihrer empirischen Konstellationen für die *Erklärung* der okzidentalen Eigenart des ästhetischen Rationalismus von Belang ist.

a. Der *chinesischen* Kultur fehlt nach Weber gerade jene typische Spannung der inneren Eigengesetzlichkeiten von Kunst und Religion, weil die konfuzianische Ethik der *Weltanpassung* der Entwicklung von Religion, Kunst und Herrschaft Schranken auferlegt, die zudem über die Trägerschicht der Literatenbeamten miteinander verschmolzen sind. So fehlen der ästhetischen Askese der Literati eben, wie Weber in Anspielung auf Nietzsche sagt, die »dionysischen Elemente«.[68]

Aber auch in *Indien* ist aus der China ganz entgegengesetzten Radikalität der Spannung von Ethik und einer religiös entwerteten Welt eine spezifische Rationalität der Künste nicht hervorgegangen, obwohl es ja durchaus Ansätze etwa einer rationalen Wissen-

66 Ebd., S. 367.
67 Vgl. ebd., S. 142; vgl. hierzu neuerdings Stefan Breuer, Ästhetischer Fundamentalismus. Stefan George und der deutsche Antimodernismus, Darmstadt 1995.
68 Max Weber, Die Wirtschaftsethik der Weltreligionen. Hinduismus und Buddhismus, a.a.O., S. 519.

schaft gab. Die weltflüchtige Askese der religiösen Virtuosen lieferte kein Motiv für eine ästhetische Durchdringung der Welt.

Die außerordentliche Durchgestaltung *japanischer* Alltagskultur verdankt sich der Verknüpfung von konfuzianischer Vornehmheit und buddhistischer Weltentrückung mit einer vornehmen Kriegerschicht als Träger der Kulturentwicklung, zumindest in der Tokugawazeit. Aber spezifische Antriebe zur ästhetischen Rationalisierung im Sinne der okzidentalen Entwicklung birgt auch dieses religiös gefärbte Weltverhältnis nicht.

b. In der *okzidentalen* Entwicklung sind gleichfalls extreme Spannungen zwischen religiöser Ethik und Kunst einerseits sowie moderierende Verknüpfungen von Religion und Kunst andererseits zu konstatieren.

Sie reichen von dem radikalen Bilderverbot des antiken Judentums, in dem nur das Kultgerät religiös und symbolisch stereotypiert ist, über das antike Christentum bis zur »systematischen Verdammung aller unbefangenen Hingabe an die Formungswerte der Kunst« in puritanischen Kreisen.

Die eigentlichen Rationalisierungsschübe der okzidentalen Ästhetik verdanken sich nach Weber aber der hier besonders dynamischen Gestaltung des Spannungsverhältnisses: der Mönchsaskese des Mittelalters, die der Welt durchaus verbunden bleibt; der Spannung von religiöser Einbindung und weltlicher, die Antike wiederentdeckender Wissenschaft in der Renaissance und schließlich der Spannung zwischen der radikalen puritanischen Entzauberung der Welt und dem Bedürfnis nach ästhetischer Präsentation, wie es im Umfeld der entstehenden bürgerlichen Kultur einfach auftreten mußte, und wie wir es als eigentümliche »Nüchternheit« z. B. in der niederländischen Malerei finden.

Danach liegt der Erklärungsmodus der Differenz zwischen okzidentalen und asiatischen Ästhetiken in der spezifischen Art der *Spannung*, die zwischen religiöser Ethik und Ästhetik auftritt, nicht aber in der bloßen Entfaltung und Unversöhnlichkeit der Eigengesetzlichkeiten verschiedener Sphären, die in vollständiger Isolierung voneinander gedacht werden und deren Telos der »Rationalisierung«, gerade für die ästhetische Sphäre, dann außerordentlich unklar bliebe.[69]

69 Wolfgang Schluchter weist mich zu Recht darauf hin, mit welcher Vorsicht Webers mitunter inflationärer Gebrauch der Rationalismus-

In Webers Argumentation zur Deutung des okzidentalen Rationalismus nimmt die ästhetische Sphäre eine Sonderstellung ein: Der arationale oder antirationale Grundzug der Kunst läßt gleichwohl die *rationalen* Unterströmungen der okzidentalen Kulturen wirksam werden, deren Entfaltung nicht aus der radikalen Abtrennung der Kunst vom Leben hervorgeht – wie es eine einseitig differenzierungstheoretische Deutung der Rationalisierungsthese behaupten würde –, sondern aus der produktiven Spannung von religiöser Ethik und ästhetischer Sphäre. Daß die Bandbreite westlicher Ästhetik in der Moderne von der – wie Weber in der Musiksoziologie meint – »tonalitätszersetzenden« Zwölftonmusik[70] über die »Rationalität« der nur *scheinbar* rechenhaften Konstruktionen Piet Mondrians bis zur materialasketischen Sakralisierung von Fett und Filz bei Joseph Beuys reicht – dies ist nicht einer »Ästhetenmaniriertheit« oder »intellektualistischer Feinschmeckerei«[71] zu verdanken, sondern in den Grundlagen okzidentaler Kultur verankert. Daß diese freilich nicht nur im »West-östlichen Diwan« Goethes, sondern auch in dem ästhetischen Interesse an Chinoiserien und Japonismen[72] die außerokzidentale Ästhetik gerade gesucht hat, scheint freilich den scharfen Gegensatz eher zu verstärken als einzuebnen.

Die Analyse der spannungsvollen Beziehung von religiöser Ethik und ästhetischer Sphäre weist somit den Weg zu einer Soziologie der Kunst, die sich jenseits von soziologischen Reduktionismen einer Herkunftssoziologie und einer rein immanenten Formästhetik das *Kunstwerk* und nicht nur seine Produktions- und Rezeptionsbedingungen – und sei es in der Wendung zur Rezeptionsästhetik – zum Gegenstand einer verstehenden Soziologie der »Cultur-*Inhalte*«[73] nimmt. Welche sachlichen Folgeprobleme

formel gerade in der ästhetischen Sphäre zu verwenden ist. Sein Vorschlag, zwischen Rationalisierungs- und Sublimierungsprozessen zu unterscheiden, kann hier leider nicht weiter verfolgt und diskutiert werden.

70 Vgl. Max Weber, Die rationalen und soziologischen Grundlagen der Musik, a.a.O., S. 856.

71 So aber Webers süffisante Bemerkungen in der »Musiksoziologie«, ebd., S. 856.

72 Vgl. z. B. Siegfried Wichmann, Japonismus, Ostasien-Europa. Begegnungen in der Kunst des 19. und 20. Jahrhunderts, München 1980.

73 Dies wird genau in dem Brief Max Webers an Georg Lukács vom

eine derartige »Soziologie der Kulturinhalte« aufwirft, kann hier nicht weiter verfolgt werden.[74]

Daß die Kunstwerke freilich irgendeinen »ästhetischen Wert«[75] darstellen oder gar ästhetische Kulturen miteinander in Wertkonkurrenz treten, entzieht sich der soziologischen Bewertung, auch wenn in Webers Diktum einer »Entwicklungsrichtung von *universeller* Bedeutung und Gültigkeit« gerade die okzidentale Kultur uneingeschränkt favorisiert zu sein scheint. Diese Deutung übersieht freilich, daß Weber die Rationalisierungsthese gerade auch als ein Instrument zur Kritik der okzidentalen Moderne versteht. Auf die ästhetische Sphäre bezogen heißt dies, die inneren Spannungen von Formästhetik und materialer Gesinnungsästhetik (Tolstoi!) zur Kenntnis zu nehmen, nach denen Max Weber z. B. »monumentale Kunstgesinnung«, durchaus wertend, als ein »jämmerliches Mißgebilde«[76] erschien. Es heißt aber auch, sich auf die »ästhetische« Sphäre und die sie reflektierenden Kulturwissenschaften überhaupt einzulassen, wie dies Weber in seinen verstreuten Bemerkungen zur Analyse der »Cultur-*Inhalte*« unternommen hat.

10. März 1913 (GSTA Berlin Rep. 92, Nl. Max Weber, Nr. 22) ausgedrückt. Dort schreibt Weber, es sei »eine Wohltat«, daß, »nachdem man Ästhetik vom ›Standpunkt‹ des Rezipierenden, dann jetzt von dem des Schaffenden zu treiben versucht, nun endlich das ›Werk‹ als solches zu Wort kommt.« Für diesen Hinweis danke ich Birgit Morgenbrod.

74 Vgl. aber Werner Gephart, Bilder der Moderne. Für eine Soziologie der Kunst- und Kulturinhalte, Sphären der Moderne. Bd. 1 (Leske u. Budrich, im Druck).

75 Vgl. näher Max Weber, Der Sinn der »Wertfreiheit« der soziologischen und ökonomischen Wissenschaften, a.a.O., S. 521.

76 Max Weber, Wissenschaft als Beruf, in: Gesammelte Aufsätze zur Wissenschaftslehre, a.a.O., S. 582-613 (S. 612); selbst wenn in Webers politischer Theorie des plebiszitären Führerstaates ein Vorschein des Faschismus aufleuchten sollte – der Ästhetik des Faschismus hätte Weber nichts abgewinnen können.

Fünftes Kapitel
GESELLSCHAFT UND KULTUR IN KAPITALISMUS UND SOZIALISMUS
Zur Transformation postsozialistischer Gesellschaften

Im ›Kommunistischen Manifest‹ gibt es eine denkwürdige Passage über die Schwierigkeiten bei dem Versuch, fremde Ideen zu importieren. Zur Rezeption des französischen Sozialismus in Deutschland ist zu lesen: »Deutsche Philosophen, Halbphilosophen und Schöngeister bemächtigten sich gierig dieser Literatur und vergaßen nur, daß bei der Einwanderung jener Schriften aus Frankreich die französischen Lebensverhältnisse nicht gleichzeitig nach Deutschland eingewandert waren.«[1]

Wer heute über Max Webers Sicht von Kapitalismus und Sozialismus reden möchte, wäre schlecht beraten, diese wissenssoziologischen Einsichten von Marx und Engels leichtfertig zu ignorieren. Denn mit Webers Kritik des Sozialismus und seiner Analyse des Kapitalismus werden nicht auch gleich die Lebensverhältnisse aus Deutschland mit in die UdSSR, bzw. Rußland, einwandern. Gleichwohl verdient Max Webers Deutung besondere Aufmerksamkeit in der gegenwärtigen Lage des Umbruchs postsozialistischer Gesellschaften.

Ich möchte zunächst Max Webers Analyse des »Sozialismus« aus dem Werkbefund rekonstruieren (i), diese mit Webers ambivalenter Deutung des »Kapitalismus« (ii) konfrontieren, um am Ende der Frage nachzugehen, ob sich in Webers Werk oder im Geiste seiner kulturwissenschaftlichen Studien Orientierungen für die schwierigen Probleme einer Neuordnung postsozialistischer Gesellschaften finden lassen (iii).

I.
Gesinnungsethik und Dilettantismus.
Das Antlitz des Sozialismus

Wenn man von einem Vortrag aus dem Jahre 1918 absieht, den Max Weber vor Offizieren der k.u.k. Monarchie gehalten hat, ist in seinem Werk – anders etwa als bei Emile Durkheim[2] – eine systematische Abhandlung zu Problemen des Sozialismus nicht zu finden.

---

1 Karl Marx und Friedrich Engels, Manifest der kommunistischen Partei, in: MEW Bd. 4, Berlin 1983 (1848), S. 459-493, S. 485.
2 Emile Durkheim, Le socialisme. Avec une introduction de M. Mauss, Paris 1928.

Gleichwohl hat Weber die Fragestellung außerordentlich beschäftigt. Um zu verstehen, in welchem Sinne »Sozialismus« für Weber überhaupt ein wissenschaftliches Problem sein konnte, müssen wir die Eigenart des Weberschen Denkens näher beleuchten.

Wir hatten bereits gesehen, welche Rolle die juristische Ausbildung für Webers Denkweise spielt.[3]

Dabei hat es auch an professionspolitischen Gründen gelegen, daß Weber einen Lehrstuhl für *Volkswirtschaft* in Freiburg antrat. Nach seiner Krise meldet er sich zunächst mit *methodologischen Arbeiten* zu Wort, was wir heute Wissenschaftstheorie nennen würden, sah sich aber durchaus nicht, – wie wir bereits sahen –, als *Fachphilosophen*. Mit der Arbeit über ›Die Protestantische Ethik und den Geist des Kapitalismus‹ weist sich Weber als subtiler Kenner der *Religionsgeschichte* und der Mentalität der bewegenden Macht der Zeit, des Kapitalismus, aus. Noch immer ist nicht von »*Soziologie*« die Rede, die Weber in ironisierende Anführungszeichen zu setzen pflegt. Erst der Kategorienaufsatz »Über einige Kategorien der verstehenden Soziologie« sowie Webers Beitrag zum Grundriß der Sozialökonomik (»Wirtschaft und Gesellschaft. Die Wirtschaft und die gesellschaftlichen Ordnungen und Mächte« 1. Lieferung 1920) weisen Max Weber explizit als *Soziologen* aus. Diese vielfältigen Fachbezüge machen die Eigenart des Weberschen Werkes aus. Ihre Integration hat nicht nur Weber Kraft gekostet, sondern sie nachzuvollziehen fordert auch uns einiges ab. Das ist aber die unabweisliche Aufgabe unserer Weberdeutung.

Was ergibt sich nun aus diesem multidisziplinären Hintergrund im Denken Webers für die Analyse des Sozialismus?

In einem Brief an Robert Michels findet sich gleich zu Anfang die Forderung Max Webers, daß man die innere Struktur der sozialdemokratischen Partei über den methodischen Weg einer *Rechtsanalyse* eruieren müsse.[4] Schließlich ist ein Hauptargument Webers gegen den Anspruch des Sozialismus, die Herrschaft über Personen durch die Verwaltung von Sachen abzulösen, ja folgendes: Die bloße Änderung der *Eigentumsverhältnisse* bleibt – wie Marx es gesagt hätte, wenn er nicht gerade diesem Fehler selbst

---

3 Vgl. oben das erste Kapitel.
4 Max Weber an Robert Michels, Brief vom 28. März 1906, in: Max Weber, Briefe 1906-1908, MWG II/5, S. 56.

erlegen gewesen wäre – nichts weiter als eine »juristische *Illusion*«. Wir werden diesen Gedanken wieder aufgreifen.

Wenn sich Weber als Ökonom mit dem Sozialismus befaßt, dann geht es um die Leistungsfähigkeit der »*Planwirtschaft*« im Gegensatz zur sogenannten »Verkehrswirtschaft« unter dem Gesichtspunkt der spezifischen ökonomischen Rationalität.

Als Philosoph und Kulturwissenschaftler hingegen interessiert ihn die *Wertidee* des Sozialismus, ihre Verflechtung mit den großen Strömungen des okzidentalen Rationalismus auch im Hinblick auf die Spannungen, die sich zu *anderen* Wertideen ergeben.

Dies fließt schließlich in Webers Bild der modernen Welt ein, das dem Anspruch nach von allen geschichtsphilosophischen Deutungsabsichten befreit ist, gleichwohl aber eine eigene, *philosophisch* geprägte Weltdeutung enthält.

Der methodologischen Idee der Werturteilsfreiheit entsprechend hat der Wissenschaftler keine Empfehlungen zur politischen Wünschbarkeit dieser oder jener Gesellschaftsidee zu geben. Als eminent *politisch* denkender Mensch ist Weber freilich daran interessiert zu zeigen, welche Konsequenzen sich aus der politischen Realisierung der Wertidee(n) des Sozialismus für die politische Verfassung der Gesellschaft ergeben.

Die vermeintlich einfache Frage nach Webers Bild des Sozialismus muß also, vor dem Hintergrund der von Weber in Ansatz gebrachten Disziplinen, weiter *differenziert* werden.

1. Sozialismus als Wertidee und wissenschaftliche Theorie

Weber läßt nicht den geringsten Zweifel an der Tatsache, daß er den Sozialismus – wie er von Marx und Engels im kommunistischen Manifest präsentiert wurde – wissenschaftlich sehr hoch einschätzt. So schreibt er: »Dieses Dokument ist in seiner Art, sosehr wir es in entscheidenden Thesen ablehnen (wenigstens tue *ich* das) eine wissenschaftliche Leistung ersten Ranges.«[5] Diese Einschätzung gilt es festzuhalten, um – auch in weltanschaulicher Hinsicht

---

5 Max Weber, Der Sozialismus. Wien 1918, abgedr. in: Max Weber, Zur Politik im Weltkrieg. Schriften und Reden 1914 – 1918. Studienausgabe MWG 1/15, hrsg. von Wolfgang J. Mommsen in Zusammenarbeit mit Gangolf Hübinger, Tübingen 1988, S. 303-326, S. 314.

– Weber nicht einfach dem Lager der Reaktion zuzurechnen, was ihm sicher nicht gerecht würde. Das schließt eine heftige Kritik in der Sache nicht aus, zumal er die Grundthesen für falsch hält: »Es ist selbst in den Thesen, die wir heute ablehnen, ein geistvoller Irrtum, der politisch sehr weitgehende und vielleicht nicht immer angenehme Folgen gehabt hat, der aber für die Wissenschaft befruchtende Folgen gehabt hat, befruchtendere Folgen als oft eine *geistlose Korrektheit*.«[6] Weber war also von der Kühnheit der *wissenschaftlichen Thesen* durchaus angetan. Auf den Inhalt seiner Kritik werden wir zu sprechen kommen.

Der »Sozialismus« wird von Weber zugleich als eine geschichtsmächtige *Wertidee* betrachtet, an der sich das soziale Handeln der Menschen orientiert. Dieser Blickwinkel bezeichnet sogleich den fundamentalen Unterschied zur Lehre von Marx. Während im Marxschen System das (Klassen-)Handeln als Ausfluß von (Klassen-)Interessen erscheint, ist für Weber die Formung der Interessen durch Weltbilder nicht minder entscheidend. In der berühmten Passage heißt es: »Interessen (materielle und ideelle), nicht: Ideen, beherrschen unmittelbar das Handeln der Menschen. Aber: die Weltbilder, welche durch Ideen geschaffen werden, haben sehr oft als Weichensteller die Bahnen bestimmt, in denen die Dynamik der Interessen das Handeln fortbewegt.«[7] Aus dieser Passage ergibt sich eindeutig, entgegen einer bei *Parsons* zu findenden Interpretationstendenz[8], daß Weber kein Vertreter der *idealistischen* Handlungstheorie ist, aber auch keine reine Interessentheorie befürwortet, sondern gerade eine Vermittlung von Idee und Interesse in einer für ihn spezifischen Version der Handlungstheorie anstrebt.

Als Wertidee ist der »Sozialismus« also soziologisch ebenso belangvoll wie z. B. der »Kannibalismus« für das Verständnis *einfacher Gesellschaften*. Wer also sozialistische Gesellschaften oder genauer sozialistische *Vergesellschaftung* verstehen will, muß sich mit dem Sozialismus als Wertidee für die Zwecke *soziologischer Erklärung* befassen. Deren Aufgabe hatte Weber in dem berühm-

6 Ebd., S. 314.

7 Max Weber, ›Einleitung‹ zu Gesammelte Aufsätze zur Religionssoziologie. Bd. 1, a.a.O., S. 252.

8 Vgl. Talcott Parsons, The Structure of Social Action. A Study in Social Theory with Special Reference to a Group of Recent European Writers, New York 1968 (1937).

ten § 1 der Kategorienlehre aus »Wirtschaft und Gesellschaft« folgendermaßen bestimmt: »Soziologie (im hier verstandenen Sinn dieses sehr vieldeutig gebrauchten Wortes) soll heißen: eine Wissenschaft, welche soziales Handeln deutend verstehen und dadurch in seinem Ablauf und seinen Wirkungen ursächlich erklären will.«[9] Eine *Begründung* für die Geltung bestimmter Wertideen kann die Soziologie als Wissenschaft eben nicht liefern. Es kann ihr oder irgend einer anderen Wissenschaft nicht einmal gelingen, ein »System der Werte« aufzustellen, wie es *Rickert* und andere behaupteten. Der Tatbestand ist vielmehr ein anderer: »Es handelt sich nämlich – so Weber in seinem Vortrag »Der Sinn der ›Wertfreiheit‹ der soziologischen und ökonomischen Wissenschaften« – zwischen den Werten letzlich überall und immer wieder nicht nur um Alternativen, sondern um unüberbrückbar tödlichen Kampf, so wie zwischen ›Gott‹ und ›Teufel‹. Zwischen diesen gibt es keine Relativierungen und Kompromisse.«[10] »Sozialismus« und »Kapitalismus« werden von Weber als solche antagonistische Wertideen begriffen.

Was aber macht nach Weber den Kern dieser Wertidee aus? »Sozialismus« hat es – ebenso wie »Kapitalismus« – »überall, zu allen Zeiten und in allen Ländern der Erde«[11] gegeben. Als den Kern der Wertidee sieht Weber hierbei die *Abschaffung der Herrschaft des Menschen* durch eine Art *Verwaltung der Sachen* an.[12] Diese Wertidee, die sich mit der in der »Zwischenbetrachtung« analysierten Brüderlichkeitsethik paart, führt nach Weber nur zu zwei grundsätzlich möglichen Stellungnahmen, wie er sie in einem Brief an Robert Michels vom 4. August 1908 analysiert hat: »Entweder: 1) ›mein Reich ist nicht von dieser Welt‹ (Tolstoj, *oder* der zu *Ende gedachte* Syndikalismus, der gar *nichts* als der Satz ›das Endziel ist mir nichts, die *Bewegung* Alles‹ ins *Revolutionär-Ethische*, Persönliche übersetzt ist, ... oder: 2) Cultur- (d. h. *objektive*, in *technischen* u.s.w. ›Errungenschaften‹ sich äußernde Cultur-)*Bejahung* unter *Anpassung* an die soziologischen Bedingungen *aller* ›Technik‹, sei sie ökonomische, politische oder was

9 Max Weber, Wirtschaft und Gesellschaft, a.a.O. S. 1.
10 In: Gesammelte Aufsätze zur Wissenschaftslehre, a.a.O., S. 489-540, S. 507.
11 Max Weber, Der Sozialismus, a.a.O., S. 311.
12 Vgl. hierzu die glänzende Studie von Wolfgang Schluchter, Aspekte bürokratischer Herrschaft, München 1972 (insbes. Kap. 2).

immer...«[13] Vor denjenigen, die den »Sozialismus« im ersten Sinne »gesinnungsethisch« vertreten, hat Weber durchaus Respekt, den er versagt, wo an die Realisierung der Wertidee unter den Bedingungen zweckrationalen Handelns geglaubt wird. So heißt es in diesem, für Webers Position zum ›Sozialismus‹ aufschlußreichen Brief weiter: Im zweiten Fall ist »alles Gerede von ›Revolution‹ Farce, *jeder* Gedanke, durch *irgend* ein *noch* so ›sozialistisches‹ Gesellschaftssystem, durch noch so ausgetüftelte Formen der ›Demokratie‹ die ›Herrschaft des Menschen über den Menschen‹ zu *beseitigen*, eine *Utopie*«.[14] Weber übt hier eine spezifische Art der *Wertkritik* des rationalen Wertdiskurses, die die Konsequenzen und Möglichkeiten der Verwirklichung einer Wertidee aufzeigt. Webers Vermutungen über das, was passiert, wenn die technischen, »culturobjektiven« Bedingungen der Realisierung letztlich okzidentaler Werte nicht beachtet werden, klingen heute wie eine Prophetie über das praktische Scheitern des Sozialismus. So heißt es weiter: »Wer als ›moderner Mensch‹ auch nur in dem Sinn leben will, daß er täglich seine Zeitung hat und Eisenbahnen, Electrics etc. pp. – der *verzichtet* auf alle jene Ideale ... sobald er überhaupt den Boden des Revolutionarismus *um seiner selbst willen, ohne* jedes ›Ziel‹, ja ohne die Denkbarkeit eines ›Ziels‹ *verläßt*.«[15]

Was Weber prognostiziert, sind also Einbußen oder *Kosten*, die der Sozialismus für das *Alltagsleben* mit sich bringen würde, die so weit gehen, daß letztlich die Errungenschaften der Moderne verloren gingen, obwohl der – man könnte ihn so nennen – »okzidentale Sozialismus« selbst ein Produkt dieser Moderne ist, das aufs engste mit der ökonomischen Entwicklung zusammenhängt.

2. Sozialismus als ökonomisches System

Wie der neu aufgelegte »Grundriss zu den Vorlesungen über Allgemeine (›theoretische‹) Nationalökonomie«[16] ausweist, hat sich Weber schon vor der Jahrhundertwende mit den »theoretischen

---

13 Max Weber an Robert Michels, Brief vom 4. August 1908, abgedr. in: Max Weber, Briefe 1906-1908, a.a.O., S. 615 f.
14 Ebd., S. 616.
15 Ebd.
16 Erstmals gedr. 1898, nunmehr: Tübingen 1990.

Unterlagen des wissenschaftlichen Sozialismus«[17] befaßt, ohne eine systematische Abhandlung über die Ökonomie des Sozialismus zu verfassen. In den ›Soziologischen Kategorien des Wirtschaftens‹ nimmt Weber in § 14 eine systematische Gegenüberstellung von »verkehrswirtschaftlicher« und »planwirtschaftlicher« Bedarfsdeckung vor. »›Verkehrswirtschaftliche‹ Bedarfsdeckung soll alle, rein durch *Interessenlage* ermöglichte, an Tauschchancen orientierte und nur durch Tausch vergesellschaftete wirtschaftliche Bedarfsdeckung heißen. ›*Planwirtschaftliche*‹ Bedarfsdeckung soll alle an *gesatzten*, paktierten oder oktroyierten, materialen Ordnungen systematisch orientierte Bedarfsdeckung innerhalb eines *Verbandes* heißen.«[18]

Während die verkehrswirtschaftliche Bedarfsdeckung das Medium Geld voraussetzt sowie die ökonomische, d. h. rechnungsmäßige und rechtliche, Trennung von Haushalt und Betrieb, tendiert die planwirtschaftliche Bedarfsdeckung zur Naturalrechnung und – der obigen Definition entsprechend – zur Ausbildung eines *Verwaltungsstabes*, der die Ordnungen des Wirtschaftens verfassen und ihre Durchsetzung garantieren soll. An die Stelle der autonomen Orientierung der autokephalen Einzelwirtschaften, die nach Auffassung des Sozialismus zur Anarchie des Marktes führt, tritt im Sozialismus eine streng haushaltsmäßige und heteronome Orientierung an den Anordnungen des *Verwaltungsstabes*, der durch Lohn und Strafe sanktioniert.

Dieses autonome oder »voluntaristische« *verkehrswirtschaftliche* Handeln stößt überall an Grenzen, wo die Vermögensdifferenzierung dazu führt, sich *Anweisungen* fügen zu müssen. Auch auf der Ebene idealtypischer Begriffsbildung ist Weber also weit von einer Verklärung kapitalistischen Wirtschaftens entfernt.

Neben diesen strukturellen Differenzen ergeben sich Unterschiede aus den jeweils anders gelagerten *Antrieben* des Wirtschaftshandelns. Während die »verkehrswirtschaftliche Bedarfsdeckung« dem Arbeitnehmer das Risiko völliger Unversorgtheit für sich und seine Angehörigen aufbürdet (im reinen Typus), muß der Sozialismus das Unversorgtheitsrisiko mindestens abschwächen. Auf der Seite der Leitung von Beschaffungsbetrieben muß er

---

17 So § 15 im Grundriss zu den Vorlesungen über Allgemeine (›theoretische‹) Nationalökonomie, a.a.O.
18 Max Weber, Wirtschaft und Gesellschaft, a.a.O., S. 59.

deren Autonomie letztlich völlig ausschalten und einem zentralen Plan mit entsprechendem Verwaltungsstab unterwerfen. Hierdurch entfällt auch das Kapitalrisiko und damit die Bewertung von Entscheidungen der Leitung als wirtschaftliche Mißerfolge oder Erfolge. Während die Motivation wirtschaftlicher Tätigkeit in der verkehrswirtschaftlichen Bedarfsdeckung u. a. durch die Qualifizierung der Arbeit als »Beruf« befördert wird und die Leitung der Unternehmung ihren Einsatz als »Bewährung« deuten kann, setzt die planwirtschaftliche Bedarfsdeckung im wesentlichen *ideale Antriebe altruistischen* Charakters voraus. Sofern das Wirtschaftsziel auf die Bedarfsdeckung im Sinne der Erzeugung von Gebrauchswerten gerichtet ist, wird im übrigen die Rechenhaftigkeit des Wirtschaftens herabgemindert und damit die *formale* Rationalität wirtschaftlichen Handelns beeinträchtigt bei – dem Anspruch nach – gleichzeitiger Steigerung ihrer materialen Rationalität und das heißt ja vor allem der Verteilungsgerechtigkeit. Diese Spannung führt nach Weber zu einem grundlegenden, rein innerökonomischen Konflikt der »planwirtschaftlichen Bedarfsdeckung«: »Materiale und (im Sinn exakter *Rechnung*:) formale Rationalität fallen eben unvermeidlich weitgehend auseinander: diese grundlegende und letztlich unentrinnbare Irrationalität der Wirtschaft ist eine der Quellen aller ›sozialen‹ Problematik, vor allem: derjenigen alles Sozialismus.«[19] Anstelle des Widerspruchs von Kapital und Arbeit, der nach Marx[20] im Sozialismus aufgehoben werden soll, diagnostiziert Weber also einen noch tiefer greifenden Widerspruch, nämlich den von *formaler* und *materialer* Rationalität.[21]

Dieser Widerspruch ist mit der ökonomischen Problemstellung für alle Wirtschaft gegeben, soll aber nach Weber gerade im Sozialismus zur vollen Entfaltung gelangen. Auf einer anderen Ebene

19 Ebd., S. 60.
20 Aus der umfänglichen Literatur über ideelle und reale Beziehungen von Weber zu Marx ragt noch immer die Arbeit von Löwith hervor: vgl. Karl Löwith, Max Weber und Karl Marx, in: Gesammelte Abhandlungen, Stuttgart 1960, S. 1-67.
21 Der Mangel an formaler Rationalität im Sinne der »Rechenhaftigkeit« befördert andererseits das Privilegienunwesen und führt somit auch zu entscheidenden Einbußen an materialer Rationalität. Vgl. im übrigen Ralf Dahrendorf, Markt und Plan. Zwei Typen der Rationalität, Tübingen 1978.

liegen die Strukturprobleme des ›realverfallenden Sozialismus‹[22], wonach die Steigerung der Produktivität zum Fetisch wurde, anstatt die optimale Kombination der Produktionsfaktoren, einschließlich des raschen Gütertransports etc., zu befördern.

In welcher politischen Form wird diese Wirtschaftsverfassung einer planwirtschaftlichen Bedarfsdeckung organisiert? Diese Frage führt zu einem weiteren Schritt in der Rekonstruktion des »Sozialismus« nach Max Weber.

3. Sozialismus als Herrschaftssystem

Max Weber hat – als leidenschaftlich argumentierender Politiker und als wissenschaftlicher Analytiker – der Herrschaftsproblematik seine besondere Aufmerksamkeit gewidmet. Sie schlägt sich in der bekannten idealtypischen Unterscheidung von »traditionaler«, »charismatischer« und »legal-rationaler Herrschaft«[23] ebenso nieder wie in den historisch gehaltenen Untersuchungen zur Entwicklung der Herrschaft im Kontext der okzidentalen Rationalisierung.

Verwaltung und Bürokratien hat es überall auf der Welt gegeben: In Ägypten beruhte die Herrschaft auf einer machtvollen Beamtenschicht; in China sind es die *Literati*, von denen »Herrschaft« im Geiste eines Gentleman-Ideals ausgeübt wird. Vor all diesen außerokzidentalen Formen der Herrschaft mittels eines Verwaltungsstabes zeichnet sich die »moderne« Bürokratie vor allem durch eine zunehmende *fachliche Spezialisierung* und *rationale Schulung* aus. Der alte chinesische Mandarin war dagegen kein Fachbeamter, sondern ein literarisch gebildeter »Gentleman«, während der ägyptische, spätrömische oder byzantinische Beamte eher unserem modernen Bürokraten gleicht. Dafür waren seine Staatsaufgaben unvergleichlich viel einfacher, und es fehlte jene rationale Orientierung des modernen Typus, der sine ira et studio seinen Aufgaben

22 Vgl. die schonungslose Kritik bei Erwin K. Scheuch, Der real verfallende Sozialismus, in: Merkur 44, 1990, S. 472-482.

23 Vgl. Max Weber, Wirtschaft und Gesellschaft, a.a.O., S. 122-176, sowie die sogenannte »ältere Herrschaftssoziologie« S. 541 ff.; vgl. auch: Max Weber, Die drei reinen Typen der legitimen Herrschaft, in: Preußische Jahrbücher 187, 1922; abgedr. in: Gesammelte Aufsätze zur Wissenschaftslehre, a.a.O., S. 475-488.

nachgeht, d. h. dem Ethos der *Unpersönlichkeit* verpflichtet und ausschließlich an sachlich-fachlichen Kriterien orientiert ist.

Dieser Typus des modernen Fachbeamten ist nach Weber in dem Maße unausweichlich, als die Komplexität der Staatsaufgaben zunimmt.

Diese Expansion der Staatstätigkeit ist nun nach Weber – entgegen der sozialistischen These vom Absterben des Staates – die zwingende Konsequenz gerade der »*sozialistischen Produktionsweise*«, die sich insoweit zwangsläufig zu einer gleichsam »*bürokratischen Produktionsweise*« entwickelt.

Denn die »*planwirtschaftliche* Bedarfsdeckung« ist an den Planvorgaben, der Ordnung eines Verbandes orientiert, der eines eigens hierauf eingestellten *Verwaltungsstabes* bedarf. Und es ist nach Weber zunächst das unausweichliche Schicksal der Rationalisierung kapitalistischer Gesellschaften, daß die bürokratische Verwaltung als das rein technisch zur Erzielung bestimmter Leistungen am meisten geeignete Instrument sämtliche Sphären des modernen Lebens durchdringt: die religiösen Organisationen, die Parteiorganisationen, die sogenannte Daseinsfürsorge, die Presse, sogar das Freizeitwesen, wenn man an die Massenorganisationen des Sports denkt, und schließlich den gesamten Umkreis der ökonomischen Sphäre.

Aber dieser Entwicklung können sich auch sozialistische Gesellschaften nicht entziehen, mit dem wichtigen Unterschied allerdings, daß an die Stelle eines pluralen Konkurrenzbürokratismus die monolithische Struktur einer *einzigen* Bürokratie treten würde. So heißt es in »Parlament und Regierung im neugeordneten Deutschland«: »Die staatliche Bürokratie herrschte, wenn der Privatkapitalismus ausgeschaltet wäre, *allein*«[24]. Die Einzelbürokratien würden sozusagen zum »idealen Gesamtbürokrat« verschmelzen: »Die jetzt neben und, wenigstens der Möglichkeit nach, gegeneinander arbeitenden, sich also immerhin einigermaßen noch gegenseitig im Schach haltenden privaten und öffentlichen Bürokratien wären in eine einzige Hierarchie zusammengeschmolzen. Etwa wie in Ägypten im Altertum, nur in ganz unvergleichlich rationalerer und deshalb: unentrinnbarerer Form«[25].

---

24 Max Weber, Parlament und Regierung im neugeordneten Deutschland, abgedr. in: Gesammelte Politische Schriften, a.a.O., S. 306-443, S. 332.
25 Ebd., S. 332. Vgl. hierzu auch die anregende, eine eigenartige Mischung

Webers Prognose einer sich überholenden Bürokratisierung sozialistischer Gesellschaften gehört zu den treffsichersten Aussagen, die er über die Entwicklung der Moderne gemacht hat. Bevor man sich jedoch allzu rasch auf einen (vermeintlichen) Konsens über das »Zeitalter der Bürokratie« (Wolfgang J. Mommsen)[26] einläßt, muß präzisiert werden, worin genau die Strukturmerkmale eines *bürokratischen Sozialismus* lägen und worauf sich Webers Kritik dann konzentrieren würde.

Daß seine Bürokratietheorie nicht so ohne weiteres auf den Typus sozialistischer Gesellschaften übertragbar ist, geht im Einzelnen aus den Voraussetzungen und Strukturmerkmalen der »legal-rationalen Herrschaft mittels eines bürokratischen Verwaltungsstabes«[27] hervor. Der »reine« Typus ist dort verwirklicht, wo der Beamte nur rein *sachlichen* Amtspflichten gehorcht, in eine feste *Amtshierarchie* eingebunden ist, mit festen *Amtskompetenzen* ausgestattet ist, rein *fachlich* rekrutiert und nur in *Geld* entlohnt wird, nicht in Naturalien und auch nicht in sozialen Privilegien. Die völlige Trennung von den Mitteln der Verwaltung ohne Appropriationschancen der Amtsstelle als Pfründe und auch ohne Möglichkeiten der *privaten* Bereicherung ist eine weitere Voraussetzung der *rationalen Bürokratie*.

Nun zeigt die tentative Anwendung dieser Kriterien auf sozialistische Gesellschaften, daß an mehreren Stellen die glatte Subsumtion unter Webers Idealtypus der Bürokratie *nicht* gelingt: Zum einen sind die ökonomischen Voraussetzungen hochentwickelter Geldwirtschaft vielfach nicht erfüllt. Zum anderen fehlt es an dem vorausgesetzten, im Begriff der legal-rationalen Herrschaft implizierten *Rechtssystem*.[28] Kompetenzordnung, d. h. interne funktionale Differenzierung setzt ein hoch entwickeltes öffentliches

---

bürokratischer und charismatischer Elemente im Sowjetkommunismus herauspräparierende Studie von Stefan Breuer, Die Organisation als Held. Der sowjetische Kommunismus und das Charisma der Vernunft, in: Ders., Bürokratie und Charisma. Zur politischen Soziologie Max Webers, Darmstadt 1994, S. 84-109.

26 Vgl. auch den Beitrag über Webers Kritik von Kapitalismus und Sozialismus in: Wolfgang J. Mommsen, Gesellschaft, Politik und Geschichte, Frankfurt 1974, S. 144-182.

27 Vgl. Max Weber, Wirtschaft und Gesellschaft, a.a.O., S. 126 ff.

28 Zu Problemen des Rechts im Sozialismus vgl. Werner Gephart, Gesellschaftstheorie und Recht. Das Recht im soziologischen Diskurs der Moderne, a.a.O., S. 576 ff.

Recht voraus, das zugleich die Instrumente liefert, die Trennung des Bürokraten von den staatlichen Mitteln auch fiskalisch und rechtlich zu garantieren. Nur unter dieser Voraussetzung aber ist der im demokratischen Sinne nivellierende *Formalismus* der bürokratischen Orientierung, ›sine ira et studio‹ zu handeln, erreichbar. D. h. es wird den Chancen bürokratisch bedingter Privilegien durch ein Rechtssystem im Sozialismus *nicht* entgegengewirkt. Hiermit verbindet sich das weitere Problem der *Rekrutierung des Herrschaftspersonals* im Sozialismus. Das Ideal rein fachlicher Rekrutierung wird ja dort unterlaufen, wo z. B. die Karrierechancen des Beamten nicht von seiner Leistung abhängen, sondern von seinen Verdiensten für die *Partei*.

Obwohl also durchaus Züge der bürokratischen Herrschaft im Sozialismus zu finden sind und geradezu als typisch angesehen werden, weicht die Wirklichkeit des bürokratischen Sozialismus von diesem Idealtypus an entscheidenden Stellen ab. Weber selbst benennt diese Zweifel gegenüber den verkehrstechnischen Voraussetzungen »rationalen Bürokratismus«. So heißt es: »Ihre Präzision fordert Eisenbahn, Telegramm, Telephon und ist zunehmend an sie gebunden. Daran könnte eine sozialistische Ordnung nichts ändern. Die Frage wäre …, ob sie in der *Lage* wäre, ähnliche Bedingungen für eine *rationale*, und das heißt gerade für sie: straff bureaukratische Verwaltung nach noch festeren *Regeln* zu schaffen, wie die kapitalistische Ordnung.«[29] Wenn sie dies aber *nicht* schafft – und die Schwierigkeiten eines universalistischen Rechtssystems im Sozialismus belegen dies, – dann läge wiederum »eine jener großen Irrationalitäten: Antinomie der formalen und materialen Rationalität vor«, die Weber ja schon für die Widersprüche des Sozialismus als Wirtschaftssystem herauspräpariert hatte.

Das heißt auch: Bürokratie im Sozialismus ist gar nicht jenes einzigartige Gebilde, das »nach allen Erfahrungen die an Präzision, Stetigkeit, Disziplin, Straffheit und Verläßlichkeit, also Berechenbarkeit für den Herrn wie für die Interessenten, Intensität und Extensität der Leistung, formal universeller Anwendbarkeit auf alle Aufgaben, rein *technisch* zum Höchstmaß der Leistung vervollkommenbare, in all diesen Bedeutungen: formal *rationalste*, Form der Herrschaftsausübung«[30] ist.

29 Max Weber, Wirtschaft und Gesellschaft, a.a.O., S. 129.
30 Ebd., S. 128.

Die Erlangung eines Visa mag als Beispiel dienen. Obwohl vor dem Schalter, der den Beamten durch einen Einwegspiegel verdeckt, eine Schlange[31] gebildet wird, besitzt diese keine verbindliche Rangfolge. Nach einem von außen undurchschaubaren System werden Einzelne bevorzugt behandelt, man wird aufgefordert, aus der Reihe auszubrechen und gerät sofort in Versuchung, sich durch den Hinweis auf eine Einladung an der Komsomol-Hochschule Privilegien zu verschaffen. Schließlich erfährt der Antragsteller, daß sein schriftlich eingereichter Antrag offensichtlich nicht mehr aufzufinden ist, obwohl gleichzeitig versichert wird, daß er trotz aller eingehaltenen Formalitäten nicht hätte zugestellt werden können, weil noch Fragen »offen« gewesen wären.

Ein zweites Szenario: Ein Industrieller, der – als Mann mit einschlägigen Erfahrungen – sich erst gar nicht angestellt hat, beruft sich auf eine Einladung des Ministerrates und auf ein Telex, das diese formale Einladung bestätigt. Dieses ist entweder nicht aufgegeben oder nicht mehr auffindbar. Der irritierte Geschäftsmann versichert glaubhaft, daß es um einen Milliardenkredit (sic!) ginge, er sich nun aber aus dem Geschäft zurückziehen werde.

Kapitalismus und *rationale* bürokratische Verwaltung scheinen also wechselseitig aufeinander angewiesen. Defizite wirtschaftlicher Rationalität im Sozialismus kumulieren daher mit den Defiziten bürokratischer Rationalität.

Die von Weber skizzierten *Gefahren bürokratischer Herrschaft* aber gehen über diese Defizite *technischer Rationalität* hinaus. Für Weber stellen sich nämlich, angesichts der für ihn unausweichlichen Tendenz zur Bürokratisierung, drei Grundfragen:

»1. Wie ist es angesichts der Übermacht dieser Tendenz zur Bürokratisierung *überhaupt noch möglich, irgendwelche* Reste einer in *irgend*einem Sinne ›individualistischen‹ Bewegungsfreiheit zu retten?«[32]

Und Weber nennt, wiederum prophetisch, die zunehmende Bedeutung der Errungenschaften »aus der Zeit der ›*Menschenrechte*‹«. Das Ausscheren aus der Tradition universalistischer Rechtssysteme hat also auch diese für das Individuum fühlbare Folge des

---

31 Zur Soziologie der »Schlange« in sozialistischen Gesellschaften gibt es glänzende Analysen des russischen Gelehrten Alexander Gofman.
32 Max Weber, Parlament und Regierung, a.a.O., S. 333.

Verlustes subjektiv-rechtlicher, d. h. einklagbarer Freiheitsansprüche gegenüber dem Staat.

Auf einer mehr strukturellen Ebene stellt sich für Weber weiterhin die Frage: »2. Wie kann, angesichts der steigenden Unentbehrlichkeit und der dadurch bedingten steigenden Machtstellung des uns hier interessierenden *staatlichen* Beamtentums, *irgend*welche Gewähr dafür geboten werden, daß Mächte vorhanden sind, welche die Übermacht dieser an Bedeutung stets wachsenden Schicht in Schranken halten und wirksam kontrollieren?«[33] Für den Sozialismus mit seiner Fusion staatlicher und wirtschaftlicher Bürokratien stellt sich diese Frage umso schärfer, wenn bürokratische Herrschaft im Sozialismus letztlich die *Herrschaft der Parteibürokratie* meint.

Aus der zeitgeschichtlichen Situation heraus sah Weber in seinem Artikel »Parlament und Regierung im neugeordneten Deutschland« eine dritte Frage als die wichtigste an: wie nämlich ein politisches System nicht vom *Geist der Bürokratie*, d. h. der disziplinierten Ausführung von Befehlen getragen wird, sondern selbst »dynamische« Persönlichkeiten hervorbringt, die zur politischen Gestaltung befähigt sind, d. h. Politik als einen verantwortungsethisch orientierten *Beruf* ausüben.[34]

Zu den strukturbedingten Defiziten einer sozialistischen Bürokratie, die zu Einbußen der *formalen Rationalität* führen, kommen nun also die praktischen Konsequenzen *materialer Rationalität* hinzu, d. h. 1. die Erniedrigung des Einzelnen zu einem tendenziell entrechteten Objekt der Verwaltung, 2. die Bildung eines monolithischen Machtzentrums, das durch keinerlei andere Gewalten kontrolliert wird, und schließlich 3. das Problem, wie ohne eine öffentliche Konkurrenz die Selektion eines kreativen Führungspersonals erfolgen soll, das die politische Leitung der Verwaltung in Händen hat.

33 Max Weber, Parlament und Regierung, a.a.O., S. 333.
34 Vgl. hierzu: Max Weber, Politik als Beruf, MWG I/17, hrsg. v. Wolfgang J. Mommsen und Wolfgang Schluchter in Zusammenarbeit mit Birgit Morgenbrod, Tübingen 1992, S. 157-252.

4. Sozialismus als Gemeinschaftssystem

Max Weber hat den Klassenbegriff keineswegs abgelehnt, er hat ihm freilich eine andere Bedeutung als das Marxsche System gegeben. Nicht die Abschaffung der Klassengesellschaft ist das wissenschaftliche Ziel Webers, sondern eine *Analyse ihrer diversen Formen*. Weber unterscheidet zwischen »Klassenlage« und »ständischer Lage«. Klassenlage soll – so definiert er – »die typische Chance 1. der Güterversorgung, 2. der äußeren Lebensstellung und 3. des inneren Lebensschicksals heißen, welche aus Maß und Art der Verfügungsgewalt (oder des Fehlens solcher) über Güter oder Leistungsqualifikationen und aus der gegebenen Art ihrer Verwertbarkeit für die Erzielung von Einkommen oder Einkünften innerhalb einer gegebenen Wirtschaftsordnung folgt.«[35] Die Klassenlage ist also ein Spiegel der wirtschaftlichen Ordnung. Was bedeutet dies für den Sozialismus?

Die negative Privilegierung der Erwerbsklasse der Arbeiter ist dort nur formal in eine positive umgedeutet. So sagt Weber in dem »Sozialismusvortrag«: »Das Schicksal des Arbeiters, der in einem Bergwerk arbeitet, ändert sich in gar keiner Weise, ob nun dieses Bergwerk ein privates oder staatliches ist.«[36] Das heißt: Die Klassenlage hat sich durch die rechtliche Umdefinition der Verfügung über das Eigentum der Produktionsmittel für den Arbeiter überhaupt nicht geändert, während die »Erwerbsklasse« der Unternehmer, die in einem Marktsystem an der Verwertung ihrer Kapitalchancen interessiert ist, entfällt. Was im Sozialismus an ihre Stelle tritt, erörtert Weber nicht.

Es liegt aber nahe, im Sinne Webers für die bürokratische Produktionsweise des Sozialismus eine eigene Klassenfiguration anzunehmen, die nicht minder differenziert sein müßte als Webers Bild der kapitalistischen Klassenlage.

Insbesondere wäre auszuführen, was die neue Klassenlage für das vergesellschaftete Klassenhandeln im Sozialismus bedeutet, und weiterhin, welche Konsequenzen sich aus den ökonomischen Irrationalitäten der planwirtschaftlichen Bedarfsdeckung für die Lebensführung der Arbeiter, Angestellten, der Intelligentia und der Parteibürokraten ergeben. Auch wenn Weber eine

35 Max Weber, Wirtschaft und Gesellschaft, a.a.O., S. 177.
36 Max Weber, Der Sozialismus, a.a.O., S. 313.

solche Untersuchung nicht mehr durchführen konnte, geben seine Hinweise die Richtung an, in der eine Analyse der Klassenlage im *historischen Sozialismus* vorgenommen werden müßte.

Für die gemeinschaftliche Sphäre bleibt freilich eine ähnliche Irrationalität festzuhalten, wie sie Weber für die wirtschaftliche und politische Sphäre aufgewiesen hat. Hier ist nämlich der Anspruch auf die Aufhebung der Klassengegensätze im Sinne einer material-ethischen Rationalität der Gemeinschaft an der Wirklichkeit neuer sozialer Ungleichheiten gescheitert. Dieses Scheitern einer Utopie, die nicht nur in Webers Sicht den ökonomischen und politischen Dilettantismus mit sich bringt, muß gleichzeitig massive Probleme für die kulturelle Legitimation der Gesellschaftsordnung aufwerfen.

5. Sozialismus als Kultur

Max Weber ist zur Ausführung eines Projektes über »Cultur-Inhalte« – wie wir sahen[37] – nicht mehr gekommen.

Auch eine systematische Durchleuchtung der Kulturprobleme des Sozialismus fehlt erwartungsgemäß. Webers Andeutungen sind freilich so aufschlußreich, daß eine nähere Betrachtung sinnvoll erscheint.

In einem Brief an Robert Michels wirft er diesem vor, daß er in einem Manuskript für das Archiv für Sozialwissenschaft und Sozialpolitik[38] die *kulturelle Problematik* der sozial-demokratischen Partei gar nicht gewürdigt habe: »Die Evolution des großen Problems in der Partei, inwieweit sie denn eigentlich *spezifische* Culturwerthe (*eigne, nur* ihr eigne *Kunst*ideale ...) vertrete ist ja gar nicht berührt. Und davon hängt doch Alles ab! Von der ›Culturpartei‹ zur ›Maschine‹ im amerikanischen Sinn!«[39]

37 Vgl. oben Kapitel 4.
38 Weber bezieht sich hier wahrscheinlich – wie aus dem Briefbandkommentar hervorgeht – auf das Manuskript eines nicht nachgewiesenen Michels-Aufsatzes über »Universität und Sozialismus«. (Max Weber, Briefe 1906-1908 a.a.O., S. 637/Fn. 1)
39 Max Weber, Brief vom 16. August 1908 an Robert Michels, abgedr. in: Max Weber, Briefe 1906-1908, a.a.O., S. 640.

Weber hatte hierbei die Naturalismus-Debatte auf dem Gothaer Parteitag von 1896[40] im Sinn.

Was die *ästhetische Seite* der Kulturproblematik angeht, so erscheint die »Lösung« des sozialistischen Realismus gerade gegenüber dem russischen Beitrag zur ästhetischen Moderne – ich denke an *Malevitch* und den Suprematismus – eher *regressiv*. Und es drängen sich eigenartige Parallelen zu einem Programm des Realismus auf, wie es vom Nationalsozialismus im Kampf gegen die angeblich »entartete« Kunst propagiert wurde.

»Kultur« hat darüberhinaus, gerade in der Perspektive Max Webers, wie wir schon mehrfach sahen, mit dem Problem der »*Sinnstiftung*« zu tun. Wie die Sinnstiftungsfrage im Sozialismus gewendet wird, läßt sich in Webers Kategorien präzisieren. Es ist nämlich das unvermeidliche Schicksal der okzidentalen Rationalisierung, daß moderne Gesellschaften nicht nur einem unentrinnbaren Prozeß der *Bürokratisierung*, sondern auch einer zunehmenden »Intellektualisierung« und »*Entzauberung*« ausgesetzt sind.

Dieser Prozeß der Entsakralisierung der Welt, die Befreiung von magischen Vorstellungen und der Verführung der Massen durch die Verschiebung diesseitiger Erwartungen ins Jenseits scheint ja gerade im Sozialismus, dessen Fundament eine Religionskritik ist,[41] besonders weit getrieben zu sein. Insofern gehört der Sozialismus in einem wesentlichen Teil zu dem von Weber nachgezeichneten Prozeß der okzidentalen Rationalisierung und ist ohne diese Entwicklung nicht denkbar.

Nur ist das Bedürfnis nach Sinnstiftung und Weltdeutung bekanntlich nicht so einfach auszurotten. Nach dem Tod der alten Götter erstehen neue, und Weber deutet auch an, welche das sind. In seiner »systematischen Religionssoziologie« (einem Teil von ›Wirtschaft und Gesellschaft‹) zeigt Weber die Paradoxien der religiösen Entzauberung im Sozialismus auf. Seit dem Entstehen des »sozialistischen, ökonomisch eschatologischen Glaubens« nahm diese Bewegung, so Weber, eine »radikal-antireligiöse« Wen-

---

40 Vgl. die Protokolle über die Verhandlungen des Parteitages der Sozialdemokratischen Partei Deutschlands. Abgehalten zu Gotha vom 11. bis 16. Oktober 1896, Berlin 1896, S. 79-106.
41 Vgl. auch Werner Gephart, Gesellschaftstheorie und Recht. Das Recht im soziologischen Diskurs der Moderne, a.a.O., S. 288 f.

dung. Denn: »Nur diese antireligiösen Sekten verfügen über eine deklassierte Intellektuellenschicht, welche einen *religionsartigen Glauben* an die sozialistische Eschatologie wenigstens zeitweise zu tragen vermochte.«[42]

Dieser »religionsartige Glaube« weicht freilich auf: »Je mehr die ökonomischen Interessenten selbst ihre Interessenvertretung in die Hand nehmen, desto mehr tritt gerade dies ›akademische‹ Element zurück; die unvermeidliche Enttäuschung der fast superstitiösen Verklärung der ›Wissenschaft‹ als möglicher Produzentin oder doch als Prophetin der sozialen gewaltsamen oder friedlichen Revolution im Sinn der Erlösung von der Klassenherrschaft tut das Uebrige, und die einzige in Westeuropa als wirklich einem religiösen Glauben äquivalent anzusprechende Spielart des Sozialismus: der Syndikalismus, gerät infolgedessen leicht in die Lage, in jenem (Punkte) zu einem romantischen Sport von Nichtinteressenten zu werden.«[43]

Die Verschiebung von Jenseitserwartungen ins Diesseits vermag freilich genauso »Enttäuschungen« zu produzieren wie die ins Jenseits projizierten Hoffnungen auf diesseitiges Glück. So hat sich weder die, wie Weber sie nennt: »superstitiöse Verklärung der Wissenschaften« als neue Religion durchsetzen können, noch ist es gelungen, die anti-religiösen Impulse des Sozialismus zu einer neuen Religion aufzuwerten. Allerdings gibt es vielfach Elemente einer »*religion civique*« in sozialistischen Gesellschaften: Die Symbole des Sozialismus sind zu Insignien eines neuen, säkularen Kultes stilisiert, der in liturgieartig organisierten Ritualen seine neuen Götter feiert. Diese sakralen Elemente sozialistischer Gesellschaften sind ein Beleg dafür, daß auch hier das Ende der Religionen vorschnell verkündet wurde, und zwar in doppeltem Sinne: Zum einen hat der »Sozialismus als Religion« bei den Massen der Bevölkerung nicht umstandslos Anklang gefunden; die auf dem Wege in den Post-Sozialismus befindlichen Gesellschaften haben zuallererst die Symbole dieser Gesellschaftsordnung de-montiert und zerstört und die Heiligenfiguren des Sozialismus von den Sockeln gestürzt.

Andererseits wäre die Renaissance religiöser Bewegungen in so-

---

42 Max Weber, Wirtschaft und Gesellschaft, a.a.O., S. 313. (Hervorhebung von W. G.)

43 Ebd.

zialistischen Gesellschaften nicht weniger problematisch, wenn diese nur deshalb geduldet würden, weil man sich auf ihre Funktion für die Theodizee des Leids besinnt. Hieraus jedenfalls ist nicht abzusehen, wie eine weltzugewandte religiöse Lebensführung entstehen soll, die einst Motor und Träger der kapitalistischen Entwicklung war.

II.
Das Ethos der Unpersönlichkeit und das Gehäuse der Hörigkeit.
Ambivalenzen in Max Webers Bild des Kapitalismus

Wer in Weber einen naiven Vertreter des Kapitalismus sieht, hat sein Werk nicht zur Kenntnis genommen.

In der Freiburger Antrittsvorlesung »Der Nationalstaat und die Volkswirtschaftspolitik« hat Weber seinen sozialen Standort ohne Verrenkungen benannt: »Ich bin ein Mitglied der bürgerlichen Klassen, fühle mich als solches und bin erzogen in ihren Anschauungen und Idealen.«[44]

In einem späteren Brief an Robert Michels stellt Weber seine eigene Position der Bourgeoisie gegenüber nicht ohne Selbstironie dar. So schreibt er: »... sehen Sie meine ... Rede doch einfach als Speech eines *klassenbewußten Bourgeois* an die *Feiglinge* seiner *eignen* Klasse an«, indem er hinzufügt: »(Sie wissen ja: meine Frau ist jetzt *Fabrik*-Anteilhaberin, – übrigens nur bescheidenster Dimension – aber immerhin!!)«[45]

Hieraus geht nun eindeutig hervor, daß Weber sich seiner eigenen Klasse gegenüber kritisch zu verhalten gedenkt, wie er auch gerade für die sozialistische Bewegung die Bedeutung ihrer bürgerlichen Protagonisten betont, wenn er an *Michels* Adresse gerichtet fortfährt: »... treiben Sie den *Maulhelden Ihrer (Wahl-)* Klasse die lächerliche Vorstellung aus, als ob Sie ohne massenhafte ›Klassenverräther‹ in den Reihen des *Besitzes* (nicht

---

44 Max Weber, Der Nationalstaat und die Volkswirtschaftspolitik. Akademische Antrittsrede 1895, abgedr. in: Gesammelte politische Schriften, a.a.O., S. 1-25, S. 20.

45 Brief Max Webers an Robert Michels vom 6. November 1907, abgedr. in: Max Weber, Briefe 1906-1908, a.a.O., S. 423.

nur ... der »Intelligenz«) politisch das Mindeste erreichen könnten ...«[46]
Im folgenden wird Webers Begriff des *Kapitalismus* in Parallele zu
seinem Bild des Sozialismus rekonstruiert. Hierbei ist die Bezeich-
nung »Kapitalismus« keineswegs gleichbedeutend mit Geldwirtschaft oder auch Marktwirtschaft.

1. Kapitalismus als Idee

Für Webers Auseinandersetzung mit dem Kapitalismus ist es
grundlegend, zunächst den spezifischen Sinn nachzuzeichnen,
den er mit der »schicksalsvollsten Macht unseres modernen Lebens: dem *Kapitalismus*«[47] verbindet.
Weber legt immer wieder dar, daß es für die Idee des Kapitalismus
nicht darauf ankommt, daß irgendein »Erwerbstrieb« am Werke ist
oder ein Streben nach möglichst hohem »Geldgewinn«. »Mam-
monismus«, wie es Georg Simmel in seiner Philosophie des Geldes[48] nennt, hat mit Kapitalismus im Sinne Webers nichts zu tun.
Vielmehr – und das ist die Pointe – ist die *Bändigung* des hem-
mungslosen Erwerbsstrebens für die Idee des Kapitalismus entscheidend. Wenn Weber also von »Kapitalismus« spricht, ist *nicht*
das Zerrbild einer raffgierigen Clique hemmungsloser Spekulanten
gemeint. Dies ist für die Konfrontation mit dem »Sozialismus« so
entscheidend, da Weber einen anderen Begriffsinhalt anvisiert, als
er in der vielfach pejorativen Redeweise mancher sozialistischer
Theorien assoziiert wird.
»Kapitalismus« ist auf die Erzielung von »Gewinn« angelegt und
zwar im kontinuierlichen, rationalen kapitalistischen Betrieb, d. h.
nach immer neuem Gewinn: nach *Rentabilität*. »Kapitalistisch«ist

46 Ebd.
47 Max Weber, ›Vorbemerkung‹ zu: Gesammelte Aufsätze zur Religions-
    soziologie. Bd. 1, a.a.O, S. 4.
48 Vgl. Georg Simmel, Philosophie des Geldes, Berlin 1977 (1900).
    Gleichwohl gibt es bei Simmel durchaus Bezüge zur ›Protestantischen
    Ethik‹, auch wenn Weber Georg Simmel, bei aller öffentlich geäußerten
    Sympathie, sachlich äußerst scharf kritisierte; vgl. Max Weber, Georg
    Simmel als Soziologe und Theoretiker der Geldwirtschaft (Manu-
    skript-Fragment, Bayerische Staatsbibliothek München, Max-Weber-
    Depot).

ein Wirtschaftsakt dann, wenn er »auf Erwartung von Gewinn durch Ausnutzung von *Tausch*-Chancen ruht: auf (formell) *friedlichen* Erwerbschancen«.[49] Hiermit wird jede Art von politischem Beutekapitalismus von der Definition ausgenommen; vielmehr geht es um die spezifisch *rechnende* Tätigkeit, die sich im Wirtschaftsakt ausdrückt. Aber nicht als Abzählen des Gewinns, sondern im Sinne der systematischen Kapital*rechnung*, d. h. eines Vergleichs zwischen den eingesetzten Erwerbsmitteln und der diesen Einsatz übersteigenden Mittel im bilanzmäßigen Schlußertrag. Entscheidend ist also in Webers Sinne, daß eine kontinuierliche Kapital*rechnung* als Kalkulation aufgemacht wird, sowohl bei Beginn des Unternehmens wie bei jeder anderen ökonomischen Handlung. Insofern ist der kapitalistische Wirtschaftsakt der Prototyp des von Weber in den Mittelpunkt seiner Analysen gestellten Idealtypus des »zweckrationalen« Handelns.

Ist diese Art »wirtschaftlicher Rationalität« nun ein Privileg okzidentaler Gesellschaften? Diese Art des rechenhaften Kapitalismus, d. h. des Vergleichs von Geldschätzungs*erfolg* und Geldschätzungs*einsatz* hat es in China, Indien, Babylon, Ägypten, der mittelländischen Antike, dem Mittelalter und der Neuzeit gegeben. Freilich ist nur im Okzident ein ganz spezifischer Typus des Kapitalismus entstanden, der eine ganze Wirtschaftsordnung in einer bestimmten Richtung prägt.

2. Kapitalismus als ökonomisches System

Abenteurer- und Beutekapitalismus, Gründer-, Großspekulanten- und Kolonialkapitalismus haben nach Weber mit dem *modernen rationalen* Kapitalismus nichts gemein.

Entscheidend ist vielmehr »die rational-kapitalistische Organisation von (formell) *freier Arbeit*«.[50] »Frei« heißt hier: nicht in einer *Sklaven*herrschaft befangen und auch von zunft- und handwerksmäßigen Schranken befreit, die disziplinmäßig in die kapitalistische Betriebsorganisation eingebunden ist, welche ihrerseits ausschließlich an Chancen des Gütermarkts orientiert ist. Neben der formell

---

49 Max Weber, ›Vorbemerkung‹ zu: Gesammelte Aufsätze zur Religionssoziologie. Bd. 1, a.a.O., S. 4.
50 Ebd., S. 7.

freien Arbeit gehört also die rationale Betriebsorganisation zum Begriff des rationalen Kapitalismus. Diese setzt historisch die grundlegende Differenzierung von Haushalt und Betrieb voraus sowie die *rechtliche* Scheidung von privatem Vermögen und rechtlichem Sondervermögen, einschließlich der hieran anschließenden Haftungsfolgen in steuerlicher Hinsicht und im Insolvenzfall.

Diese Art des Kapitalismus ist also auf *Berechenbarkeit* aufgebaut, d. h. Rechenhaftigkeit des eigenen wirtschaftlichen Handelns wie des Handelns anderer.

Technik und rationale Wissenschaft, die im Okzident durch die Kombination von Theorie und Experiment ihre besondere Leistungsfähigkeit entwickelt haben, sind notwendige Voraussetzungen für die Steigerung der Betriebsrentabilität. Hinzu kommen weitere Bedingungen, die über die Logik ökonomischen Handelns hinausreichen.

3. Herrschaftsmäßige Voraussetzungen des Kapitalismus

Mit der kapitalistischen Struktur der Wirtschaft sind nach Weber durchaus verschiedene Formen des Staates vereinbar. Eine spezifische politische Ordnung wird vom Kapitalismus weder als eine Art »Überbau« hervorgebracht, noch sind bestimmte politische Formen zwingende Voraussetzung für die Entfaltung des Kapitalismus.

Weber hebt jedoch zwei Momente hervor, welche die Entfaltung des »Kapitalismus« im Sinne rationaler, marktorientierter Betriebsorganisation begünstigen: Dies sind einmal die *rationale Struktur des Rechts* (a), d. h. die Entstehung eines formal-rationalen Rechtssystems sowie die Entfaltung der *rationalen Bürokratie* (b) in einem politischen Verband, der die Mittel legitimer Gewaltsamkeit für sich monopolisiert hat, also »Staat« im modernen Sinne ist.

Betrachten wir zunächst die Beziehung von Recht und Wirtschaft im Kapitalismus.

(a) Unter dem Titel »Bedeutung und Grenzen des Rechtszwangs für die Wirtschaft«[51] findet sich eine grundlegende Erörterung der

51 Max Weber, Wirtschaft und Gesellschaft, a.a.O., S. 195 ff.

wechselseitigen Beziehung von *Recht und Wirtschaft*, die sich als *Kritik einer ökonomischen Rechtslehre* lesen läßt.[52]

Wenn man nämlich fragt, *was* eigentlich durch eine Rechtsordnung garantiert sein soll, so lautet eine vor allem vom Marxismus vertretene Antwort, daß *ökonomische Interessen* Objekt der Rechtsgarantie seien. Webers Gegenposition ist eindeutig. Mit *Rudolf von Ihering* wird dem »Interesse« eine zentrale Rolle nicht nur für die *religiöse* Entwicklung, wie wir sahen, sondern auch für die Bedeutung des Rechts eingeräumt. Nur läßt sich die Vielfalt der Interessen *nicht* auf irgendwie geartete »ökonomische« Beziehungen, Begehren oder Vorzugslagen reduzieren: »Das Recht (immer im soziologischen Sinn) garantiert keineswegs nur ökonomische, sondern die allerverschiedensten Interessen, von den normalerweise elementarsten: Schutz rein persönlicher Sicherheit bis zu rein ideellen Gütern wie der eigenen ›Ehre‹ und derjenigen göttlicher Mächte. Es garantiert vor allem auch politische, kirchliche, familiäre oder andere Autoritätsstellungen ...«[53]

Ist die Rechtsordnung also, um ein Marxwort abzuwandeln, nicht der Ausschuß ökonomischer Interessen, so kann – theoretisch – die *Rechtsordnung* völlig unverändert eine vollständige Umwälzung der *Wirtschaftsordnung* überdauern; dies impliziert sowohl den Fortbestand privatkapitalistischer Rechtsinstitute in einer sozialistischen Wirtschaftsordnung wie umgekehrt die Fortdauer »sozialistischer« Rechtsinstitute in einer re-kapitalisierten Wirtschaftsordnung. Eine direkte Korrespondenz von Rechtsordnung und Wirtschaftsordnung wird auch in der umgekehrten Richtung aufgelöst: Trotz der Verschiedenheit der Rechtsinstitute *kann* der wirtschaftliche Effekt derselbe sein. Es gibt also nach Weber keine simple Eins-zu-Eins-Beziehung von Wirtschaftsordnung und Rechtsordnung.

Gleichwohl wäre es falsch, die Möglichkeit jeder Art von Wechselwirkung gänzlich zu leugnen. So heißt es: »Natürlich steht die Rechtsgarantie in weitestem Umfang direkt im Dienst ökonomischer Interessen. Und soweit dies scheinbar oder wirklich nicht direkt der Fall ist, gehören ökonomische Interessen zu den aller-

52 Vgl. auch die Rekonstruktion bei Werner Gephart, Gesellschaftstheorie und Recht. Das Recht im soziologischen Diskurs der Moderne, a.a.O., Dritter Teil, Kap. 3.
53 Max Weber, Wirtschaft und Gesellschaft, a.a.O., S. 196.

mächtigsten Beeinflussungsfaktoren der Rechtsbildung, da jede eine Rechtsordnung garantierende Gewalt irgendwie vom Einverständnishandeln der zugehörigen sozialen Gruppen in ihrer Existenz getragen wird und die soziale Gruppenbildung in hohem Maße durch Konstellationen materieller Interessen mitbedingt ist.«[54]

Weber leugnet also, wie wir schon früher sahen, nicht die Kategorie des Interesses, die ja unmittelbar das Handeln bestimmt, auch wenn sie sich *nicht umstandslos* in *Rechtsformen* transformiert, da diese ja auch von den Ideen mitbestimmt werden, deren Dynamik die Interessen fortbewegt.[55]

Dies trifft z. B. auf die Bedeutung von Freiheitsrechten zu, die ihren Ursprung im neuzeitlichen Naturrecht haben. Es gibt aber auch eine Art Wechselwirkung oder struktureller Wahlverwandtschaft von Rechtsform und Wirtschaftsordnung, die sich am Beispiel des Marktes demonstrieren läßt. Dazu heißt es an zentraler Stelle: »Die universelle Herrschaft der Marktvergesellschaftung verlangt einerseits ein nach rationalen Regeln *kalkulierbares* Funktionieren des Rechts. Und andererseits begünstigt die Marktverbreiterung, die wir als charakteristische Tendenz jener kennen lernen werden, kraft der ihr immanenten Konsequenzen die Monopolisierung und Reglementierung aller ›legitimen‹ Zwangsgewalt durch *eine* universalistische Zwangsanstalt vermöge der Zersetzung aller partikulären, meist auf ökonomischen Monopolen ruhenden ständischen und anderen Zwangsgebilde.«[56]

(b) Nicht nur der »Sozialismus«, sondern auch der »Kapitalismus« ist von der bürokratischen Rationalisierung geprägt, die ihrerseits von der kapitalistischen Wirtschaftsform in einem bestimmten Sinne begünstigt wird: »Wie der Kapitalismus in seinem heutigen Entwicklungsstadium die Bürokratie *fordert* – obwohl er und sie aus verschiedenen *geschichtlichen* Wurzeln gewachsen sind –, so ist er auch die rationalste, weil fiskalisch die nötigen *Geld*mittel zur Verfügung stellende, wirtschaftliche Grundlage, auf der sie in rationalster Form bestehen kann.«[57]

54 Ebd.
55 Vgl. die vielzitierte Stelle aus: Max Weber, ›Einleitung‹ zu: Gesammelte Aufsätze zur Religionssoziologie, Bd. 1, a.a.O., S. 252.
56 Max Weber, Wirtschaft und Gesellschaft, a.a.O., S. 198.
57 Ebd., S. 129.

Diese unentfliehbare Macht der Bürokratie wirft – wie wir gesehen hatten – drei Grundfragen auf, die sich eben nicht nur für sozialistische, sondern auch für kapitalistische Gesellschaften stellen, nämlich (1) wie der Übermächtigung des Individuums durch die Vorherrschaft der Bürokratien zu begegnen ist, (2) welche *strukturellen Gegengewichte* gegenüber der Bürokratie in das politische System einzubauen sind und (3) wie das Problem politischer Führung zu lösen ist.

ad (1) Bürokratische Herrschaft zeigt sich im Vergleich zu Webers Zeit heute in vielfach veränderter Gestalt und birgt z. T. ganz neue Risiken. Nicht nur der unpersönliche Stil der Interaktion zwischen Bürger und Bürokrat, der nur bereit ist, aufgrund eines *Antrags* seine bürokratische Innenwelt zu öffnen[58], ist eine leidvolle Erfahrung des Umgangs mit öffentlicher Verwaltung. Die vollständige datenmäßige Erfassung des Individuums versetzt es nicht nur in das »Gehäuse der Hörigkeit«, sondern macht es zu einem »gläsernen Menschen«, der sich unberechenbaren Informationsmonopolen und der Gefahr undurchschaubarer Manipulationen ausgesetzt sieht.

Es gehört – wie Richard Münch formuliert hat – zur »Dialektik der Kommunikationsgesellschaft«[59], daß *Kommunikationsgewinne* durch die neuen Medien und Techniken der Informationsverarbeitung in bislang unbekannte Formen *kommunikativer Herrschaft* umschlagen. Schon *Rousseau* war sich übrigens bewußt, daß Herrschaft erst auf dem Boden der Kommunikation erwächst[60] – und heute stehen die Zeichen für Habermas' Idee »herrschaftsfreier Kommunikation« nicht eben günstiger.

Bereits Max Weber zeichnet jedenfalls ein ganz und gar pessimistisches Bild für die Chancen bzw. Reste irgendeiner Art von Individualität. In einer Maschinenmetapher nennt er neben der »toten Maschine«, die dem Arbeiter Rhythmus und Disziplin aufzwingt, die »lebende Maschine« der bürokratischen Organisation. »Im Verein mit der toten Maschine ist sie (die lebende Maschine, W. G.) an der Arbeit, das Gehäuse jener Hörigkeit der Zukunft herzustellen, in welche vielleicht dereinst die Men-

---

58 Vgl. Niklas Luhmann, Funktion und Folgen formaler Organisation, Berlin 1964.

59 Vgl. Richard Münch, Dialektik der Kommunikationsgesellschaft, Frankfurt am Main 1990.

60 Jean-Jacques Rousseau, Discours sur l'inégalité. Kritische Ausgabe von Heinrich Meier, Paderborn 1984, S. 123 ff.

schen sich, wie die Fellachen im altägyptischen Staat, ohnmächtig zu fügen gezwungen sein werden, *wenn ihnen eine rein technisch gute und das heißt: eine rationale Beamtenverwaltung und -versorgung der letzte und einzige Wert ist, der über die Art der Leitung ihrer Angelegenheiten entscheiden soll.*«[61]

ad (2) Was die politischen Gegengewichte gegenüber der Bürokratie angeht, so favorisiert Weber eindeutig ein parlamentarisches System. Er vermerkt nur – außerordentlich weitsichtig – die rein fachliche Überlegenheit der Ministerialbürokratie gegenüber den Organen des Parlamentarismus, die ja Repräsentanten der durch die Bürokratie unmittelbar Beherrschten sind. Weber sieht sehr deutlich die Legitimationsfunktion des Parlaments, denn »Herrschaft« ist ohne ein Minimum *innerer Anerkennung* des Herrschaftsanspruchs ein äußerst labiles Gebilde. Vor dem Hintergrund der Utopie herrschaftsfreier Sozialität im Sozialismus stellt sich das Problem natürlich gar nicht. Wird jedoch die Unausweichlichkeit von Herrschaft in den Massengebilden moderner Staaten zugestanden, wird die Legitimationsfrage unausweichlich.

Das Parlament als *Legitimationsautomat*[62] ist mehrfach in Verruf geraten. Aufgabe eines *arbeitenden Parlaments* ist nach Weber vor allem die Kontrolle der Verwaltung. Dies stößt auf besondere Schwierigkeiten, weil die Verwaltung dazu neigt, ihr »Dienstwissen« in »Geheimwissen« zu verwandeln.[63] Die Informations- und Befragungsrechte des Parlaments und insbesondere der *Minderheitsfraktionen* sind daher von Weber mit aller Schärfe gefordert worden. Auch die »Untersuchungsausschüsse«, die in parlamentarischen Demokratien eine zunehmende Rolle spielen, haben in Webers Analysen eine theoretische Grundlage. Die Einrichtung eines wissenschaftlichen Dienstes im »Deutschen Bundestag« gehört ebenso zu den Vorkehrungen, den fachlich bedingten Wissensvorsprung der Ministerialbürokratie zugunsten der Parlamentarier, zu verringern.

ad (3) In der Auswahl geeigneter politischer Führer sieht Weber nun ein besonderes Problem seiner Zeit und der parlamentarischen Demokratien überhaupt. »Das Wesen aller Politik« ist für Weber,

---

61 Max Weber, Parlament und Regierung, a.a.O., S. 332.
62 Niklas Luhmann hat diesen Tatbestand neu gedeutet in: Legitimation durch Verfahren, Neuwied und Berlin 1969.
63 Vgl. Max Weber, Parlament und Regierung, a.a.O., S. 352 f.

anders als der ethisch temperierte »Kapitalismus«, bestimmt durch: »Kampf, Werbung von Bundesgenossen und von freiwilliger Gefolgschaft«.[64]

Weber baut also Elemente »charismatischer Herrschaft« in die Struktur der politischen Systeme ein, die dem Kapitalismus als Wirtschaftsform entsprechen. Er macht sich übrigens keinerlei Illusionen darüber, daß die großkapitalistischen Mächte seiner Zeit am ehesten an einem *bürokratischen Obrigkeitsstaat* interessiert sind. Darin hat Weber nicht zuletzt die Rolle der Schwerindustrie im Nationalsozialismus vorhergesehen. Wolfgang J. Mommsen hat ja eingehend auf die Nähe der Konzeption vom plebiszitären Führerstaat zur Herrschaftsform des Nationalsozialismus hingewiesen,[65] der Weber im übrigen aus ganz verschiedenen Gründen sachlich entgegengetreten wäre.

Gleichwohl muß man festhalten, daß Weber die *Eigendynamik* der Legitimation begründenden Gefolgschaften und Sendboten unterschätzt hat. Aber dies ist wohl nicht nur ein dem Kapitalismus eigenes Phänomen.

4. Kapitalismus als Gemeinschaft

In der gemeinschaftlichen Sphäre kapitalistischer Gesellschaften treten die allergrößten Spannungen auf.

Dies ergibt sich aus der Logik der »Marktvergesellschaftung«. Im unvollendeten Abschnitt über die »Marktvergesellschaftung« in Webers Grundrißbeitrag heißt es: »Wo der Markt seiner Eigengesetzlichkeit überlassen ist, kennt er nur Ansehen der Sache, kein Ansehen der Person, keine Brüderlichkeits- und Pietätspflichten, keine der urwüchsigen, von den persönlichen Gemeinschaften getragenen menschlichen Beziehungen.«[66]

In der »Zwischenbetrachtung« der Gesammelten Aufsätze zur Religionssoziologie entwickelt Weber auf systematische Weise die Widersprüche zwischen der von ihm sogenannten »Brüderlichkeitsethik« und den Sphären dieser Welt. Jede in der rationali-

---

64 Ebd., S. 347.
65 Vgl. Wolfgang J. Mommsen, Max Weber und die deutsche Politik 1890-1920, a.a.O.
66 Max Weber, Wirtschaft und Gesellschaft, a.a.O., S. 383.

sierten Gesellschaft vorkommende Sondersphäre tritt nämlich umso schärfer in Widerspruch zu dieser urwüchsigen Brüderlichkeitsethik, je *rationaler* die Sphäre gestaltet ist. Politik, Ökonomie und Wissenschaft sind mit einer personal orientierten Ethik unvereinbar, wenn der entscheidende Grundzug dieser Sphären gerade darin liegt, durch unpersönliche, sachliche Beziehungen bestimmt zu sein. Macht auf der politischen Ebene, Geld im ökonomischen Bereich, Wahrheit in der wissenschaftlichen Sphäre sind personenunabhängige Bezugspunkte rationalen Handelns. Aber auch in weltabgewandteren Bereichen treten solche Widersprüche auf: In der ästhetisch-schöpferischen Sphäre herrscht ein starker individualistischer Selbstbezug vor, der sich mit der Solidaritätsethik der Brüderlichkeit stößt. Weber nennt als Beispiel auch die Liebe, die zu einer Abschließung der sozialen Beziehung führt, wenn sie nicht Züge des Liebesakosmismus trägt.

Immer geht es also um Spannungen zwischen einem Brüderlichkeitsethos und dem Pathos der Sachlichkeit verbürgenden Unbrüderlichkeit einerseits und den Widersprüchen zu einer rein subjektivistischen Ethik andererseits.

Diese Widersprüche treten im okzidentalen Rationalismus in verschärfter Weise auf. Je mehr sich das Rationalitätspotential der verschiedenen Sphären entfaltet hat, desto schärfer werden die Spannungen fühlbar. Weber hat damit ein Bild der *Krise moderner Gesellschaften*[67] entworfen, das ähnlich wie in Marxens Lehre durch innere Widersprüche gekennzeichnet ist.

Diese Spannung ist zwischen der urwüchsigen Brüderlichkeitsethik und dem Kapitalismus besonders krass entwickelt. Webers Formulierungen sind unmißverständlich: »Geld ist das Abstrakteste und ›Unpersönlichste‹, was es im Menschenleben gibt. Der Kosmos der modernen rationalen kapitalistischen Wirtschaft wurde daher, je mehr er seinen immanenten Eigengesetzlichkeiten folgte, desto unzugänglicher jeglicher denkbaren Beziehung zu einer religiösen Brüderlichkeitsethik. Und zwar immer mehr, je rationaler und damit unpersönlicher er wurde.«[68]

67 Zur Krisentheorie der soziologischen Klassiker vgl. auch: Werner Gephart, Strafe und Verbrechen. Die Theorie Emile Durkheims, Opladen 1990, S. 102 ff.

68 Max Weber, ›Zwischenbetrachtung‹ zu: Gesammelte Aufsätze zur Religionssoziologie. Bd. 1, a.a.O., S. 544.

Welche Art von Ethik ist dann aber in kapitalistischen Gesellschaften überhaupt möglich? Sind jegliche solidaritätsbezogenen Ethiken ausgeschlossen?

Ist der Kapitalismus also, wie die sozialistische Lehre behauptet, auch in den Augen Webers ein zutiefst amoralisches Gebilde? Eine Antwort findet sich in der Rekonstruktion des Beitrags religiöser Ethiken für die Genese des Kapitalismus, die die religiös kulturellen Voraussetzungen von Entstehung und Fortbestand des Kapitalismus aufzeigt.

5. Kapitalismus als Kultur

Max Webers Studie »Die protestantische Ethik und der Geist des Kapitalismus« wird in einer sehr vereinfachenden Lektüre auf den Zusammenhang von religiöser Ethik und Lebensführung reduziert.[69] Entweder man konzentriert sich auf die Logik der Beweisführung bzw. die logische Struktur der Erklärung – und verbleibt in diesem Modell –, oder es werden Gegenbeispiele angehäuft, die den von Weber behaupteten Zusammenhang von »protestantischer Ethik« und »Geist des Kapitalismus« widerlegen sollen.[70] Dies ist natürlich legitim, verkennt aber die Intention der Arbeit Webers in erheblichem Maße. Diese ist nämlich nicht nur explikativer Natur, sondern auch wesentlich deskriptiver Art.

Was den »Geist des Kapitalismus« ausmacht, ist nicht definitorisch vorwegzunehmen, sondern wird – wie Weber ausdrücklich betont[71] – im Verlaufe der Untersuchung erst *entwickelt*. Gegenstand

69 Zu dieser Tendenz einer im übrigen glänzenden Deutungskunst vgl. Wolfgang Schluchter, Religion und Lebensführung, 2 Bde., Frankfurt am Main 1989.

70 Als Überblick vgl. die Arbeiten in: Constans Seyfarth und Walter M. Sprondel, Seminar: Religion und gesellschaftliche Entwicklung. Studien zur Protestantismus-Kapitalismus-These Max Webers, Frankfurt am Main 1973. Zum gegenwärtigen Forschungsstand vgl. Hartmut Lehmann, Asketischer Protestantismus und ökonomischer Rationalismus. Die Weber-These nach zwei Generationen, in: Wolfgang Schluchter (Hrsg.), Max Webers Sicht des okzidentalen Christentums, Frankfurt am Main 1988, S. 529-553.

71 Max Weber, Die protestantische Ethik und der Geist des Kapitalismus, a.a.O., S. 30.

der Untersuchung ist nämlich das gesamte Panorama einer Lebensweise, für die Weber den weithin nicht wahrgenommenen Begriff der »*kapitalistischen Kultur*«[72] verwendet hat.

Weber geht zunächst, der Arbeitsweise Durkheims nicht ganz unähnlich[73], einem auffälligen statistischen Zusammenhang zwischen Kapitalbesitz und Konfessionszugehörigkeit, dem Zusammenhang von Wirtschaftsregion und konfessioneller Bindung sowie dem Konnex von Bildungsgrad, d. h. Schulbesuch, und konfessioneller Herkunft nach.[74]

Aus dem auffälligen Anteil der Protestanten schließt Weber nun nicht auf die verbreitete Vorstellung, daß die Protestanten der Welt eher zugewandt, weltoffener und weniger in religiös bedingten Traditionen verhaftet seien, also religiös »laxer« wären. Das Gegenteil ist nach Weber der Fall. Gerade ihre religiöse Orientierung lenkt sie aus religiösen Motiven in die Bahnen innerweltlichen *Handelns*.

Dieser Ansatzpunkt ist für das Verständnis von Webers Begriff des Kapitalismus entscheidend. Wir hatten ja bereits gesehen, daß die bloße Raffgier, das hemmungslose Streben nach Gewinn, *nichts* mit dem von Weber gemeinten Begriff des Kapitalismus gemein hat. Dieser beginnt dort – wie Zitate von Benjamin Franklin (»time is money«) demonstrieren – wo der Kapitalerwerb zu einer Art *ethischen* Pflicht wird. Dieses spezifische Ethos, das ökonomische Handeln über den Erwerb der Subsistenzmittel hinaus zum Gegenstand der *Pflicht* zu machen, ist das nach Weber weltgeschichtlich vollständig *Neue*.

Spekulanten, Geldverleiher, Financiers hat es ja auch im Okzident gegeben – man denke an die *Fugger*. Der Unterschied liegt darin, daß dem kapitalistischen Ethos jede Art unbefangenen Genießens untersagt ist, es von jeder Art eudämonistischer oder hedonistischer Verklärung radikal befreit ist. Das heißt: Weber zeigt die merkwürdige und auf den ersten Blick paradoxe Beziehung zwischen einer *asketischen* Lebenshaltung und kapitalistischem Gebaren auf.

---

72 Ebd., S. 62.
73 Vor allem in: Emile Durkheim, Le suicide. Etude de sociologie, Paris 1897 (1973).
74 Max Weber, Die protestantische Ethik und der Geist des Kapitalismus, a.a.O., S. 17-30.

Woher kommt dieser Zusammenhang? Wie läßt sich diese eigentümliche Verbindung einer nur aus streng religiöser, weltabgeschiedener Askese hervorgehenden Haltung mit dem Geist des Kapitalismus erklären? Wie die konfessionelle Statistik zeigt, liegt es nahe, die bestimmende Kraft im *Inhalt* der religiösen Ideen zu suchen.

Ein wichtiger Deutungsstrang nimmt seinen Ausgang bei Luthers Berufsidee, ein Begriff, der seiner Bibelübersetzung zu verdanken ist. Hier geht es also nicht um Wissenschaft und Politik als »Beruf« – wie in Webers berühmten Vorträgen, bei denen man diesen religiösen Hintergrund mitdenken muß –, sondern um *Kapitalismus als Beruf*. Der impliziert eine systematische, ethisch geprägte »Gesinnung, welche *berufsmäßig* systematisch und rational legitimen Gewinn in der Art, wie dies an dem Beispiel Benjamin Franklins verdeutlicht wurde, erstrebt ...«[75]

Hieraus läßt sich nun Webers Fragestellung weiter präzisieren, die ihrer Bedeutung wegen ausführlich zitiert werden soll. Es soll gerade nicht darum gehen, einen zwingenden Kausalnexus zwischen Reformation und Kapitalismus herzustellen. »Sondern es soll nur festgestellt werden: ob und wieweit religiöse Einflüsse bei der qualitativen Prägung und quantitativen Expansion jenes ›Geistes‹ über die Welt hin *mit*beteiligt gewesen sind und welche konkreten *Seiten* der auf kapitalistischer Basis ruhenden *Kultur* auf sie zurückgehen.«[76] Diese Stelle ist ein weiterer Beleg dafür, daß es Weber in der Tat um die kapitalistische *Kultur* geht, und das heißt um die Gestaltung des innerweltlichen Lebens als einer nach ethischen Maßstäben zu lösenden Aufgabe.

Wie sehen nun die *religiösen Motive* aus, die zu der geschilderten Welthaltung führen?

Weber sieht in der Lehre Calvins die sinnhafte Verknüpfung von Ethik und Geist des Kapitalismus, d. h. kapitalistischer Kultur. Es ist Calvins Radikalisierung der *Prädestinationslehre*, die in Verbindung mit praktischen Bedürfnissen der Seelsorge den Geist des Kapitalismus befördert.[77]

Ob der Mensch von Gott erwählt ist, entzieht sich vollständig den menschlichen Erkenntnismöglichkeiten. Gott ist nicht nach irdi-

75 Ebd. S. 49.   76 Ebd., S. 83.
77 Zu Calvins Lehre im theologischen Kontext vgl. Otto Hermann Pesch und Albrecht Peters, Einführung in die Lehre von Gnade und Rechtfertigung, Darmstadt 1981.

schen Maßstäben zu messen; nach seiner Gerechtigkeit zu fragen, stellt schon eine Verletzung seiner Majestät dar, denn er ist *frei*, an keinerlei Gesetze gebunden. Der Mensch lebt ausschließlich zum Ruhme Gottes; es verbietet sich jede Frage nach einer anderen Art der Rechtfertigung. Die Theodizeefrage, die Weber an anderer Stelle als Bezugspunkt der religiösen Rationalisierung benennt, ist also in radikaler Weise gelöst. Warum die Welt so schlecht ist, das Leiden die Menschheit beherrscht, obwohl es einen überweltlichen Schöpfergott gibt, dieser radikale Widerspruch wird im Calvinismus der Erörterung entzogen, weil bereits die Art der Frage eine Beleidigung Gottes darstellt.

Die praktische Konsequenz ist die absolute Vereinsamung des Menschen. Es gibt keinerlei Riten und Praktiken, um die Seligkeit zu erlangen, keine kirchliche Gemeinschaft, die von dieser radikalen Unsicherheit entlasten könnte. Im Katholizismus stellen die Beichte[78] und sakramentale Mittel der Heilserlangung Auswege bereit. Der Calvinismus aber vollzieht den vollständigen Bruch »kirchlich-*sakramentalen* Heils«. Die »Entzauberung« der Welt ist nirgends so radikal wie gerade in dieser religiösen Bewegung getrieben, in der alle *magischen* Mittel der Heilserlangung als superstitiös verdammt werden. Das bedeutet sowohl den Ausschluß einer emotiv gefärbten religiösen Kultur wie die Tendenz zu einem radikalen Individualismus.

Diese Lehre vom unergründlichen Ratschluß Gottes hätte ja, ähnlich wie die Karmalehre, in eine fatalistische Welthaltung führen können, da die Gnadenwahl wie das Rad der Wiedergeburt, nicht durch eigenes Handeln zu beeinflussen ist.

Weber sucht diese Brücke zum aktiven Handeln über die Bedürfnisse praktischer Seelsorge herzustellen. Einerseits sei diese Art der völligen Auslieferung für den einzelnen Gläubigen völlig unerträglich[79], zum anderen läge dem Protestantismus eine Vorstellung zugrunde, nach der der religiöse Mensch nicht als Gefäß Gottes, sondern als sein Werkzeug gelte und folglich das Handeln in aktive Bahnen gelenkt werde.

---

78 Vgl. hierzu die Studie von Alois Hahn, Zur Soziologie der Beichte und anderer Formen institutionalisierter Bekenntnisse, in: Kölner Zeitschrift für Soziologie und Sozialpsychologie 34, 1982, S. 408-434.

79 Max Weber, Die protestantische Ethik und der Geist des Kapitalismus, a.a.O., S. 102 f.

Auch in der Umwandlung von Calvins Lehre durch die seelsorgerische Praxis wird zwar nicht die Heilserlangung durch aktives Handeln propagiert, aber die unerträgliche Unsicherheit über die Tatsache der nicht erzwingbaren Heilserlangung kann gemindert werden: »So absolut ungeeignet also gute Werke sind, als Mittel zur Erlangung der Seligkeit zu dienen – denn auch der Erwählte bleibt Kreatur, und alles was er tut bleibt in unendlichem Abstand hinter Gottes Anforderungen zurück, – so unentbehrlich sind sie als *Zeichen* der Erwählung.«[80]

Diese psychologische Umdeutung der Prädestinationslehre hat außerordentliche Konsequenzen für das praktische Handeln. Es gibt keine Kapitalisierung der Handlungen, keine Aufrechnung der guten gegen die schlechten, wo eine einzige moralisch verwerfliche Handlung den religiösen Erfolg gefährden kann. Konsequenz ist die permanente, systematische *Selbstkontrolle* allen Handelns. Der Gott des Calvinismus erwartet nicht einzelne gute Handlungen, wie sie katholischer Frömmigkeit entsprechen, sondern ein lückenloses System gesteigerter Werkheiligkeit. Hieraus fließen nun die Motive für eine systematisch-*methodische* Lebensführung, was nicht ohne Grund einer eigenen protestantischen Sekte, den »Methodisten«, ihren Namen gegeben hat.

Während sich aber das Leben der religiös Qualifizierten, wie Weber sie nennt, im Mittelalter in den asketischen Mönchsgemeinschaften abspielte, wird das Sonderleben der Heiligen nun in den Alltag der profanen Welt und ihrer Ordnungen verlegt. Die Verlagerung der außerweltlichen Mönchsaskese in die innerweltliche Askese methodisch-rationaler Lebensführung ist die durch religiöse Ideen bestimmte Leistung der puritanischen Ethik. Sie betrachtet die Welt als Material der Heilsbewährung, als rational zu gestaltende Aufgabe, die in rastloser Berufsarbeit[81] den Eigengesetzlichkeiten dieser von Gott geschaffenen Welt zum Durchbruch verhilft.

Sie prägt auf diese Weise die gesamte Kultur, die von diesem Geist des Kapitalismus durchdrungen ist. Ausruhen und Genuß sind ihr zuwider, anstelle von Luxus tritt der Zwang zum Sparen und damit als eine bloße *Nebenfolge* die Kapitalakkumulation.[82] Zeitvergeu-

---

80 Ebd., S. 110.
81 Vgl. die Formulierungen, ebd., S. 192.
82 Im ersten Band des Kapitals spricht Marx den Zusammenhang von Kapitalismus und Protestantismus in umgekehrter Richtung an: »Für

dung und Muße sind suspekt. Der Schlaf darf nicht mehr als die zur Rekreation oder in Marxens Terminologie: zur ›Reproduktion der Arbeitskraft‹ nötige Zeit beanspruchen. Der Sport ist verpönt, wo er kreatürlichem Selbstgenuß dient und nicht der Steigerung der religiösen Wirkungsmöglichkeiten. Die Künste im puritanischen Geist, der ja schon aus Gründen seiner magiefeindlichen Haltung das sakrale Andachtsbild ablehnen muß, geraten in Mißkredit. Als eine Art ästhetischer Ausweg hat sich nicht von ungefähr gerade in den calvinistischen Niederlanden das Landschaftsbild entwickelt, das dann bei Ruisdael wieder mit religiösem Inhalt aufgeladen wird.

Und auch die Mode ist vom Geist des Protestantismus geprägt.[83] Der schwarze Business-Anzug gleicht dem schwarzen Habit der Puritaner, das die blauen Westen und gelben Hosen der Goethezeit ablöste.

Die protestantische Ethik hat daher in der Tat einen ganzen Lebensstil geprägt, der auf enge Weise mit dem Kapitalismus, wohlgemerkt in Webers Sinn, verbunden ist. Die rastlose Laufarbeit – wie man sie bei den Joggern beobachten kann – und nicht zuletzt die Resakralisierung der Natur in den ökologischen Bewegungen tragen Züge dieser erstmals von Weber als Syndrom beschriebenen protestantischen Ethik, die der Motor der kapitalistischen Kultur ist.

Webers Einschätzung des »Kapitalismus« ist letztlich ambivalent. Obwohl »religiös unmusikalisch«, ist er ein Zögling nicht nur der Bourgeoisie, sondern auch des Protestantismus, der Wissenschaft als Beruf in den höchsten Tönen der Verantwortungsethik gepriesen hat.

eine Gesellschaft von Warenproduzenten, deren allgemein gesellschaftliches Produktionsverhältnis darin besteht, sich zu ihren Produkten als Waren, also als Werten, zu verhalten und in dieser sachlichen Form ihre Privatarbeiten aufeinander zu beziehen als gleiche menschliche Arbeit, ist das Christentum mit seinem Kultus des abstrakten Menschen, namentlich in seiner bürgerlichen Entwicklung, dem *Protestantismus*, Deismus usw. die entsprechendste Religionsform.« (Karl Marx, Das Kapital. Kritik der politischen Ökonomie. Bd. 1, Berlin 1973 (1873), S. 93)

83 Vgl. auch die umfassende Arbeit zur Soziologie der Mode von René König, Menschheit auf dem Laufsteg. Die Mode im Zivilisationsprozeß, München/Wien 1985 (siehe dort auch zur »Mode im realen Sozialismus«, S. 355 ff.).

Diese Berufsarbeit fordert freilich Opfer: den Verzicht auf die faustische Allseitigkeit, Literatentum und Dilettantismus. Die Gefahr ist in der Beschränktheit des Fachmenschentums begründet. Gerade wenn die religiösen Wurzeln der protestantischen Ethik entschwunden sind, läuft die rastlose Tätigkeit leer oder wird zu einem Selbstzweck, der sich des Menschen bemächtigt und ihn in eine systematisch-rationale Maschine verwandelt, der jede Art von Sinnstiftung abhanden gekommen ist.

Die Sinnfrage läßt der Kapitalismus, hier als eine Art der *Lebensführung* verstanden, nicht nur offen, sondern er entblößt seine eigene Irrationalität, je mehr die Entzauberung auch die Grundlagen der okzidentalen Kultur enttarnt.

Auf diesen tönernen Füßen möchte man nun die Umwandlung des Sozialismus in den Kapitalismus aufbauen?

Betrachten wir näher die Probleme, die mit einer Anverwandlung post-sozialistischer Gesellschaften an das ›kapitalistische System‹ verbunden wären. Wir legen dabei die Analysen Max Webers zum okzidentalen Rationalismus zugrunde, in dessen Entwicklung Sozialismus wie Kapitalismus eingebettet sind.

III.
Von der sozialistischen Brüderlichkeitsethik zum Pathos der Unpersönlichkeit. Das Problem der Umgestaltung postsozialistischer Gesellschaften

Das von Weber gezeichnete Bild von Kapitalismus und Sozialismus, die wir als zwei Idealtypen rekonstruiert haben, entspricht weder der gegenwärtigen Lage sozialistischer Gesellschaften noch der Situation des »Kapitalismus« in den westlichen Industriegesellschaften.

Vor allem hat Weber nicht vorhersehen können, daß sich überhaupt einmal das Problem stellen könnte, sozialistische Gesellschaften in die Richtung des Kapitalismus zurückzubewegen.

Die sozialistische Krisentheorie hatte den unvermeidlichen Untergang des Kapitalismus verkündet. Nach der »Verelendungstheorie« würde ein Proletariat entstehen, das die politische Macht zwangsläufig an sich reißen würde, während sich das Kapital im

Prozeß der Monopolisierung aufreiben würde. Nach dem Gesetz vom tendenziellen Fall der Profitrate würde sich auch die vermeintliche ökonomische Rationalität des Kapitalismus in ihr Gegenteil verkehren.

Schon Weber hat in seinem Sozialismusvortrag darauf hingewiesen, wie diese – offensichtlich nicht eingetretenen – Prognosen dennoch aufrechterhalten werden könnten. Anstelle eines Zusammenbruchs die evolutionäre Wandlung zum Sozialismus, die Ersetzung von Fachkräften durch ungelernte Arbeiter, die jede Maschine nur noch bedienen müssen, was schließlich auch die Anforderungen an die dynamische Unternehmerpersönlichkeit mindern würde. Der – wie Weber sagt – »alte freie Pioniergeist des bürgerlichen Unternehmertums« gehört der Vergangenheit an.

Weber hält diese Strategien zur Rettung sozialistischer Utopien für verfehlt[84], und wir müssen ihm darin wohl recht geben. Die Ablösung der Herrschaft über Personen durch die technologische Verwaltung ist nicht gelungen, sondern hat eine neue Form umfassender bürokratischer Herrschaft installiert, die zugleich eine bürokratische Produktionsweise hervorgebracht hat, die weder den Versorgungserwartungen nachgekommen ist noch eine dynamische Wirtschaft in Gang gesetzt hätte, die den umfassenden Bedürfnissen moderner Gesellschaften nachkommen würde.

Gerade Weber wäre aber der falsche Gewährsmann, wollte man den Kapitalismus als Idealbild von Wirtschaft und Gesellschaft dagegen setzen. Der Kapitalismus ist ja, wie wir sahen, von inneren Widersprüchen durchzogen. Diese Widersprüche sind – wie Richard Münch in »Die Kultur der Moderne«[85] gezeigt hat – in den verschiedenen Gesellschaften in unterschiedlichem Maße ausgeprägt.

Es besteht auch theoretischer Streit darüber, ob die »Kultur des Kapitalismus« mehr auf der Ausdifferenzierung verschiedener Rationalitätsprinzipien in Politik, Ökonomie, Kultur usf. beruht (N. Luhmann)[86], oder ob deren gegenseitige Durchdringung (In-

84 Max Weber, Der Sozialismus, a.a.O., S. 315 f.
85 Vgl. Richard Münch, Die Kultur der Moderne. 2 Bde., Frankfurt am Main 1986.
86 Vgl. als Entwurf einer Supertheorie Niklas Luhmann, Soziale Systeme, Frankfurt am Main 1984.

terpenetration) entscheidend ist (R. Münch)[87], während J. Habermas eine tiefe Kluft zwischen »System« und »Lebenswelt« aufreißt, die – in begrifflicher Anknüpfung an Marx – zu einer »Kolonialisierung der Lebenswelt« führt.[88]

Allen diesen Ansätzen ist die Vorstellung gemein, daß moderne Gesellschaften auf dem Prinzip *sozialer Differenzierung* beruhen.[89] Wolfgang J. Schluchter hat für die Deutung Max Webers hieraus die Idee des strukturellen Pluralismus entwickelt. Niklas Luhmann hat das Lob der Ausdifferenzierung und Autopoiesis selbstgenügsamer Systeme angestimmt, während Richard Münch für die These einer Interpenetration der Ebenen eintritt.

Das soziologische Problem post-sozialistischer Gesellschaften ließe sich daher – auf einer sehr abstrakten Ebene – so darstellen: Wie sind die entdifferenzierenden Tendenzen sozialistischer Gesellschaften rückgängig zu machen? Wie läßt sich das Prinzip funktionaler Differenzierung und Re-Integration in den (post-) sozialistischen Gesellschaften (re-)institutionalisieren?

Antworten lassen sich finden, wenn wir die Transformationsbedingungen auf der Ebene der Werte und Ideen, der Wirtschaft, der Politik, der Gemeinschaft und der Kultur für sich betrachten.

Ronald Inglehart[90] hat den großangelegten Versuch unternommen, eine »Silent Revolution« für moderne Gesellschaften nachzuweisen, die in einem allmählichen *Wertewandel* besteht, durch den interessanterweise gerade die im Sozialismus hochgehaltenen Werte zunähmen, während das Leistungs- und Arbeitsethos abgenommen hätte.

Sicher wäre es nun eine Konstruktion am soziologischen Reißbrett, den sozialistischen Gesellschaften die Idee des Kapitalismus als Wert verkaufen zu wollen. Einerseits ist dieser Begriff über Jahrzehnte negativ besetzt und moralisch diskreditiert worden,

---

87 Vgl. Richard Münch, Theorie des Handelns. Zur Rekonstruktion der Beiträge von Talcott Parsons, Emile Durkheim und Max Weber, Frankfurt 1982.

88 Jürgen Habermas, Theorie des kommunikativen Handelns. 2 Bde., Frankfurt am Main 1981.

89 Dieser Gesichtspunkt ist in der Rekonstruktion von Werner Gephart, Gesellschaftstheorie und Recht. Das Recht im soziologischen Diskurs der Moderne, a.a.O., Zweiter Teil, näher ausgeführt.

90 Ronald Inglehart, The Silent Revolution. Changing Values and Political Styles Among Western Publics, Princeton/N. J. 1977.

zum anderen aber hat »Kapitalismus«, wenn man Webers Begriffs-
bestimmung zugrundelegt, ja auch eine ganz andere und sehr
spezifische Bedeutung. Man wird sicher nicht zuwarten können,
bis die Lehre Max Webers eine entsprechende Verbreitung gefunden hat, ganz abgesehen davon, daß ein ›Weberismus-Leninismus‹
in die alten Fallstricke zurückführen würde.

Die entscheidende Frage, die sich in (post-)sozialistischen Gesellschaften stellt, ist die, ob das System weiter mit *marktwirtschaft-
lichen* Elementen angereichert werden, oder aber eine radikale
Umstellung von der Planwirtschaft auf die Marktwirtschaft statt-
finden soll.

Immerhin lassen sich, an Weber anknüpfend, die Elemente benennen, die die Struktur des Kapitalismus ausmachen: rationale Betriebsorganisation, formell freie Arbeit, unternehmerische Leitung
nach Rentabilitätsgesichtspunkten sowie Institutionalisierung eines freien Marktes und einer entsprechenden Marktethik.

Erwin K. Scheuch[91] weist im übrigen zu Recht darauf hin, daß sich
die ökonomische Theorie der Marktwirtschaft seit Marxens Analysen – und dies gilt auch für Weber – erheblich weiterentwickelt
hat.

Wer Gelegenheit hatte, mit sozialistischen Gesellschaften in Be-
rührung zu kommen, kennt nicht nur die Auswege der Schatten-
wirtschaft und des Schwarzmarktes, die Rationierung der Le-
bensmittel und den Überlebenskampf um rare Güter im Alltag.
Sondern man steht auch fassungslos vor der schäbigen Präsentation der Waren, mit der die Kritik des sogenannten »Warenfeti-
schismus« geradezu ad absurdum geführt wird. Und wer einmal
erlebt hat, daß in einem der wenigen Cafés nur deshalb nicht
bedient wird, weil keine Kaffeetassen sauber sind (obwohl man
sie nur spülen müßte), mag an einen raschen Wandel nicht glauben.

Die Frage ist letztlich die, ob nicht die ökonomische Struktur selbst,
d. h. der Markt, sich denjenigen Geist und diejenigen Persönlichkeiten heranzieht, die er zu seinem Funktionieren benötigt.[92]
Wenn die Wirtschaft in sozialistischen Gesellschaften zutreffen-
derweise als »bürokratische Produktionsweise« definiert wird,

91 Erwin K. Scheuch, Der real verfallende Sozialismus, a.a.O.
92 Dies wäre eine marxistische Argumentation in umgekehrter Perspektive!

dann führt kein Weg daran vorbei, die bürokratischen Herrschafts-formen zu begrenzen.

Weber hat gezeigt, daß es nicht nur eine Herrschaft vermittels des bürokratischen Apparates gibt, sondern auch eine Herrschaft des »Geistes« der Bürokratie. Dieser zeichnet sich, wie jedes Herr-schaftsgebilde, durch die Neigung aus, seine eigenen Interessen für die allgemeinen auszugeben, oder wie es Marx sehr weitsichtig in der ›Kritik des Hegelschen Staatsrechts‹ gesagt hat, »Bürozwecke« in »Staatszwecke« zu verwandeln.[93]

Die gerade auch im Kapitalismus unausweichliche Herrschaft der Bürokratie, die nur durch die Konkurrenz der Bürokratien und andere, z.B. parlamentarisch-politische, Gegenmittel in Schach gehalten wird, läßt das Problem, wie der »Monopolbürokratis-mus« anzugehen ist, umso größer erscheinen.

Wenn man Webers Analysen traut und vielleicht auch den sicht-baren Alltagserfahrungen, dann liegt hier ein Hauptproblem. Nur, wie sollen »Geist« und »Macht« dieser Bürokratie gebrochen werden, wenn sich ihren Einrichtungen gegenüber entweder Furcht, Zynismus oder eine universelle Versorgungserwartung als stereotype Verhaltensmuster festgesetzt haben?

Es liegt nahe, die entscheidenden Impulse für eine Wandlung aus der *kulturellen Sphäre* zu erwarten.

Doch gerät man nicht in die Paradoxie, den Sozialismus, dessen Idee der Planungsrationalität gescheitert ist, durch eben dieses Medium auf das Marktprinzip umstellen zu wollen?

Wenn sich die protestantische Ethik einfach nach Belieben ex- und importieren ließe, wäre das Problem ja à la Weber gelöst. Nun läßt Weber aber keinen Zweifel daran, daß er die Bedeutung der pro-testantischen Ethik in ihrem Beitrag für die *Entstehung* der kapi-talistischen Kultur veranschlagt, nicht aber ihren *Fortbestand* po-stuliert. Und wie sollte dies vor dem Hintergrund einer anti-religiösen Religion des Sozialismus einerseits und religiösen Tra-ditionen ganz anderer Art auch geschehen?

Die Hinwendung zur Religion, die ja nur vor dem Hintergrund einer kulturellen Öffnung denkbar ist, führt nicht zu den Wert-haltungen, die einst das Ethos der systematisch-rationalen Lebens-

---

93 »Die Bürokratie ist ein Kreis, aus dem niemand herausspringen kann«, heißt es weiter bei Marx. (Vgl. Karl Marx, Kritik des Hegelschen Staatsrechts, in: MEW Bd. 1, Berlin 1983 (1843), S. 203-333, S. 249.)

führung hervorgebracht haben. Die asketischen Züge werden in der orthodoxen Kirche vom Mönchtum getragen, also in einer außerweltlichen Askese kultiviert. Heilsgewinnung ist noch stärker als in dem vom Protestantismus infizierten Katholizismus von in Webers Sinn »magischen« Praktiken durchdrungen bzw. einer meditativen, weltablehnenden Schau, die von der protestantischen Wirtschaftsethik weit entfernt ist.

Nun hat es kapitalistische Entwicklungen auch dort gegeben, wo der Protestantismus *nicht* zu Hause war. Japan schien lange Zeit das historische Beispiel für die Widerlegung von Webers These über den Zusammenhang von protestantischer Ethik und dem Geist des Kapitalismus zu sein. Robert N. Bellah[94] hat schließlich gezeigt, daß in einer ganz spezifischen religiösen Ethik ein Substitut oder *funktionales Äquivalent* zur protestantischen Ethik zu existieren scheint, das weder der Weltverneinung asiatischer Religionen noch einer Weltindifferenz folgt, sondern die Gestaltung der Welt zur Aufgabe macht. Als eine solche religiöse Ethik hat Bellah den Zen-Buddhismus interpretiert.

Ein analoges Äquivalent zur protestantischen Ethik auch für (post-)sozialistische Gesellschaften, insbesondere für die GUS, ist noch nicht in Sicht. Und inwieweit die neuen politischen Bewegungen einen vergleichbaren Geist hervorbringen, ist sehr zu bezweifeln. Unter den »neuen Bewegungen« finden sich durchaus religiöse Kräfte, auch wenn den jüngeren Menschen hiervon manches als bloße »Mode« erscheint. Magisches und okkultistisches Sektierertum – nach westlichem Muster – führt andererseits gewiß nicht in die Richtung methodisch-rationaler Lebensführung.

Daß ein Äquivalent zur protestantischen Ethik für den Weg in einen kapitalistisch reformierten Sozialismus oder einen sozialen Kapitalismus hilfreich wäre, geht aus Webers Analysen hervor. Man tut sich nur schwer, nach dem Scheitern der Ideologie des »neuen Menschen« wiederum ein Menschenbild[95] aus soziologischen Gründen zu postulieren.

94 Vgl. Robert N. Bellah, Tokugawa Religion, Glencoe/Ill. 1957.
95 Zur sozialpsychologischen Seite des Problems vgl. Galina M. Andreeva, Psychologische Hindernisse für die Perestrojka, in dem interessanten Sammelband: Russen und Deutsche. Alte Feindbilder weichen neuen Hoffnungen, hrsg. von Horst-Eberhard Richter, Hamburg 1990.

Es wäre unredlich, eine weitere Bedingung zu übergehen, die für die Ausbreitung und Stabilisierung des Kapitalismus in westlichen Industriegesellschaften wichtig war, die wiederentdeckte Kategorie der *Nation*.

Sie hat den Boden für kapitalistische Entwicklungen mitbereitet, die aus der Sicht einer universalistischen Brüderlichkeitsethik, wie sie im Sozialismus gepflegt wird, keine Berechtigung haben. Je mehr das sozialistische Credo als einigendes Band entfällt, desto mehr müssen die Nationalitäten wiederaufleben und dadurch wiederum beschleunigte eigene wirtschaftliche Interessen verfolgen. Der Zerfall des Staates bzw. des Reiches in Verbindung mit der Versorgungskrise, dem Fehlen neuer Götter und der Einrichtung einer unstrukturierten »Öffentlichkeit« schafft ein Krisenpotential, das nicht nur den Soziologen in Besorgnis versetzt.

An einer versteckten Stelle gibt es bei Weber einen Hinweis darauf, daß er den – bei aller demonstrativen Sympathie für Tönnies – doch letztlich abgelehnten Begriff der »Gemeinschaft« umdeutet: Ähnlich wie Herrschaftssysteme zu ihrer Stabilität eines Legitimitätsglaubens bedürfen, sind Gemeinschaften auf eine Art »Gemeinsamkeitsglauben«[96] angewiesen. Wie dieser jenseits nationalistischer Verirrungen und ethnischer Partikularismen entstehen soll, nachdem die Idee einer brüderlichkeitsethischen Gemeinschaft im Namen des Sozialismus gründlichst gescheitert ist und die entstehende Marktvergesellschaftung Gemeinschaftsbedürfnisse nur begrenzt befriedigen kann, diese Spannung läßt sich mit den Denkmitteln einer, verschiedene disziplinäre Ausgangspunkte aufnehmenden, Betrachtungsweise im Geiste der kulturwissenschaftlichen Analysen Webers sehr scharf herausstellen.

96 Vgl. Max Weber, Wirtschaft und Gesellschaft, a.a.O., S. 235 ff. Zu einer systematischen Interpretation dieser nur wenig wahrgenommenen, auch begrifflich relevanten, Idee für die Theorie der Gemeinschaft vgl. Werner Gephart, Zwischen »Gemeinsamkeitsglaube« und »solidarité sociale«. Partikulare Identitäten und die Grenzen der Gemeinschaftsbildung, in: Zeitschrift für Rechtssoziologie 14, 1993, S. 190-203.

Schluß
Das Problem der Einheit der Kulturwissenschaften

Es wäre ein vollständiges Mißverstehen der Weberschen Intentionen, wollte man die Vielfalt der von ihm in Bezug genommenen Disziplinen in ein Postulat jeglicher kulturwissenschaftlicher Arbeit ummünzen. Dies läßt sich mit dem hohen Pathos des Fachmenschentums um so weniger vereinbaren, je mehr Differenzierung und Spezialisierung der Wissenschaften vorangeschritten sind. Und wir haben ja auch sehen können, wie suspekt Weber das Streben nach faustischer Allseitigkeit war gerade angesichts der unausweichlichen Rationalisierung der Wissenschaften. Diese Intellektualisierung bedeutet auch eine Entzauberung vom unerfüllbaren Traum der einheitlichen Weltdurchdringung. Insofern wäre es fatal, den Prozeß der fachlichen Spezialisierung zugunsten einer opaken Einheitsidee wieder anhalten zu wollen. Aber wohin führt andererseits eine Parzellierung der Wissenschaften und ihrer Ergebnisse, die sich dem Tatbestand der Wechselwirkung der von ihr beobachteten Phänomene vollständig verschließen würde? Fachidiotie ist ja vielleicht noch die harmloseste Konsequenz einer Haltung, die – wie wir wissen – ganz andere Gefahren in sich birgt. Gibt es also eine Möglichkeit, die Einheit der Kulturwissenschaften zu denken und hieraus praktische Konsequenzen für die wissenschaftliche Arbeit herzuleiten?

Es bleibt kaum ein Zweifel, daß Weber in seinen Schriften den heroischen Versuch unternommen hat, sowohl das Prinzip des Fachmenschentums wie dasjenige einer die Einzelergebnisse übersteigenden Verantwortung gegenüber einer möglichen Gesamt- bzw. Kulturbedeutung der fachspezifischen Erkenntnisse ganz radikal zu verfolgen. Wissenschaft müßte danach sowohl spezialistischer wie gleichzeitig integrierter betrieben werden. Eine solche – paradox klingende – Forderung ist uns nicht unbekannt. Sie ist eher en vogue, ohne daß die maßlosen Postulate interdisziplinärer Zusammenarbeit oder transdisziplinärer Forschung sich jemals erfüllt hätten.

Es ist also unumgänglich, sich über Webers Redeweise von »Kulturwissenschaft« weitere Klarheit zu verschaffen. Dieser Versuch ist mit der Hypothek eines normativ überfrachteten Kulturbegriffs belastet, der vorderhand drei verschiedene Bedeutungsebenen umfaßt: zuerst ein – wie ich es nennen möchte – »materialer« Kulturbegriff als metaphysischer Prämisse kulturwissenschaftlicher Forschung (1), sodann ein »formaler« Kulturbegriff als Antipode zum »Naturbegriff« (2), schließlich die Frage, ob und ggf. wie »Kultur« im Objektbereich der Forschung das einigende Band der Disziplinen abgeben kann(3).

1. In einer zentralen Formulierung des Objektivitätsaufsatzes heißt es: »Transzendentale Voraussetzung jeder *Kulturwissenschaft* ist *nicht* etwa, daß wir eine bestimmte oder überhaupt irgend eine ›Kultur‹ wertvoll finden, sondern daß wir Kultur*menschen sind*, begabt mit der Fähigkeit und dem Willen, bewußt zur Welt *Stellung* zu nehmen und ihr einen *Sinn* zu verleihen.«[1] Kulturfähigkeit des Menschen heißt hier also, der Sinnlosigkeit der Welt irgendeinen »Sinn« abzutrotzen, ja, sie aus dem prinzipiell unendlichen kausalen Wirklichkeitszusammenhang als ein für den Menschen bedeutungsvolles Phänomen zu begreifen. Daher kann Weber weiterhin auch sagen, wie »Kultur« vom Menschen konstituiert wird: » ›Kultur‹ ist ein vom Standpunkt des *Menschen* aus mit Sinn und Bedeutung bedachter endlicher Ausschnitt aus der sinnlosen Unendlichkeit des Weltgeschehens.«[2] Aber dieser konstitutionelle Vorgang ist nicht Ausdruck irgendeines pathetischen Menschentums prometheischen Zuschnitts – wie es Hennis in den Vordergrund stellt –, sondern das Ergebnis von sozialen *Handlungen*. Sinnzuschreibung und Zuweisung von Bedeutung sind *kognitive Akte*, die von den emphatisch evaluativen Akten des Stellungnehmens ergänzt werden. Daher wird »Kultur« handlungsförmig konstituiert, wo immer man diese Erkenntnis auch philosophiegeschichtlich personifizieren möchte, ob in Schopenhauer und Nietzsche oder doch vielleicht lieber bei Kant. Der materiale Kulturbegriff Webers schließt daher nicht an irgendeine Art von Menschentum an, sondern an die Notwendigkeit und die Freiheit, sich die Welt jeweils im Wege aktiver Denk-, Sprech- und Deutungsakte handelnd zu erschaffen.

Wenn also die Konstitution der »Kultur« durch solche sinnstiftenden Denk-, Sprech- und Deutungsakte erbracht wird, dann ist kulturbezogenes Handeln in auffälliger Weise mit der *religiösen*

1 Vgl. Max Weber, Die »Objektivität« sozialwissenschaftlicher und sozialpolitischer Erkenntnis, in: Gesammelte Aufsätze zur Wissenschaftslehre, a.a.O., S. 182.
2 Ebd.

Sphäre verknüpft. Denn Kultur als ein vom Standpunkt des Menschen mit Sinn erfüllter Ausschnitt der Wirklichkeit wird gerade von den Religionen gestiftet. In einer Formulierung aus der ›Einleitung‹ in die Wirtschaftsethik der Weltreligionen wird die innere Verwandtschaft von Webers Kulturbegriff mit seiner Deutung des religiösen Grundproblems deutlich: »Stets steckte dahinter eine Stellungnahme zu etwas, was an der realen Welt als spezifisch ›sinnlos‹ empfunden wurde und also die Forderung: daß das Weltgefüge in seiner Gesamtheit ein irgendwie sinnvoller ›Kosmos‹ sei oder: werden könne und solle.«[3]

Damit ist also die Voraussetzung der Kulturwissenschaften die Fähigkeit des Menschen zur Sinnstiftung, das heißt: seine Befähigung zur *Religion*. In Webers Rede von Kulturwissenschaft scheint daher eine Voraussetzung eingelagert, die nicht nur ganz allgemeine metaphysische Deutungsbedürfnisse der Welt aufnimmt, sondern mit den Elementen von »Stellungnahme« und »Sinnstiftung« zugleich die für »Religion« konstitutiven Merkmale bezeichnet.

Bevor wir auf die Konsequenzen dieser – wie mir scheint – verblüffenden Entdeckung für das Problem der Einheit der Kulturwissenschaften im Sinne Webers eingehen, sind die weiteren Dimensionen des Kulturbegriffs zu skizzieren.

Wie nämlich die Konstruktion der Welt und ihre Aufladung mit »Sinn« nicht jedem Akteur immer wieder neu aufgegeben wird, sondern kulturelle *Traditionen* eingreifen, dies führt uns zum objektbezogenen Kulturbegriff. Zuvor aber ist der von mir so genannte formale »Kulturbegriff« bei Weber darzulegen. Was nämlich soll es heißen, daß die »Kulturwissenschaften« prinzipiell den »Naturwissenschaften« unversöhnlich gegenüberstünden?

2. Auch wenn Weber – wie wir gesehen hatten – gar nicht den Anspruch erhebt, irgendeine *systematische Untersuchung* der logischen Probleme der Kulturwissenschaften zu entwickeln, so läßt sich doch ein methodologischer Begriff von »Kultur« und »Kulturwissenschaft« aus seinen methodologischen Gelegenheitsschriften herauslesen. Anders als Rickert, der die Möglichkeit kulturwissenschaftlicher Forschung von dem Bezug auf einen objektiven und systematischen Begriff von *Kultur*, d. h. für ihn:

---

3 Max Weber, ›Einleitung‹ zu: Die Wirtschaftsethik der Weltreligionen, in: Gesammelte Aufsätze zur Religionssoziologie. Bd. 1, S. 253.

von einem System *allgemeiner* Werte abhängig macht, spricht Weber dort von »Kulturwissenschaften«, wo die Vorgänge des Lebens unter dem Gesichtspunkt ihrer *Kulturbedeutung* betrachtet werden.

Diese ergibt sich aus dem *Bezug* zu Werten und Wertideen, unter denen eine konkrete Erscheinung betrachtet wird. Diese von Rickert entlehnte Idee der *Wert*beziehung ist gesetzesförmigen *Kausal*beziehungen gegenüber völlig heteronom. Anders als für Rickert aber ist die Objektivität der kulturwissenschaftlichen Aussagen nicht von der vermeintlichen »Objektivität« der in Bezug genommenen Werte abhängig, sondern ist dem Wert*glauben* an erfahrungswissenschaftliche Wahrheit verpflichtet, wie Weber ausdrücklich festhält.

»Kultur« ist ein Wertbegriff,[4] wie Weber ausdrücklich sagt, der aus der empirischen Wirklichkeit die wertrelevanten Phänomene herausfiltert und damit als Forschungsgegenstand konstituiert. In welchem *Wertverhältnis* zueinander die zu »Kulturen« verdichteten Wertbündel dann stehen, diese Entscheidung liegt bekanntlich außerhalb der kulturwissenschaftlichen Forschung. Dies ist ja gerade die »Kultur« der kulturwissenschaftlichen Forschungskultur, diese Frage nicht erörtern zu wollen. Dementsprechend heißt es in der Vorbemerkung zu den Gesammelten Aufsätzen zur Religionssoziologie: »Welches *Wert*verhältnis zwischen den hier vergleichend behandelten Kulturen besteht, wird hier mit keinem Wort erörtert.«[5]

Dieses detachierte Verhältnis zu Kulturwerten macht freilich nur vor dem hier erläuterten Hintergrund Sinn, daß Kultur immer schon den Zwang zur Stellungnahme und Sinnerfüllung fordert. Es ist eben deshalb kein Widerspruch, wenn Weber für den Wissenschaftler das leidenschaftliche Eintreten für das Pathos der Distanz fordert.

Diesen methodologischen und eben »kulturwissenschaftlichen« Sinn von Kulturwissenschaft gilt es festzuhalten, wenn man Webers Idee von Konkurrenz und Einheit der kulturwissenschaftlichen Disziplinen nachgehen möchte.

4 Max Weber, Die »Objektivität« sozialwissenschaftlicher und sozialpolitischer Erkenntnis, a.a.O., S. 175.
5 Max Weber, ›Vorbemerkung‹ zu: Gesammelte Aufsätze zur Religionssoziologie. Bd. 1, a.a.O., S. 14.

Aber gibt es neben dem vorwissenschaftlichen Begriff von Kultur, den wir »material« genannt haben, und dem scheinbar rein »formalen« der Wertbeziehungslehre auch einen näher spezifizierbaren Kulturbegriff im Objektbereich sozialwissenschaftlicher Erkenntnis, die sich als »kulturwissenschaftliche« versteht?

3. Max Weber hat »Kultur« in seinen verschiedenen Kategorienlehren nicht zu den einer Definition fähigen Begriffen gerechnet. Weder in dem Logosaufsatz noch in der hieran anschließenden soziologischen Kategorienlehre von Webers Grundrißbeitrag oder in den Grundkategorien des Wirtschaftens und auch nicht etwa in den Aufsätzen zur Wirtschaftsethik der Weltreligionen wird »Kultur« als soziologischer Begriff definiert.[6]

Wie oben ausgeführt, hat Weber in der Bildung soziologischer Begriffsketten auf juristische Usancen zurückgewiesen.

Der Kulturbegriff gehört nun zweifellos nicht, wie der Handlungsbegriff selbst, zu den juristischen Grundausdrücken[7], denen nur noch ein soziologischer Sinn »unterzuschieben« wäre. Wir wollen daher einigen wichtigen Verwendungsweisen nachgehen, die aus ganz unterschiedlichen Schaffensperioden stammen.

In dem Vortrag über die sozialen Gründe des Untergangs der antiken Kultur fragt Weber in Abwandlung des Wagnerschen Bildes der Götterdämmerung: »Woher jene *Kulturdämmerung* in der antiken Welt?«[8] Und Webers Antwort liegt – methodisch gesprochen – in den »Eigentümlichkeiten der sozialen Struktur der antiken Gesellschaft«, wodurch »der Kreislauf der antiken Kulturentwicklung bestimmt wurde«.[9] In Webers Analyse sind es die Eigengesetzlichkeiten der »Sklavenkultur«, die zu dem Schauspiel der »Selbstauflösung einer alten Kultur«[10] geführt haben. An ih-

---

6 Vgl. in diesem Sinne auch: Lawrence A. Scaff, Max Webers Begriff der Kultur, in: Gerhard Wagner und Heinz Zipprian (Hrsg.), Max Webers Wissenschaftslehre. Interpretation und Kritik, Frankfurt am Main 1994, S. 678-699.

7 Auch wenn wiederum Radbruch in der Diskussion um den Kulturbegriff eine wichtige Position einnahm; vgl. Über den Begriff der Kultur, in: Logos 2, 1911/1912, S. 200-207.

8 Max Weber, Die sozialen Gründe des Untergangs der antiken Kultur, a.a.O., S. 289-311 (S. 290).

9 Ebd., S. 291.

10 Ebd.

rem Ende steht eine verkehrslose Wirtschaft, die Weber im anschaulichen Bild der »Kulturdämmerung« evoziert: »Versunken ist mit dem Verkehr die Marmorpracht der antiken Städte und damit alles das, was von geistigen Gütern auf ihnen ruhte: Kunst und Literatur, die Wissenschaft und die feinen Formen des antiken Verkehrsrechts.«[11]

Mit der antiken »Kultur« ist hier somit ein Syndrom an objektiven Kulturerscheinungen gemeint, die von den ökonomischen und sozialen Strukturen bis zu Kunst, Literatur, Wissenschaft und Recht reichen. In diesem Verständnis von antiker Kultur hat die – wie man im Anschluß an Simmel[12] formulieren könnte – »subjektive« Kultur noch keinen hervorgehobenen Platz.

Dies aber tritt in der »Protestantismusstudie« deutlich hervor. Ihr Gegenstand ist die Deutung der »kapitalistischen Kultur«, ein Begriff, der überall verwendet wird, wo Weber den ominösen Begriff vom »Geist« des Kapitalismus ersetzen möchte.[13]

Dieser ist bekanntlich zur Kennzeichnung des »historischen Individuums« eingesetzt, dessen spezifische Eigenart sich aus dem Gang der Untersuchung ergeben soll. Es geht um die Frage: »ob und wieweit religiöse Einflüsse bei der qualitativen Prägung und quantitativen Expansion jenes ›Geistes‹ über die Welt hin *mit*beteiligt gewesen sind und welche – so heißt es weiter – konkreten *Seiten* der auf kapitalistischer Basis ruhenden *Kultur* auf sie zurückgehen.«[14] Das Bindeglied zwischen religiösen Ideen, oder wenn man so will: »religiöser Kultur« und dem, was Weber verschiedentlich »materielle« Kultur nennt, liegt in der spezifischen Art der vom Protestantismus geprägten »Lebensführung«. Die Art der »Lebensführung« der kapitalistischen Kultur ist der formale Modus systematischer, methodisch-rationaler Lebensgestaltung, mit dessen Hilfe eine Zurechnung von religiösen Motiven und Ideen zu den – wie Weber ausdrücklich formuliert – »modernen Kulturinhalten«[15] möglich wird. Kapitalismus als

11 Ebd., S. 309 f.

12 Vgl. insbes. den nur wenig bekannten Artikel Simmels: Persönliche und sachliche Kultur, in: Neue deutsche Rundschau. Freie Bühne, 11, 1902, S. 700-712.

13 Vgl. hierzu unsere obigen Ausführungen im fünften Kapitel.

14 Max Weber, Die protestantische Ethik und der Geist des Kapitalismus, in: Gesammelte Aufsätze zur Religionssoziologie. Bd. 1, a.a.O., S. 83.

15 Ebd.

kulturelles Phänomen betrachtet, wird in objektiven Kulturerscheinungen sichtbar und von einer die Lebensbereiche formen-
den und durchdringenden Art der formalen, methodisch-ratio-
nalen Lebensführung geprägt, deren handlungsförmig erzeugten
Kultur*inhalten* dann der ursprünglich *religiöse* Kulturinhalt zuzurechnen ist.

Dies ist die kulturwissenschaftliche Logik der Protestantismusstudie, die mit dem »Geist« des Kapitalismus die sinnhaften Ideen
und Werte der »kapitalistischen Kultur« bezeichnet. Die aber
werden von einer bestimmten Art der Lebensführung reprodu-
ziert und bringen hierbei objektive Kulturerscheinungen hervor,
welche nach Webers Auffassung eben nur dieser Kultur eigen
sind.

Das wiederum liegt der erweiterten Fragestellung der vergleichenden Studien zur Wirtschaftsethik der Weltreligionen zugrunde, die
Weber in der bereits zitierten Stelle so formuliert: »welche Verkettung von Umständen hat dazu geführt, daß gerade auf dem
Boden des Okzidents, und nur hier, Kulturerscheinungen auftraten, welche doch – wie wenigstens wir uns gern vorstellen – in
einer Entwicklungsrichtung von *universeller* Bedeutung und Gültigkeit lagen?«[16]

Das in den verschiedenen *Kultursphären* wiederkehrende Muster
ist – wie wir sahen – eine spezifische Art des Rationalismus, d. h.
einer spezifisch rational gestalteten Struktur der jeweiligen objektiven Kultursphäre und eines dieser Rationalität korrespondierenden *rationalen* Lebensführungsethos.

Damit scheint jedoch der Kulturbegriff vom Verdacht einer auf
den Okzident zentrierten Weltsicht eingeholt zu sein, auch wenn
Weber anderen Zivilisationen die »Kultur« nicht absprechen
will. Bleibt nicht dennoch – so ist zu fragen – im Begriff der
»Kultur« auch in seiner allgemeinsten Formulierung das Ergebnis der vergleichenden religionssoziologischen Studien in einem
zentralen Punkt präjudiziert: daß es eben eines bestimmten
aktivistischen Weltverhältnisses bedarf, um nicht nur kontem-
platives Erleben der Welt, sondern ihre aktivistische Gestaltung
durch Stellungnahme und aktive Sinnstiftung handelnder Menschen zu postulieren? Damit schließt sich der Kreis vom »ma-

16 Max Weber, ›Vorbemerkung‹ zu: Gesammelte Aufsätze zur Religionssoziologie. Bd. 1, a.a.O., S. 1.

terialen« über den »formalen« zum objektbezogenen Begriff der modernen Kultur. Wenn der Begriff der Kultur transzendentale Voraussetzungen beinhaltet, die eine Sinnverwandtschaft mit der religiösen Grundfrage aufweisen, dann legen die kulturvergleichenden Studien Webers dar, daß dieser materiale, vermeintlich vor jeder Erfahrung liegende, Begriff von »Kultur« mit dem spezifischen Ethos der okzidentalen Kultur aufgefüllt ist – jedenfalls so, wie Weber ihn uns vorgestellt hat. Und auch der vermeintlich »formale«, einer »stummen Natur« entgegengesetzte Kulturbegriff kann seine eigenen kulturellen Voraussetzungen nicht verleugnen, wenn auf seiner Grundlage nur der Poesie ein Belauschen und »Verstehen« der Natur zugebilligt wird.

»Handeln« und »Kultur« sind daher wechselseitig aufeinander bezogen. So wie der Handlungsbegriff seine protestantischen Wurzeln nicht verleugnen kann, so bleibt der Kulturbegriff einem Kulturkreis verhaftet, der aktive Weltgestaltung als Voraussetzung des Entstehens objektiver Kultur versteht.

Was bleibt am Ende für unsere Frage nach der möglichen »Einheit« der Kulturwissenschaften? Ich meine, daß sich im Kulturbegriff die Stärken und die Schwächen der Weberschen Forschungen verdichten. Angesichts der Vielfalt und der Heterogenität der Wertgesichtspunkte, unter denen man die Welt betrachten kann – einer auf die Ordnung dieser Welt bedachten, eine ihre ästhetische Wohlgestalt betonenden oder eine ihre Tauglichkeit für die Erbringung von Nutzleistungen untersuchenden, oder eine ihre Bedeutung für die Erstellung kollektiv verbindlicher Entscheidungen analysierenden Perspektive – kann *einer* dieser Blickwinkel niemals irgendeine Art von umfassender Welterfahrung repräsentieren. In der mutigen Kombination der Perspektiven aber liegt die Chance neuer Entdeckungen, die Weber immer dann vorexerziert, wenn er im religionssoziologischen Kontext von Verwaltung handelt, in der Analyse der Herrschaft auf ihre rechtsimmanenten Voraussetzungen verweist, z. B. in der Analyse des Rechts herrschafts- und religionssoziologische Implikationen mitbedenkt, und in der Religionsanalyse wiederum elementare Mechanismen sozialer Gruppenbildung entdeckt, die über die Sphäre von »Gemeinde«, »Sekte«, »Jüngern« und »Sendboten« hinausweisen. Wenn heute im Dialog um den Standort der Geisteswissenschaften gefordert wird, eine integrative Pragmatik der spezialisierten Disziplinen zu begründen[17], den sozialen Untergrund der ausdifferenzierten Befassung mit Kulturen präsent zu halten[18] und gleichwohl für neue Formen kultureller Entwicklung aufgeschlossen zu bleiben[19], scheint das bei Weber geleistet. Das Beunruhigende in Webers Arbeitsweise besteht darin, daß diese Integrationsleistungen eben nicht auf einem verzweigten Mitarbeiterstab und betriebsförmiger Wissenschaftsorganisation beruhen, sondern auf der phänomenalen Integrationsleistung eines Einzelforschers, der sich mit gutem Grund als Jurist, Nationalökonom, Historiker, Kunstwissenschaftler und auch Soziologe bezeichnen durfte, weil er sich die »Kultur« der Disziplinen von innen her erschlossen hatte. Dieser Anspruch ist heute ohne Weltbeherrschungsphantasien – intellektueller Art selbstverständlich – kaum denkbar, und so bleibt auch die ungeheure Herausforderung des Weberschen Werkes, die Vielfalt der historisch gewachsenen Disziplinen in einer integrierten Weltsicht zusammenzuführen, eben jenem Weltverhältnis verhaftet, das Weber durchaus als seinerseits kulturell bedingt erschien.

17 Vgl. Hans Robert Jauss, in: Wolfgang Frühwald u. a., Geisteswissenschaften heute, Frankfurt am Main 1991, S. 45 ff.
18 Vgl. Reinhard Koselleck, in: Wolfgang Frühwald u. a., a.a.O., S. 112 ff. unter mehrfachem Bezug auf Weber!
19 Vgl. Steinwachs für die Medienlandschaft, in: Wolfgang Frühwald u. a., a.a.O.; wie nahe Weber selbst solchen Überlegungen gestanden hätte, belegt sein Interesse für das Pressewesen!

Anhang

GRÜNDERVÄTER
Eine dramatische Skizze

Werner Gephart, Die Aureole Max Webers, Pastell 1997

Szenenfolge

Vorspiel
Ein Appartement in New York

Erster Akt
Erste Szene
Eine Römische Pension (WEBER, Emile D., Zimmermädchen)

Zweite Szene
Ein Bürgerhaus (WEBER sen., WEBER jun., Helene, geb. F.)

Dritte Szene
Hotelfoyer in Venedig (WEBER, Schöne Frau)

Zweiter Akt
Erste Szene
Studierzimmer (Weber und ein Mandarin)

Zweite Szene
Studierzimmer (Weber und Marianne)

Dritte Szene
Burg Lauenstein (Weber, Zeitungsredakteur, Toller, Studenten)

Dritter Akt
Erste Szene
Bürgerliches Wohnzimmer (Weber, Marianne, Schreiber)

Zweite Szene
Hotelzimmer (Weber, Schöne Frau)

Dritte Szene
Sterbezimmer (Weber, Marianne, Schöne Frau)

Nachspiel
Max Weber in Moskau

VORSPIEL

Ein Appartement in New York
Ein zerstreuter, leicht fahriger Herr in den späten Fünfzigern blickt
auf Manhattan, eine Anverwandlung Max Webers. Mit sorgfältig
gescheiteltem Haar, ergrautem Vollbart und von innerer Anstren-
gung durchfurchten Gesichtszügen. Die Wohnung ist im Art déco
Stil eingerichtet, mit Reminiszenzen an das alte Europa durchsetzt,
Repliken antiker Skulpturen und einem von Manuskripten über-
häuften Schreibtisch.
Ein Jüngerer redet auf den Älteren ein.

ÄLTERER WEBERFORSCHER Völlig unmöglich, irgendeinen Verleger für diese Idee zu finden. Wissenschaftsgeschichte narrativ
zu behandeln, mag angehen. Aber als Theaterstück? Wer
sollte sich dafür interessieren, außer der Handvoll von Spezialisten in der Welt, die allein schon die Form als unzulässige
Mischung der ästhetischen und wissenschaftlichen Sphäre
ablehnen werden.

JÜNGERER WEBERFORSCHER Aber wenn es doch eine Art allgemeiner Frage in diesem Leben gäbe, die völlig unabhängig
von der historischen Begrenztheit der Person in unsere Gegenwart hineinreichte?

ÄLTERER WEBERFORSCHER Nur: was wissen wir denn eigentlich
von diesem Leben? – Briefe, unendlich viele! Heimliche und
solche, die für eine Öffentlichkeit bestimmt waren. Und –
mein junger Freund – wollen sie wirklich das Privateste ans
Licht einer voyeuristischen Öffentlichkeit zerren? Reichen
Ihnen denn die unsäglichen Selbstentkleidungsstücke, die
Talkshows, nicht völlig aus, um den Verfall der Öffentlichkeit
zu dokumentieren?

JÜNGERER WEBERFORSCHER Ich sehe, daß Sie mich noch immer
nicht verstanden haben, oder nicht verstehen wollen. Mir ist
doch völlig klar, daß gerade Ihr Interesse am Privaten immer
auch dem Verständnis der Sache, also des okzidentalen ...

ÄLTERER WEBERFORSCHER Ach hören Sie doch bitte mit den
Platitüden auf. Die festgezurrten Bilder, die Suche nach der
Fragestellung, Topoi ... Dies kommt mir zunehmend lächer-
lich vor, wenn wir nicht näher in diese uns fremd gewordene
Welt einzudringen verstehen.

JÜNGERER WEBERFORSCHER Aber damit bestätigen Sie doch nur mein Projekt. Warum die Metaphorik, die eiskalten Skeletthände und das »Gehäuse der Hörigkeit«, die Literatenbeamten Chinas »taubstumm in seidener Pracht« und die »versunkenen Marmorpaläste der Antike«?

ÄLTERER WEBERFORSCHER Ich sehe, junger Freund, Sie kennen Ihren Autor, und so dürfen wir weiter daran arbeiten. – Haben Sie sich über die Besetzung Gedanken gemacht?

JÜNGERER WEBERFORSCHER Ein Traum. Ein soziologischer Traum. Eine zum Bilde werdende Vorstellung ...

ERSTER AKT

Erste Szene

Eine italienische Pension.
Ein Kranker in Rom. Veronal ist in großen Schriftzügen auf den
Hintergrund projiziert, der einen Blick auf die ewige Stadt freigibt.
Der ältere Herr, demjenigen aus der ersten Szene nicht unähnlich,
weil er ja dessen Original ausmacht, ist in einen hellen Leinenan-
zug gekleidet, mit einer gelben Weste ausgestattet, die ihn als
Goetheaner in Rom auszeichnet. Doch ist dieser Herr ganz in seine
Krankheit versunken, unbeschriebene Blätter in eine sirrende Luft
werfend. Im Hintergrund ist ein Bild auf das bürgerliche Plafond
projiziert, die um ein Glas mit rubinrotem Bordeaux plazierten
Meisterdenker Weber und Durkheim.

WEBER *sinnierend* Hier also soll ich die »Protestantische Ethik«
erfunden haben, jenes Meisterwerk, das mir so viel Verdruß
bereitet hat und mich auf ewig zum rastlosen Protestanten
abgestempelt hat? Waren es nicht eher meine Besuche in den
calvinistischen Tempeln niederländischer Schmucklosigkeit
als die Üppigkeit des katholischen Rom, die meine Anschauung von etwas Ungeheuerlichem beflügelt haben, der Idee
einer religiösen Motivation dieser unendlich machtvollen
Gestalt des modernen Kapitalismus?

ZERLINA *eintretend, als eine hübsche Kammerzofe*
C'è posta per lei, signor Weber!

WEBER *vor sich hinmurmelnd* Mille grazie, Signorina Zerlina. –
Nun werde ich wieder mit Heiterem aus Heidelberg unter-
halten. Man fragt nach der Gesundheit, dem Schlaf, der Un-
fähigkeit zu arbeiten und den kranken Geist mit Bildung
klassischer Art zu kurieren. Schnauzerl, was weiß sie nur
von meinen Leiden und was wird sie vor der Nachwelt
verbergen von unserem Schicksal? – Wüßt ich nur, jemals
wieder ein paar Seiten im Zusammenhang lesen zu können,
ohne den unerträglichen Schmerz im Kopf und das Gefühl
des völligen Unvermögens.
Aber galt dies nicht immer als die beste Voraussetzung einer
glücklichen Ehe: geordnete wirtschaftliche Verhältnisse und

das Absehen von passionierter Liebe. Und wenn man nun seine Cousine – auch noch so entfernten Grades – einfach nicht lieben kann, in diesem erschreckend profanen Sinne der körperlichen Liebe? Muß einer da nicht krank werden und vielleicht etwas Großes dafür gewinnen?

ZERLINA *mit italienischem Akzent sprechend* Es hat sich ein certo, gewisser Durkheim aus Paris angemeldet, der von Ihrer Anwesenheit in Rom erfahren hat. Ist es erlaubt, posso farlo entrare, caro professore?

DURKHEIM *tritt durch die Seitentür ein und schwenkt ein Manuskript in der Luft*
Niemand will den »statto attuale della sociologia«, den ich mit meinem Schüler Paul Fauconnet verfaßt habe, überhaupt lesen. Warum tun wir uns nicht zusammen? – Sie wissen, daß man mich nach dem verlorenen Krieg wie viele andere nach Deutschland geschickt hat, zum Studium, weil man meinte, die deutsche Bildung habe den Krieg entschieden! – Und nun sehe ich Sie hier in einem lamentablen Zustand. Ist es nicht das Weib, das uns vom Selbstmord abhält, uns mehr als die Frauen, wenn ich an meine statistischen Auswertungen denke, die zeigen, daß die Ehe vor allem den Mann in seiner Selbstmordresistenz begünstigt.

WEBER Sie kennen mich besser, als ich mich selbst. Aber was hat es mit Ihren Statistiken auf sich. Man sagt mir, auch Ihnen seien die merkwürdigen Unterschiede zwischen den Angehörigen der unterschiedlichen Konfessionen nicht verborgen geblieben. Für Sie ist freilich alles eindeutig: Nicht Ideen, sondern Organisationen sind es, die das soziale Leben prägen, indem sie den Schwachen, durch keine Gemeinschaft Gebundenen eher in den Selbstmord treiben, wie unsicher und ungewiß das Gedankengebäude auch immer sein mag, auf dem er seine Frage nach Erlösung aufrichtet.

Darf ich Ihnen einen Wein anbieten, einen trockenen 98er, den ich Ihnen nur sehr empfehlen kann, oder lieber einen Kaffee?

Sich an die Stirn greifend, während die zuwartende Zerlina ein Tablett mit Kaffee und einer Weinkaraffe reicht.

Nehmen Sie, oder sind Sie wirklich so asketisch, wie Ihr Neffe Mauss Sie schildert? – Zurück zur Sache! Sie haben längst vor mir die Frage nach dem »Beruf« gestellt: Ist die

Arbeitsteilung als moralische Aufgabe zu begreifen in dem Sinne: Mets-toi en état de remplir une fonction! – Aber Ihnen ist dabei entgangen, was mir im Leben selbst verloren gegangen ist: die Fähigkeit, einen Beruf überhaupt auszuüben, den Beruf des Lehrers und Erziehers und des Wissenschaftlers zugleich. Wissen Sie denn überhaupt, was es heißt, mit meinem Berufsethos um die vorzeitige Entpflichtung bitten zu müssen?

Leicht erregt, und ohne persönlichen Grund den Gesprächspartner attackierend:

Ihnen ist doch einfach alles gelungen: ein Lehrstuhl an der Sorbonne, eine glückliche Ehe – wie man weiß – eine Equipe, um die man Sie beneiden muß, und doch ...

DURKHEIM haben Sie Paris nicht verlassen, wollten Sie sagen. Und gleichwohl über Ursprünge spekuliert, die alle aus der Religion stammen sollen. »Dans le principe tout est religieux« ist der Kern meiner Prophetie. Doch Sie haben nichts als Entzauberung im Sinne, oberflächliche und kurzfristige Strömungen der »conscience collective« – ein Konzept, das Sie verachten und das ich gleichwohl aus deutschen Traditionen herausgeklaubt habe. Und so amüsieren Sie sich über die falschen Propheten des Primitivismus, der mich an die Orte des wilden Denkens in der Imagination geführt hat, die Sie niemals – nicht einmal in der Phantasie – betreten haben.

WEBER Es liegt mir fern, den »Krieg der Geister« hier vorwegnehmen zu wollen und ich möchte Sie nicht in schuldhaftes Reden verstricken. Doch ist mein Anspruch klar: der Wirklichkeit auf die Spur zu kommen, mit den Mitteln, die uns die heutige Wissenschaft zur Verfügung stellt.

DURKHEIM Und dafür haben Sie sich gerade nach Rom verkrochen. War denn Nervi nicht beredt genug? Was erwarten Sie denn von den versunkenen Marmorstätten, dem Ritus und den liturgischen Orgien für Ihre Fragestellung, cher collègue? Warum berauschen Sie sich gerade an einer Gegenwelt? Ist es Ihnen denn in keinster Weise peinlich, auch in das Land zu gehen, in dem die Zitronen blühen. Diese Italiensehnsucht ist mir immer suspekt gewesen, und so wie sie Goethe aus den Pflichten des Berufs geführt hat, geschieht es auch Ihnen: teutonische Reisen, die mich gar erschrecken.

WEBER Wie gut, daß alles unter uns bleibt. Gleichzeitig ist mir jede
Art von complicité – auch gegenüber der Wissenschaftsgeschichte – mehr als verdächtig. Geben Sie mir etwas Zeit. Ich
spüre, daß mein Geist wieder frei wird; zu rastloser Denk-
arbeit erneut befähigt, werde ich die Fesseln meiner protestantischen Herkunft gerade hier abstreifen, um den Geist,
die »Kultur« des Kapitalismus in schonungsloser Offenheit
zu entlarven. Aber lassen Sie uns noch ein wenig die ewige
Stadt genießen, auch wenn Sie als Rabbinersohn diese eher
andernorts vermuten; ich finde hier mein Gegenbild für die
dunkle Welt – schauen Sie doch einfach nur Zerlina an – diese
Welt, die mich quält mit ihren eisigen Skeletthänden und den
Rufen nach dem verlorenen Gott.

Weber und Durkheim verlassen einträchtig das Pensionszimmer.
Zerlina räumt Wein und Zigaretten weg. Das an die Wand proji-
zierte Bild erlischt. Vorhang.

Zweite Szene

Ein bürgerliches Wohnzimmer. Schwere Vorhänge und dunkle
Möbel, Gründerzeitatmosphäre, denn dies ist der Raum des epi-
gonalen Bewußtseins.
Ein jüngerer Mann, der kein Gewicht auf sein Äußeres legt. In
gewisser Weise korpulent, trägt den birnenförmigen, mensurzer-
hackten Schädel kurzgeschoren. Ein merkwürdiger Kontrast von
grober unmodellierter Nase und fein geschnittenen sinnlichen Lip-
pen und einem düsteren Blick. Ein machtvoller Mann, WEBER jun.
Ein älterer Mann, der sehr wohl auf sein Äußeres achtet, dem man
das Honoratiorentum ansieht, den Reichstagsabgeordneten und die
Wohlhabenheit, WEBER sen. Eine Frau, Ehefrau und Mutter, der
man das Fromme, wenn nicht Frömmelnde anmerkt, sittsam purita-
nisch gekleidet, Helene.

WEBER JUN. *tobend* Mißachtung, nichts als Mißachtung ist Ihnen
ins Gesicht geschrieben, einer Frau die alles für Sie geopfert,
die Sie entehrt haben durch ihren unfaßlichen Eigensinn, und
ich dulde es nicht länger ...

MUTTER HELENE *ringt die Hände, seufzt gen Himmel und ordnet*
selbstverloren die Blumen in einer chinesischen Vase.

WEBER SEN. *aufbrausend* Was gibt gerade Dir das Recht, mich zu kritisieren, den selbsternannten Verteidiger Deiner Mutter zu spielen. Zwar bist Du Jurist und magst Dein Fach verstehen. Doch was hat dieser Herr Sohn denn eigentlich geleistet? Zum Syndikus hat es am Ende doch nicht gereicht. Praktische Tätigkeit angeblich und noch immer das Muttersöhnchen spielen, einer Mutter, die ihn mit Ohrfeigen als Student empfängt, wenn der junge Herr, vom Biertrinken aufgeschwemmt, in den Semesterferien zu erscheinen wagt. Und der will mir Respekt einflößen?

MUTTER HELENE *entsetzt und voller Abscheu gegen ihren Mann, zwischen Empörung und Beschwichtigung schwankend.*

WEBER JUN. Wo waren Sie denn, wenn die Mutter in schwersten Nöten der Seele, ja dem Ringen nach dem Heil der Seele mit sich alleine war und den Mann als Freund benötigt hätte? Aber alles Geistige ist Ihnen offenkundig fremd. Oberflächlich, rücksichtslos, hinter der Maske des Biedermannes eine Gestalt, die wir zu fürchten hätten, wenn Sie nicht so unendlich lächerlich wären. Nein: lächerlich nicht, denn gelacht wird in diesem Hause nicht und niemals, weder über Ihre eher groben Anbiederungen

und zur Seite gesprochen

oder kalten Gemeinheiten noch im Fluidum der mütterlichen Frömmigkeit. Wie soll ich hier nur meinen Dämon finden?

Zum Vater weitertobend

Ich habe es über Jahre ertragen. Als Bub, als Junge, wo mir Mutter den Antimacchiavell zu lesen gab, als Sie noch gar nicht einmal wußten, daß ich den Macchiavell schon längst verdaut hatte. Nichts haben Sie geahnt von meinen Nöten jugendlichen Heranwachsens, und dem Leiden, Mutter leiden zu sehen. Wie viele Gelegenheiten haben Sie versäumt, Herr Vater, Verantwortung ethisch auf sich zu nehmen. Aber dafür reicht das Herz nicht aus. Denn was ist es sonst als triebhaftes Begehren, das Sie an dieses Haus, wenn überhaupt, je gebunden hat. Und haben Sie denn nie das Leiden dieser Frau bemerkt. Was hält Sie hier denn noch, wenn man den Gerüchten glauben schenken darf, der leichten Abenteuer, die Sie meiner Mutter, die Ihre Gefährtin sein sollte, in zynischer Weise zugemutet haben. Bin ich ein Richter?

MUTTER HELENE *flehend* Nein, mein Großer!

WEBER SEN. *hämisch* Daß ich nicht lache! Hat der Sohn mich etwa
abgelöst? Zu viel klassische Bildung scheint mir nur zu schaden.

WEBER JUN. *im heiligen Zorn*
Für dieses böse Wort und alle Qualen, die Du Mutter über
Jahre und Jahrzehnte als gröbster Mensch, der Du einfach bist,
ganz ohne Hemmungen zugefügt hast, verfluche ich Dich.
I C H weise Dich des Hauses. Niemals wirst Du diese Frau,
in Deiner rasenden Leidenschaft, im Zorn oder von Alkohol
verzerrt, jemals wieder anrühren. Verlaß' es nur gleich. Du hast
Dein Recht auf Häuslichkeit endgültig verwirkt.

MUTTER HELENE *entsetzt, gerührt und gleichzeitig wie bestraft.*
Kein schönes Ende nimmt die mutige Tat. Nimmt mir den
Mann und meinem Sohn einst den Verstand. War ich doch
schuld daran?

Dritte Szene

*Ein Hotelfoyer. Italienisches Ambiente. Canalettos an den Wänden
und ein Fenster, das den Blick auf eine schaukelnde Gondel freigibt.
Der uns bekannte Herr trägt nun eine gelbe Jacke zu blauem Gilet,
einen ausladenden Strohhut, der sein mächtiges Haupt bedeckt.
Eine junge Frau, als wäre sie von Anselm Feuerbach portraitiert,
das lockere schwarze Haar in einen Knoten gebunden, von reizen-
dem Profil und eleganter Langsamkeit der Bewegungen, ohne
manieriert zu sein.*

WEBER Hier sind Sie nun, verehrte Frau, und wissen, wie ich
meine Zeit verbringe – als Müßiggänger, Berufsmensch
ohne Beruf, versuche ich, wieder einmal die elenden Drogen
loszuwerden in dieser anderen Welt.

in nahezu elegischem Ton
Vom idiotischen Schaukeln der Gondeln werden die Verkün-
der der Zukunft reden, doch ist es mir ein Rhythmus, den das
Leben mir wohl immer vorenthalten wird.

DIE SCHÖNE FRAU Aber Sie wissen doch, wie sehr ich an Ihnen
alles liebe. Ihre verletzliche Härte, die Musikalität, die sich
nur in religiösen Dingen scheinbar »unmusikalisch« gibt.
Und das sollte eine Frau nicht lieben können?

WEBER Und wissen Sie denn nicht mehr um mein, ja, unser Verhältnis zu den erotischen Dingen, die so sehr ins Wanken geraten sind? Wofür hätten wir Sie diesem Mann, Herrn Groß, entrissen – um Sie – verehrte Schöne – nur in rein buhlerischer Absicht vor dem vermeintlich Schlimmeren zu bewahren? Es entsetzen mich die Abgründe, die Qualen der Seele, die mich bedrängen und am Ende zu Ihnen hinziehen mit unwiderstehlicher Gewalt; nicht um die erotische Sphäre – wie ich sie nenne – zu erkennen, endlich. Sondern tiefste Seelenverwandtschaft, ein Sinn für die Rationalität des Schönen, die sich gerade hier für uns – unter Seufzerbrücken – offenbart. Dies ist nicht ein nackter Geschlechtstrieb, es ist sublimste Form der Seelensuche, sehen Sie dies denn nicht, meine edle Freundin, von der ich wünsche, daß sie unserer gemeinsamen Freundin Marianne zuliebe auch »edel« bleiben mag.

DIE SCHÖNE FRAU Was müßt Ihr Großen Männer nur immer so unendlich schwierig sein. Leichtfertig bin ich nicht, doch ist es eine Sünde, einen solchen »Discours amoureux« mit mir zu beginnen, um mich dann doch nur abzuweisen. – Ich bewundere und verehre Sie seit unserer ersten Begegnung. Doch fürchten Sie nicht, daß ich mich gar rächen werde und sei's mit Ihrem Bruder, den Sie beizeiten noch von oben herab traitieren?

WEBER *bewegt* Wie sollte ich Sie daran hindern? Aber Sie werden immer wissen müssen, daß ich Sie liebe, seit Sie meine kluge Schülerin waren und seit wir Ihr ganzes Eheelend und Liebschaftswesen auch noch juristisch begleiten mußten. Nie hat jemand in mein Herz geblickt, das ich Ihnen heute offenbart habe. Es ist die große Liebe meines Lebens, doch wissen Sie genau wie ich, daß mir der Weg zu Ihrer Liebe auch ethisch schier unmöglich ist. Mir ist die sog. erotische Bewegung, ihrer Verlogenheit wegen, die sich als aufgeklärt ganz fälschlich wiedergibt – wie Sie doch lange wissen – schlicht zuwider. Wie sollt ich meinem Schnauzerl je unter die Augen treten können? – Und zuletzt mir selbst … Und ist es wirklich Liebe oder pure Passion? – Ich möchte Ihre Hand küssen und noch viel mehr. Doch höre ich eine Stimme, die mich einhalten läßt. – Bin ich, der gescheiterte Berufsmensch, Rentier und rastlose Manuskriptbearbeiter, am Ende wert, Sie in ethische Schuld zu verstricken, Ihrer Freundin, meiner Frau gegenüber und all den Menschen, die an *meine* Ideale glauben?

DIE SCHÖNE FRAU *zunehmend ernster* Ich weiß, daß ich mit Ihnen gewiß nicht streiten sollte, sondern handeln müßte. – *Seine Hand, wie absichtslos, ergreifend.* – Doch es erfaßt mich eine, mir ansonsten fremde, »heilige« Scheu, den großen Mann zu verführen, der mich deshalb hassen würde, weil ich sein Bild seiner selbst zerstört hätte. – Nein, erst müssen Sie wissen und verstehen, wie ernst noch die leichtfertigste Frau zu lieben versteht!

WEBER *auf einmal heiter* Das heißt: Sie glauben an meine Berufung? Was für ein Geschenk der Götter gab mir den Glauben an mich selbst zurück. Wie schön ist nur Ihr Profil, voll ernst der Schwung der Nase und ein Nacken, den es wohl zu küssen gelte. – Doch genug davon! Seien wir in Venedig, wenigstens *wie* ein Liebespaar, das noch nicht weiß, was Liebe ist und doch ahnt, daß auch diese Sphäre nur eine gefährdete Nische unserer rationalen Welt ist, eine Gegenwelt, die dem harten Rhythmus der Moderne entgegenschaukelt, und so reiche ich Ihnen die Hand und werde darauf achten, daß Sie sich nicht in den erstbesten Gondoliere verlieben, als Beschützer, der ich immer für Sie war und den *Sie* doch nicht lieben dürfen.

Das Paar verläßt das Foyer, nachdem ein livrierter Kellner, ein Taggio, die Tür aufhält und überdies die Requisiten des »Tod in Venedig« aufscheinen.

ZWEITER AKT

Erste Szene

Studierzimmer. WEBER nächtens am Schreibtisch. Von chinesischen Bildern und Schriftrollen umgeben. Die Zwiesprache von Hanshan und Shihteh ist an die Frontseite des Studierzimmers projiziert.

WEBER *aufschauend, wie die Gestalt im rechten Türrahmen erscheint*

Taubstumm, in seidener Pracht. So stell ich mir den Mandarin vor, den Literatenbeamten, der Prüfungen in Kalligraphie besteht und als Voraussetzung des Avancements gar noch trainiert!

MANDARIN *verhalten und gemessen, vornehm im Duktus*

Sie täuschen sich, verehrter Meister. Denn so würde man Sie in meiner Welt wohl nennen, der »außerokzidentalen«, wie Sie zu sagen pflegen. Warum denn sollte Kalligraphie nicht helfen, die Probleme dieser Welt zu lösen oder doch ein Prüfstein zu sein, in Geduld, Nachsicht und Sammlung sich zu üben?

WEBER Nie habe ich behauptet, von Ihrer Welt wirklich etwas zu verstehen. Mir ging es doch nur um eine Frage: Welche Verkettung von Umständen hat dazu geführt, daß gerade auf dem Boden des Okzidents, und nur hier, Kulturerscheinungen auftraten, welche doch – wie wenigstens wir Okzidentalen uns gern vorstellen, – in einer Entwicklungsrichtung von universeller Bedeutung und Gültigkeit lagen?

MANDARIN *höflich das Ende der Phrase abwartend*

Gerade dafür aber schätzt man Sie bei uns: protestantische Bescheidenheit – wenn Sie diese Formulierung erlauben – und kein interkultureller Verständigungswahn. Und gerade aus dieser Absicht vergleichend kausaler Zurechnung zum Verständnis Ihres eigenen Wert- und Kulturhorizontes entwerfen Sie ein Bild der unsrigen Welt, in der wir uns wiederzuerkennen vermögen.

tritt vor einen Spiegel, murmelnd

Taubstumm in seidener Pracht ...

Aber Sie werden Schüler haben, nicht wie die Ihrigen, die

flegelhaft und undankbar sind, sondern solche, die Sie verehren als Meister und als »Gründervater« ...

WEBER Soll das heißen, Sie wollen mir die konfuzianische Ethik paternaler Pietätspflichten in das Verhältnis reiner, rationaler, nur nach Wahrheit strebender Wissenschaft so mir nichts dir nichts in ungebührlicher Weise imputieren?

MANDARIN Ich muß befürchten, nicht alle Nuancen Ihres Zornes zu verstehen. Denn ich bin es gewohnt, genau und sorgfältig Ihre Texte zu studieren. Allein: Wie könnte ich Sie in Ihrer Anschauung kritisieren wollen. Ist doch die Trennung der Sphären, von Wissenschaft und Kunst, Politik und Markt, Brüderlichkeit und Erotik das, woran Sie wirklich glauben. Eine Ethik der Trennungen und der Differenzen!

Doch woher nehmen wir den Maßstab für die elementaren Pflichten, dem Lehrer, der Gattin, der Geliebten gegenüber?

WEBER Sie reden mir am Ende wie ein Pfaffe. Als hätten Sie wohl doch zu viel des guten Kant gelesen und – gar nicht pietätsbeladen – denselben schlicht partikularisiert!

MANDARIN *verbeugt sich* Lassen Sie mich Ihnen eine Geschichte erzählen, verehrter Meister. Uns dünkt es weise, sich vom Streit der Worte und des Rechts, dessen Mangel an Rationalität Ihr bei uns so sehr beklagt, füglich fern zu halten. Einmal fragte nämlich der dichtende Mönch Hanshan aus der T'ang Dynastie seinen »Konfrater« wie Sie sagen würden. »Wenn einer mich verleumdet, beleidigt, verhöhnt, verächtlich macht, kränkt, haßt und betrügt – was soll ich mit ihm tun?« und Shihteh erwiderte: »Mit ihm Geduld haben, ihm nachgeben, ihn gewähren lassen, ihm aus dem Wege gehen, ihn ertragen, achten und nicht beachten. Nach ein paar Jahren aber – da schaust Du ihn Dir an.«

WEBER *versonnen, konzentriert, am Ende nahezu demütig zuhörend*

So also macht auch Kalligraphie einen Sinn?

MANDARIN *überreicht eine Rolle, Pinsel und Tuschstein, mit dem sich Weber an den Tisch setzt. Er beginnt, die Tusche in gleichmäßig kreisenden Bewegungen aus dem Tuschstein herauszulösen und versucht die an die Wand geworfenen chinesischen Schriftzeichen nachzuzeichnen. Wirft den Pinsel schließlich nach immer ungeduldiger werdenden Versuchen weg und stützt den Kopf verzweifelt in die Hände.*

Zweite Szene

Studierzimmer

WEBER *vom Schreibtisch aufspringend, den Faustmonolog de-*
klamierend
Habe nun ach! Philosophie
Juristerei und Medizin,
und leider auch Theologie
Durchaus studiert, mit heißem Bemühn.
Da steh' ich nun, ich armer Tor,
Und bin so klug als wie zuvor!

MARIANNE *unterbrechend*
Doch bist Du nicht ohne Gut noch Geld, noch ohne Ehr
und Herrlichkeit der Welt!
Und auch wirst Du Dich nie der Magie allein ergeben
und Gretchen seh' ich nicht, noch nicht.
Wohl bist Du darin ihm wohl ähnlich,
ist Dir alle Freud entrissen und bildest Dir nicht ein,
was Rechts zu wissen ...

WEBER Bei allem Respekt, mein liebes Schnauzel.
Einen solchen Vergleich hab' ich mir nicht verdient.
Zwar ist es amüsant zu spekulieren,
um sich am End zu retirieren.
Doch ist mein Schicksal wohl ein andres!

MARIANNE Warum nur ist es Dir nicht möglich,
ein Kolleg zu halten. Bildest Dir ein,
Du wüßtest nichts zu lehren
Die Menschen zu bessern und zu bekehren.
Sie aber lechzen nach Belehrung,
Weisung und Bekehrung.

WEBER Zuviel war's mir. Gerad' jene Juristerei,
nur öd und fad
Was gab sie mir, um mich in meinem Fach
die Ökonomie nur recht zu lehren.
So viel Literatur, die ständig neu –
mir dröhnt der Kopf
vom schieren Nichts an Wissen.

MARIANNE Ich habe den Eindruck, daß Dir der Monolog zu Kopf
gestiegen ist. Ja,

den Faust-Monolog lesend
Daß ich erkenne, was die Welt
im Innersten zusammenhält ...
Dies ist Euch, den Webers und den Simmels heut' noch
schwerer,
wo Euch die Welt in Sphären und Fragmente wohl zerfallen
ist.
Um so mehr empfind ich Simmels Widmung,
seines Großen Goethebuchs als Mangel unserer Zeit,
daß wir den Sinn des Ganzen nur noch kaprizieren
»basteln« gar und doch im Ganzen
nicht mehr fassen können.
Leben und Werk, nicht alleine Dichtung,
Wissenschaft und Wahrheit sind uns
für immer auseinandergefallen.
Laß' uns doch wenigstens aneinander
Halt in dieser haltlosen Zeit finden!
MAX *umarmt Marianne gerührt, zugleich in eher förmlicher Um-
armung, kameradschaftlich, bar jeder geschlechtlichen Leidenschaft.*
Bleib ich oder flieh' ich?
Vor dem Rationalismus, den Kapriolen des Okzidents
oder gar vor dem Weib,
das meine kindsbekannte Cousine ist
und mir so lieb und teuer
daß ich sie gar nicht lieben kann?
Am Anfang war die Tat!
Goethescher Geist und Innerweltliches
als Askese wohl vereint.
Doch in der Liebe, da versteh ich's nicht!

Dritte Szene: Burg Lauenstein.

*In einer Ruinenlandschaft stehend, von einem erhöhten Treppen-
absatz, linker Hand von griechischen Säulenfragmenten umgeben,
schaut Weber auf die Zuschauer herab, in safrangelbem Jackett und
blauer Weste und elegantem Strohhut, die rechte Hand in der
Hosentasche. An einem Schreibpult, zur Rechten, ein Redakteur
der Münchener Neuesten Nachrichten, der – mit Ärmelschonern*

und Schirmmütze kenntlich gemacht – seinen Zeitungsbericht, vor
sich hin deklamierend redigiert ...

WEBER *sammelt sich und beginnt, nunmehr in lebhafter Rede:*
Ich soll nach Wunsch über »Wissenschaft als Beruf« sprechen.
Nun ist es eine gewisse Pedanterie von uns Nationalökonomen, an der ich festhalten möchte: daß wir stets von den
äußeren Verhältnissen ausgehen, hier also von der Frage:
Wie gestaltet sich Wissenschaft als Beruf im materiellen Sinne
des Wortes?

REDAKTEUR *mit Korrekturstift in einem Manuskript für die Zeitung redigierend.*
Zuerst wurde besprochen *zögernd, wie nach Worten suchend*
wie sich die Wissenschaft als Beruf im äußeren Sinne des
Wortes gestaltet; dabei war Gelegenheit, eigene Erinnerun-
gen, auch aus dem Betrieb der amerikanischen Universitäten
zu verwerten.

WEBER Ich glaube nun aber, Sie wollen in Wirklichkeit von
etwas anderem: von dem *inneren* Berufe zur Wissenschaft
hören ...

REDAKTEUR Der Kreis der Betrachtungen erweiterte sich, als der
Vortragende auf den inneren Beruf zur Wissenschaft zu sprechen kam ...

WEBER Wissenschaftlich aber überholt zu werden, ist nicht nur
unser Schicksal, sondern unser aller Zweck.

REDAKTEUR Es ist also geradezu ihr Sinn, überholt zu werden ...

WEBER Und so ist die wissenschaftliche Arbeit eingespannt in den
Ablauf des *Fortschritts*.
Die zunehmende Intellektualisierung und Rationalisierung
bedeutet also *nicht* eine allgemeine Kenntnis der Lebensbedingungen, unter denen man steht. Sondern sie bedeutet
etwas anderes: das Wissen davon oder den Glauben daran:
daß man, wenn man nur *wollte*, es jederzeit erfahren *könnte*,
daß es also prinzipiell keine geheimnisvollen unberechenbaren Mächte gebe, die da hineinspielen, daß man vielmehr
alle Dinge – im Prinzip – durch *Berechnen beherrschen*
könne. Das aber bedeutet: die Entzauberung der Welt.

REDAKTEUR *lakonisch formulierend* Die Wissenschaft ist also eingespannt in den Ablauf des Fortschritts. Die Intellektualisierung bedeutet die Kenntnis der Lebensbedingungen, sie be-

deutet den Glauben daran, daß wenn man etwas wissen möchte, es wissen könnte, bedeutet die Entzauberung der Welt.

WEBER Was leistet denn nun eigentlich die Wissenschaft Positives für das praktische und persönliche ›Leben‹?

REDAKTEUR Sie gibt Kenntnisse, Methode des Denkens, Klarheit ...

WEBER Daß dabei Wissenschaft heute ein *fachlich* betriebener *Beruf* ist im Dienste der Selbstbesinnung und der Erkenntnis tatsächlicher Zusammenhänge, und nicht eine Heilsgüter und Offenbarungen spendende Gnadengabe von Sehern, Propheten oder ein Bestandteil des Nachdenkens von Weisen und Philosophen über den *Sinn* der Welt –, das freilich ist eine unentrinnbare Gegebenheit unserer historischen Situation, aus der wir, wenn wir uns selbst treu bleiben, nicht herauskommen können.

REDAKTEUR Daß Wissenschaft heute ein Beruf ist, das ist eine geschichtlich gewordene unentrinnbare Logik ...

WEBER Was ist unter diesen inneren Voraussetzungen der Sinn der Wissenschaft als Beruf, da alle diese früheren Illusionen: »Weg zum wahren Sein«, »Weg zur wahren Kunst«, »Weg zur wahren Natur«, »Weg zum wahren Gott«, »Weg zum wahren Glück« versunken sind. Die einfachste Antwort hat Tolstoj gegeben mit den Worten: »Sie ist sinnlos, weil sie auf die allein für uns wichtige Frage: ›Was sollen wir tun? Wie sollen wir leben?‹ keine Antwort gibt.« Die Tatsache, daß sie diese Antwort nicht gibt, ist schlechthin unbestreitbar.

REDAKTEUR *resignierend* Auf die Frage: Was sollen wir nun tun? gibt die Wissenschaft keine Antwort.

Während im Hintergrund Weber die Freitreppe verläßt, trifft er auf einen jugendlichen Zuhörer, Toller, zu dem er spricht:

WEBER Sie Toller, hier? – Sie wissen doch und haben es gerade gehört, daß ich auf Ihre Frage und die Tolstojs keine Antwort geben kann!

Weber im intensiven Gespräch mit Studenten vertieft, setzt sich an eine Tafel, an der getrunken und debattiert wird.

TOLLER *löst sich aus der Gruppe und spricht zum Publikum.*

Die Jugend klammert sich an Max Weber, seine Persönlichkeit, seine intellektuelle Rechtschaffenheit zieht sie an. Max Weber ist gekommen, der Heidelberger Soziologe. Er haßt alle Staatsromantik, er attackiert Maurenbrecher und mit ihm die deutschen Professoren, die vor lauter Gespinsten die Wirklichkeit nicht sehen. In abendlichen Gesprächen enthüllt sich die kämpferische Natur dieses Gelehrten. Mit Worten, die seine Freiheit, sein Leben gefährden, entblößt er die Schäden des Reiches.

Und doch wird er Recht behalten. Ich als radikaler Pazifist jegliche Gewalt verachtend, werde, um die Räterepublik zu verteidigen als tragische Notwendigkeit keinen anderen Weg wissen als: Gewalt anzuwenden ...

DRITTER AKT

Erste Szene: Bürgerliches Wohnzimmer

Weber schreitet im Raum umher, nach Worten suchend, aber bestimmt in Duktus und Artikulation diktiert er einem Schreiber.

WEBER Daß weniger Kinder zu sterben pflegen – Komma – wenn das Fernbleiben der stillenden Mütter von der Arbeit als konventionelle oder rechtliche – in Anführungszeichen – »Norm« gilt, ist gewiß Folge des Geltens jener Norm – Komma – und wenn sie eine gesatzte Rechtsnorm ist – Komma – auch einer der rationalen Zwecke von deren Schöpfern – Punkt.

MARIANNE *eintretend und den Herren Kaffee servierend*
Was hast Du nur mit stillenden Müttern zu tun? Wie ich höre, seid Ihr selbst bei Eurem großen Werk noch mit Privatem befaßt. Willst Du dies nicht ruhen lassen.

WEBER Nichts Privates. Ich diktiere über »Bedeutung und Grenzen des Rechtszwangs für die Wirtschaft«. Hör zu:
Weiter diktierend
Aber – Anführungszeichen – »anordnen« – Abführung – können sie natürlich nur dieses Fernbleiben, nicht jenes Wenigersterben ... Starke Interessen können vielmehr dazu führen, daß trotz des Zwangsapparats nicht nur vereinzelt, sondern vorwiegend und dauernd der kraft der Bereithaltung dieses Zwangs – Anführungszeichen – »geltenden« Rechtsnorm ungestraft zuwidergehandelt wird ...
Sich unterbrechend
Das große Unglück meines Lebens. Wie soll ich dies nur je zu Ende bringen.

MARIANNE *in ungewohnt ironischem Tonfall*
Und wie soll ich es je edieren, wenn Du nie fertig wirst?

WEBER Mir scheint es einfach lächerlich. Bin ich ein Goethe oder Hölderlin? Hat man denn meinen Monolog so ganz und gar nicht verstanden? Mir schwant, daß nicht nur der Sozialismus untergehen wird und ich gar auf der Suche nach den neuen Göttern ...
sich an den Schreiber wendend

Für heute laßt es gut sein. Nur einen Brief noch an den Verleger, daß er mich nicht gar so sehr bedrängen möge. Mir gibt es auch Gelegenheit, vor Jahresende den Stand der Dinge zu resümieren.

diktiert

Verehrtester Herr Doktor Siebeck – Ausrufezeichen –!

Zum Umfang. Ich wollte ja dieserhalb in den nächsten Wochen einmal zu Ihnen nach Tübingen fahren. Aber nun muß ich erst nach Berlin bis zum 8./9., dann nach Freiburg zu einem Termin. – Absatz – Sie wissen doch – Komma –, was es an Überschreitungen gegeben hat. Rathgen hat noch gar nichts auf zweimaliges Angehen geantwortet – Klammer auf – (ist in Amerika) – Klammer zu –, Grünberg liefert 1. Juni – Klammer auf – (ich spreche ihn in Berlin) – Klammer zu –, ich hoffe, daß beide nicht überschreiten. Salz wird nur ca. 2 Bogen überschreiten.

– Absatz – Die Hauptsache sind – Doppelpunkt –: Gottl und ich.

Da Bücher ja – Anführungszeichen »Entwicklungsstufen« – ganz unzugänglich ist, habe ich eine geschlossene soziologische Theorie und Darstellung ausgearbeitet, welche alle großen Gemeinschaftsformen zur Wirtschaft in Beziehung setzt: – Doppelpunkt – von der Familie und Hausgemeinschaft zum »Betrieb«, zur Sippe, zur ethnischen Gemeinschaft, zur Religion (alle) großen Religionen der Erde umfassend – Doppelpunkt – Soziologie der Erlösungsreligionen und der religiösen Ethiken, – was Tröltsch gemacht hat, jetzt für alle Religionen, (nur wesentlich knapper) endlich eine umfassende Staats- und Herrschaftslehre. Ich darf behaupten, daß es noch – unterstreichen – nichts dergleichen giebt, auch kein Vorbild ...

MARIANNE *intervenierend* Warum nur laßt Ihr hier die Kunst ganz draußen. War dies nicht vielleicht Eure größte Entdeckung. Wo unsere Zeit den Rationalismus schmäht und so viele Künstler ihn als Hemmschuh ihrer Schöpferkraft beurteilen, da habt Ihr doch gerade selbst in der Musik, dieser scheinbar irrationalen Kraft, den »Rationalismus« als Grundlage unseres Schaffens ausgemacht!

WEBER Nun gut. *An den Schreiber gewandt.*

Setzt ein P.S. hinzu: »Später hoffe ich Ihnen dann einmal eine Sociologie der Cultur-*Inhalte* – Klammer auf – (Kunst, Literatur, Weltanschauung) – Klammer zu – zu leisten, außerhalb dieses Werkes oder als selbständigen Ergänzungsband.

An Marianne gewandt ...

Ich werde dies wohl nicht mehr schaffen. Aber ist Dir eigentlich klar, daß hier sich Kunst und Erotik in ihrer Spannung zu den rationalen Ordnungen dieser Welt wieder begegnen und gerade weil sie »rational« sind?

MARIANNE Aus Euch werd klug, wer will; was treibt Euch nur zur Erotik hin?

WEBER *schickt den Schreiber mit verzweifeltem Gesichtsausdruck hinaus.*

Zweite Szene

Weber und die Schöne Frau in einem Hotelzimmer. Weber in legerer Kleidung, das Jackett über einen Stuhl geworfen, mit Hemd und abgelegtem Stehkragen, während die Schöne auf einem Bett, leicht derangiert, aber durchaus züchtig, ausgestreckt ist.

DIE SCHÖNE *in alten Briefen lesend*

Weißt Du noch, wie Du mir geschrieben hattest: werde feige im conventionellen Sinne, damit ich nicht den Verführungen des Herrn Dr. Groß verfiele, seiner »Nervenethik«, die nur ein Mäntelchen für die von ihm propagierte freie Liebe sei!

WEBER Und war's so falsch? Ist Peter nicht sein Sohn. Und wenn ich Deine eigene Schwester in Sachen Groß zu vertreten hatte, hab' ich nicht recht ein weitres Mal.

DIE SCHÖNE FRAU Du hattest recht, was seine Vermischung von psychologisch-analytischer Erkenntnis und den Folgen für eine »Nervenethik« angeht. Ich zitier' Dich gern ...

im Brief weiterlesend

»Wo aber um Werthe gestritten wird, da wird das Problem in eine ganz andre, jeder ›Wissenschaft‹ entzogene Ebene des Geistes projiziert: präziser: eine gänzlich heterogene *Frage*-stellung vorgenommen.«

WEBER Daran halte ich doch fest!

DIE SCHÖNE FRAU Gewiß, mein Lieber. Doch ist's in Deiner Zwischenbetrachtung ganz anders zu lesen.

WEBER *sinnend, sich an den Wortlaut erinnernd*
Die Liebe erscheint als eine Pforte zum irrationalsten und
dabei realsten Lebenskern gegenüber den Mechanismen der
Rationalisierung ...
DIE SCHÖNE FRAU Weißt Du eigentlich, daß man über uns spe-
kuliert? Daß gar ein großer Philosoph Dir darum seine Ge-
folgschaft aufkündigen will?
WEBER Dann aber hat er nichts verstanden. Von der Tragik der
Liebe in der Welt des Okzidents und ihrer innerweltlichen
Heilsfindung, gerade wenn uns die Welt vollständig entzaubert ist.
DIE SCHÖNE FRAU Das hieße doch, daß auch hierfür erst der Geist
recht protestantisch werden muß, um nicht einfach Liebe und
Leidenschaft, sondern auch noch das Gefühl der Tragik aus-
zukosten ...
WEBER Du weißt, daß dies nicht stimmt. Wie könnte ich Dich
darart für Zwecke einsetzen wollen, die außerhalb Deiner
selbst liegen. Und dennoch »weiß sich der Liebende in den
jedem rationalen Bemühen ewig unzugänglichen Kern des
wahrhaft Lebendigen eingepflanzt, den kalten Skeletthänden
rationaler Ordnungen ebenso völlig entronnen wie der
Stumpfheit des Alltags.«
DIE SCHÖNE FRAU Das ist schön gesagt und stimmt doch nicht.
Denn dem von Dir so plastisch genannten »Gehäuse der
Hörigkeit« entgehst Du gerade nicht, wenn du genauer hin-
hörst, was Du eigentlich sagst.
WEBER Doch ist mir diese Art von Hörigkeit lieber als das Einge-
sperrtsein in den »Iron Cage«, den eisernen Käfig, wie meine
englischen Übersetzer das Gehäuse der Hörigkeit nennen.

Dritte Szene

*Sterbezimmer, verhangen. Um das Sterbebett Marianne und die
Schöne Frau vereint. Stille und gedämpftes Sprechen.*

WEBER Von innerweltlicher Erlösung sprecht Ihr. Einem Priester
gar. Haltet Ihr mich für so schwach?
MARIANNE Bleib' nur ruhig. Doch daß Du religiös »unmusikalisch« seist, dies stimmt doch nicht.

WEBER Aber Ihr werdet doch nicht erwarten, daß ich gerade jetzt das Opfer des Intellekts erbringen würde? *Hustet*

DIE SCHÖNE FRAU *verzweifelt* Nein, das denkt niemand. Könnten wir Dir nur Linderung bringen!

WEBER Es ist nicht leicht zu gehen, ohne getan zu haben, was ich tun muß. Seid Ihr Euch gut?

MARIANNE *tapfer* Warum denn nicht!

WEBER Es ist nur, daß ich Falsch und Heuchelei verabscheue.

MARIANNE *beruhigend* Das wissen wir und werden Dein Geheimnis niemals lüften.

Marianne, Schöne Frau und Weber in einverständigem Schweigen. Webers Kopf fällt zur Seite, um nochmals sich aufzubäumen und wie im Fieberwahn zu deklamieren:

WEBER *von Hustenanfällen unterbrochen*

Die Sinnlosigkeit der rein innerweltlichen Selbstvervollkommnung zum Kulturmenschen – des letzten Wertes also, auf welchen die ›Kultur‹ reduzierbar schien – folgte für das religiöse Denken ja schon aus der... offenbaren Sinnlosigkeit des Todes, welcher, gerade unter den Bedingungen der ›Kultur‹ – der Sinnlosigkeit des Lebens erst den endgültigen Akzent aufprägt.

MARIANNE *das Bett aufschüttelnd, um Linderung für den immer schwerer Atmenden zu finden...*

Denn je mehr die Selbstvervollkommnungsziele sich differenzierten und vervielfältigten, desto geringfügiger wurde der Bruchteil, den der einzelne, passiv als Aufnehmender, aktiv als Mitschöpfer, im Laufe eines endlichen Lebens umspannen konnte.

DIE SCHÖNE FRAU Aber hast Du nicht doch vom Leben viel gehabt?

WEBER *leiser werdend*

Gewiß besteht »Kultur« für den einzelnen nicht im *Quantum* des von ihm an

nahezu verächtlich prononcierend

›Kulturgütern‹ Errafften, sondern in einer geformten Auslese daraus. Aber dafür, daß diese – für ihn – ein sinnvolles Ende gerade mit dem ›zufälligen‹ Zeitpunkt seines Todes erreicht habe, dafür besteht keine Gewähr!

Max Weber in Moskau. Saal mit Kampfanzügen aus dem Zweiten Weltkrieg in Vitrinen dekoriert – Embleme des untergegangenen Sozialismus, Hammer und Sichel, hängen leicht derangiert über dem Türeingang. In einer Art Andachtsnische, die mit rotem Tuch ausgeschlagen ist, befindet sich eine Leninbüste auf einer Marmorsäule.
Um einen ovalen Tisch sind deutsche und russische Wissenschaftler plaziert, die von WEBER aus Distanz beobachtet werden.

DEUTSCHER PROFESSOR *in dozierendem Duktus* Dies hat Weber doch ganz klar erkannt: »Die staatliche Bürokratie herrschte, wenn der Privatkapitalismus ausgeschaltet wäre, allein.« Kaderverwaltung, Erstickung jeder Eigeninitiative jenseits von Partei und Staat, ist nur die notwendige Konsequenz der vermeintlichen Aufhebung struktureller Differenzierung ...

RUSSISCHER PROFESSOR *mit leicht russischem Akzent sprechend* Aber die Sinnfrage, mein Herr. Glauben Sie an Gott, oder nur an Religion, von der Sie behaupten, daß es ihren Verlust nicht geben könne!

DEUTSCHER PROFESSOR Nach dem Sturz der alten Götter suchen Sie *zu den Russen gewandt* nach den neuen, die ihren Gräbern entsteigen sollen ...

Weber, diese Szene verfolgend, erschaudert
Die Heiligenstatuen des Sozialismus sind zerstört und neue nicht geboren ...

Ein junger Komsomol entfernt die Leninbüste und ersetzt sie zum Schrecken des beobachtenden Weber durch eine: Weberbüste.

JUNGER RUSSISCHER WISSENSCHAFTLER Der Weber ist doch gar nicht schlecht. *Ein wenig zynisch weiter.* Laßt uns den Marx und Lenin halt durch Weber nur ersetzen. Charismatisch ist er allemal, gescheit, prophetisch, einfach: phänomenal!

DEUTSCHER PROFESSOR Es fehlt allein der Ernst, mein Freund. Inseln nicht von Glückseligkeit, sondern des Kapitalismus, ja ihrer Produktions- und Konsumtionsweise ...

JUNGER RUSSISCHER WISSENSCHAFTLER *unterbrechend* Und dann die Mafia, Anomie und Untergang, das ist der Lauf des Abendlands, pardon: des Okzidents.

DEUTSCHER PROFESSOR Wir müßten wohl den Monolog von
Max und Faust
ein ganzes Stück verlängern; denn war's die Philosophie, die
Juristerei und auch die Theologie
so müßten wir es heut' um Wissenschaften der Kultur,
Kulturologie
ergänzen, prolongieren,
um »Handeln und Kultur« in Vielfalt
wohl auch Einheit
uns'ren deutschen Disziplinen
gar trefflich einzurangieren.

Vorhang

Textbezüge

I-1   Peter Hersche, Max Weber, Italien und der Katholizismus, in: Quellen und Forschungen. Aus Italienischen Archiven und Bibliotheken 76, 1996, hrsg. vom Deutschen Historischen Institut in Rom, Tübingen, S. 362-382.

I-2   Marianne Weber, Ein Lebensbild, Tübingen 1984.

I-3   Martin Green, The von Richthofen Sisters. The Triumphant and the Tragic Modes of Love, New York 1974.

II-3 Max Weber, Wissenschaft als Beruf, Politik als Beruf. Max Weber Gesamtausgabe I/17, Tübingen 1992 (S. 67 ff.).

III-1 Brief Max Webers vom 30. Dezember 1913, Bayerische Staatsbibliothek, Ana 446.

III-3 Max Weber, Zwischenbetrachtung: Theorie der Stufen religiöser Weltablehnung, in: Gesammelte Aufsätze zur Religionssoziologie, Bd. 1, [6]1972 (1920), S. 536-573.

Bildbezüge

In den Szenenbeschreibungen wird auf Bilder verwiesen, die in: Werner Gephart, Gründerväter. Soziologische Bilder mit Deutungen von Alois Hahn u. a., Opladen 1998, abgebildet sind.

Drucknachweise

Dem ersten Kapitel liegt ein Vortrag zugrunde, den ich 1990 auf einem Weber-Symposium in Moskau gehalten habe. (Leicht veränderte Fassung in: Rechtshistorisches Journal 9, 1990, S. 343-362)

Das zweite Kapitel gibt eine überarbeitete Fassung meiner Weber-interpretation in: Gesellschaftstheorie und Recht. Das Recht im soziologischen Diskurs der Moderne, Frankfurt am Main, Suhrkamp 1993, wieder.

Das dritte Kapitel ist eine überarbeitete Fassung eines Beitrags, der unter dem Titel ›Max Weber als Philosoph. Philosophische Grundlagen und Bezüge Webers im Spiegel neuer Studien und Materialien‹, in: Philosophische Rundschau 40, 1993, S. 34-56, erschienen ist.

Im vierten Kapitel wird meine Düsseldorfer Antrittsvorlesung wiedergegeben, die in der Sociologia Internationalis 1993, S. 101-121, publiziert wurde.

Der Beitrag über Gesellschaft und Kultur in Kapitalismus und Sozialismus lag einer Vorlesung zugrunde, die ich 1991 am Institute for Advanced Sociological Studies in Moskau gehalten habe. Sie wurde bislang nicht publiziert.

suhrkamp taschenbücher wissenschaft
Soziologie, Theorie der Gesellschaft

suhrkamp taschenbücher wissenschaft
Soziologie, Theorie der Gesellschaft

Greiffenhagen: Das Dilemma des Konservatismus in Deutschland. stw 634

Groethuysen: Die Entstehung der bürgerlichen Welt- und Lebensanschauung in Frankreich. 2 Bde. stw 256

Groh: Anthropologische Dimensionen der Geschichte. stw 992

Habermas: Strukturwandel der Öffentlichkeit. stw 891

– Zur Logik der Sozialwissenschaften. stw 517

– Zur Rekonstruktion des Historischen Materialismus. stw 154

– *siehe auch Edelstein/Habermas*

– *siehe auch Honneth/Joas*

Haferkamp (Hg.): Sozialstruktur und Kultur. stw 793

Haferkamp/Schmid (Hg.): Sinn, Kommunikation und soziale Differenzierung. Beiträge zu Luhmanns Theorie sozialer Systeme. stw 667

Hahn/Kapp (Hg.): Selbstthematisierung und Selbstzeugnis: Bekenntnis und Geständnis. stw 643

Halbwachs: Das Gedächtnis und seine sozialen Bedingungen. stw 538

Haupert/Schäfer: Jugend zwischen Kreuz und Hakenkreuz. stw 952

Hausen/Nowotny (Hg.): Wie männlich ist die Wissenschaft? stw 590

Heinsohn: Privateigentum, Patriarchat, Geldwirtschaft. stw 455

Hirschauer: Die soziale Konstruktion der Transsexualität. stw 1045

Hörning/Gerhard/Michailow: Zeitpioniere. stw 909

Honig: Verhäuslichte Gewalt. stw 857

Honneth: Kritik der Macht. stw 738

Honneth/Joas (Hg.): Kommunikatives Handeln. Beiträge zu Jürgen Habermas' »Theorie des kommunikativen Handelns«. stw 625

Institut für Sozialforschung (Hg.): Kritik und Utopie im Werk von Herbert Marcuse. stw 1037

Jäger (Hg.): Kriminologie im Strafprozeß. stw 309

Jaeggi: Theoretische Praxis. stw 149

Joas: Pragmatismus und Gesellschaftstheorie. stw 1018

– Praktische Intersubjektivität. stw 765

Joas (Hg.): Das Problem der Intersubjektivität. stw 573

Joas/Steiner (Hg.): Machtpolitischer Realismus und pazifistische Utopie. stw 792

Joerges (Hg.): Technik im Alltag. stw 755

Jokisch (Hg.): Techniksoziologie. stw 379

Jung/Müller-Doohm (Hg.): Wirklichkeit im Deutungsprozeß. stw 1048

Kempski: Schriften 1-3. stw 922- 924

suhrkamp taschenbücher wissenschaft
Soziologie, Theorie der Gesellschaft

205/5/8.92

suhrkamp taschenbücher wissenschaft
Soziologie, Theorie der Gesellschaft

Über sämtliche bis Mai 1992 erschienenen suhrkamp taschenbücher
wissenschaft (stw) informiert Sie das Verzeichnis der Bände 1 – 1000
(stw 1000) ausführlich. Sie erhalten es in Ihrer Buchhandlung.